DE NACHTEGAAL EN DE KRAAI

Wivine Decoster
Felix de Jong

De Nachtegaal en de Kraai
Een optimale stem binnen ieders bereik

Antwerpen-Apeldoorn

Derde, ongewijzigde druk: 2014

Wivine Decoster & Felix de Jong
De Nachtegaal en de Kraai
Een optimale stem binnen ieders bereik
Antwerpen – Apeldoorn
Garant
Tweede, licht gewijzigde druk: 2013

276 blz. – 24 cm
D/2013/5779/112
ISBN 978-90-441-3121-5
NUR 896

Illustraties: Geert Missinne
Foto's: Wilfried Frooninckx
Cartoons: BibberKoph
Omslagontwerp: Els Vanhemelryck

Garant
Somersstraat 13-15, B-2018 Antwerpen
Koninginnelaan 96, NL 7315 ED Apeldoorn
www.garant-uitgevers.be   info@garant.be
www.garant-uitgevers.nl   info@garant-uitgevers.nl

Inhoud

Dankwoord

Toen we dit boek schreven, hebben we heel vaak gezocht naar de goede woorden om de lezer te informeren, te steunen, te motiveren en te stimuleren. En ondertussen voelden we dat we zelf geïnformeerd, gesteund, gemotiveerd en gestimuleerd werden door heel veel mensen, en niet alleen met woorden.

Ze bezorgden ons informatie over de nieuwste ontwikkelingen. We overlegden samen over de vele vragen van beroepssprekers die onze navormingen stem volgen. Enkelen leenden ons hun stem-, teken-, fotografeer- of acteertalent. Anderen corrigeerden onvermoeid de fouten, formuleringen en gedachtelijnen in het manuscript. Collega's hielpen onze dagtaak organiseren met het oog op een tijdige afwerking van het boek. Thuis konden we altijd rekenen op goede raad en op een warm en geduldig klankbord.

We willen hen allemaal van harte bedanken.

Wivine Decoster
Felix de Jong

Inleiding

'De Nachtegaal en de Kraai' is een boek voor wie de stem in eigen handen wil nemen. Als je dit voor het eerst doet vraag je je misschien af of je dit kunt en hoe je het best tewerk gaat. Ben je al wat meer ervaren, dan wil je misschien je kennis en inzicht verdiepen. Of de stem doet het niet zo goed en je vraagt je af wat de oplossing is. Misschien herken je iets in één van de volgende personen en situaties.

- Laura, 25 jaar, 2 jaar voltijds leerkracht fysica-wiskunde.
  Haar stem doet het prima, nog nooit liet ze haar in de steek. Ze vraagt zich wel af hoe lang zo'n zware belasting kan duren.

- Tine, 21 jaar, eerste jaar lerarenopleiding Letteren.
  Tine hoorde vandaag voor de zoveelste keer dat haar stem eigenlijk niet goed genoeg is om voor een klas te staan. Ze zit met de handen in het haar.

- Jos, 57 jaar, stopt binnenkort zijn werk voor de regionale radio.
  Jos is opgelucht: zijn stem heeft het net gehaald. Hij vindt het wel jammer dat hij pas onlangs hoorde dat je je stem ook zelf in handen kunt nemen.

- Karel, 59 jaar, vader van Wouter, beginnende acteur.
  Als vader vraagt hij zich af of zijn zoon zijn werk wel aankan. Hij is nog maar een paar dagen bezig met een repetitie voor een productie en hij komt al hees thuis.

- Paul, 38 jaar, deeltijds leerkracht LO, deeltijds sportadviseur.
  Paul noemen ze de klok van de school. En die laat hij graag horen. Hij begrijpt niet waarom enkele van zijn collega's zo paniekerig praten over hun stemproblemen.

- Annemie, 43 jaar, sinds het begin van het schooljaar overgestapt van een voltijdse naar een halftijdse job als leerkracht.
  Zij is ervan overtuigd dat er geen andere weg was. Ze was regelmatig afwezig wegens keelpijn en vermoeidheid. De directie kreeg het niet rond om drie keer per jaar voor haar een vervanger te vinden.

- Marianne, 31 jaar, logopediste en mama van twee kleuters.
  Ze kreeg de vraag of ze op de lagere school van haar kinderen wat vorming kan geven over goed stemgebruik voor leerkrachten en kleuterleidsters. Ze zoekt naar duidelijke informatie die ook bruikbaar is voor mensen zonder (para)medische vooropleiding.

- André, 68 jaar, sinds drie jaar op rust als trainer van een provinciaal basketbalteam.
  Zijn stem wou nog wel eens hees zijn in de beginjaren. Maar tegen het eind van zijn loopbaan kon hij er honderd procent op vertrouwen. Hij vraagt zich af of dit niet de wereld op zijn kop is.

- Stef, 29 jaar, werkleider in een atelier voor automechaniek.
  'Doe geen moeite! Mijn stem heeft altijd gekraakt en zal altijd blijven kraken, daaraan kun je niets veranderen,' zegt Stef heel overtuigd.

- Magda, 53 jaar, directrice van een kleuterschool.
  Jaar na jaar stelt Magda vast dat het enkel de kleuterleidsters met de sterke stemmen zijn die het volhouden voor de klas. Ze vraagt zich af wie daarvoor de verantwoordelijkheid moet opnemen.

- Rosa, 50 jaar, volgt een cursus tot gids voor het historisch erfgoed van de stad waarin ze woont. Rosa is verontwaardigd: ze kreeg de opmerking dat haar stem niet geschikt is. Ze meent dat haar historische kennis ruim overweegt op haar stemzwakte.

- Wim, 34 jaar, kamerlid.
  Wim is altijd politiek actief geweest. Nu hij verkozen is staat hij voor de taak om regelmatig groepen mensen toe te spreken en journalisten te woord te staan. Hij ziet er tegenop want hij twijfelt aan zijn stemvaardigheden.

- Samira, 22 jaar, zangeres in opleiding.
  De dagen kunnen niet lang genoeg zijn om zoveel mogelijk te zingen. Samira weet van geen ophouden en droomt zichzelf al in de Eu

ropese concertzalen. Haar zangpedagoog vreest dat ze haar stem aan flarden zingt.

- Roland, 31 jaar, telemarketeer sinds 3 jaar.
  Wat doe ik de dag rond? Praten, praten en nog eens praten. Net zoals in mijn vorige job toen ik loketbediende was. Toen ging alles goed. Maar waarom gaat het met mijn stem bergaf sinds ik praat door de telefoon?

Een breed publiek

Dit boek is bedoeld voor een zeer breed publiek: voor hen die meer inzicht willen krijgen in het fenomeen stem, voor wie stemklachten heeft, voor wie zelfstandig aan de slag wil, voor hen die het beste uit de stem willen halen, maar ook voor begeleiders en therapeuten en vooral ook voor de non-believers die stemwerk ervaren als een metershoge muur waartegen niet op te klimmen valt. We willen stap voor stap duidelijk maken wat een goed fundament voor deze muur is, hoe je het klimmen onder de knie kunt krijgt, hoe je het cement kunt versterken, welke stapstenen betrouwbaar zijn, hoe relatief en overzienbaar de hoogte is en hoe je, eens de muur beklommen, kunt blijven genieten van het uitzicht. Maak je geen zorgen over de vereiste kennis: die kan gerust onbestaande zijn, want we bouwen de informatie stap voor stap op. Zo proberen we de scheiding weg te halen tussen de leersituatie en de dagelijkse toepassing.

De aandacht voor een goede stem is lang beperkt gebleven tot professionele stemmen waaraan hoge eisen worden gesteld, met een accent op de klassiek geschoolde zangstem. Stilaan ging er ook aandacht naar andere zangstijlen en naar de professionele spreekstem. Vooral de groep leerkrachten kregen recent de volle aandacht van onderzoekers. Terecht, want deze groep is talrijk en heeft een zware stembelasting in vaak stressvolle situaties. Toch zijn er nog veel mensen die de stem intensief gebruiken en minder gemakkelijk toegang hebben tot stemvorminginitiatieven. Voor hen is het moeilijk om de stem te verbeteren. In die zin zijn de kansen om zich optimaal te ontplooien nog niet gelijk verdeeld. Dit boek probeert een toegankelijke bron van informatie te zijn om mensen op weg te helpen naar stemoptimalisering of naar een deskundige begeleider die hen daarbij kan helpen.

Praktijkboek

Na bijscholingen aan leerkrachten vroegen deelnemers ons steeds weer naar een uitgebreidere toelichting dan wat ze als hand-out hadden ont-

vangen: enkele bladzijden uitprint van de gebruikte powerpointpresentatie. Uit hun vragen begrepen we dat mensen met een grote ervaren
stembelasting nood hebben aan ondersteuning die zij in hun eigen situatie kunnen toepassen. Daarom vatten we dit boek op als een praktijkboek waarin aanknopingspunten te vinden zijn voor de toepassing,
aanpassing en inpassing in de eigen dagelijkse stemrealiteit.

De spreekstem centraal
In dit boek staat de spreekstem centraal. Ze is het kanaal bij uitstek voor
een vlotte communicatie, wordt dagelijks gebruikt en vormt een prima
basis voor andere vocale expressievormen zoals zingen.
Onderzoekers en clinici delen de stem meestal in naar de graad van
stemprofessionaliteit: naarmate de gevolgen van stemproblemen
zwaarder zijn voor de uitoefening van het beroep behoort men tot de
groep (non-)vocale (non-)professionals. Dat leidt tot de opvatting dat
bepaalde groepen sprekers belangrijker zijn dan andere. Dan lijkt het
alsof de stem van beroepssprekers meer aandacht verdient omdat een
probleem meer impact heeft op het beroep. In dit boek maken we abstractie van dit onderscheid. We helpen de lezer zelf inzicht te krijgen in
de stemopdracht en de impact op zijn dagelijkse taken. Nauwkeurige
en genuanceerde informatie leert hem hoe hij zijn stem zelf in handen
kan nemen. Tegelijk leert hij de signalen kennen waarvoor hij de hulp
van stemdeskundigen kan inroepen.

Grenzen verleggen
Krijgt men de gelegenheid om de stem in kaart te laten brengen, dan
staan veel mensen versteld van hun eigen prestaties: hun mogelijkheden zijn uitgebreider dan verwacht, hun stem is verrassend flexibel, ze
overschrijden probleemloos de grenzen van de spreekstem. Dit doet
vermoeden dat heel wat vocale competentie nog niet ontdekt is. De
meeste aandacht in dit boek gaat dan ook naar het behoud en de ontwikkeling van goede stemmen. Bij een zwaardere belasting is een stevi-
ger fundament nodig. Daartoe bieden we de stemtechnische achtergrond. Een volgende stap is het inzicht in de wisselwerking tussen de
stemgevende persoon en de omgeving. Deze wisselwerking vraagt
weer andere inzichten en vooral een ondernemende houding. Wat buiten ons gebeurt, ervaren we namelijk vaak als onveranderbaar of niet te
beïnvloeden.
De rode draad in het boek kan dan ook samengevat worden als 'grenzen': grenzen leren kennen, binnen grenzen de stem goed gebruiken en
grenzen verleggen. 'Grens' begrijpen we niet als beperking, maar geven
we graag de betekenis van 'horizon'. De horizon is dan de denkbeeldige

lijn die de grens van de mogelijkheden vormt waarbinnen we goed en risicoloos kunnen stemgeven. Diezelfde horizon prikkelt ons ook om grenzen te verleggen naar domeinen die voorheen niet in het gezichtsveld lagen. Met de juiste informatie, achtergrond of begeleiding is (bijna) iedereen daartoe in staat.

Positieve benadering

Doorheen het boek beschrijven we situaties of ervaringen zo vaak mogelijk positief. Dat heeft twee redenen. Ten eerste zetten negatieve woorden aan tot angst, onderdrukken en vermijden. Dan denken we aan onze stemopdracht als een noodzakelijk kwaad, waarbij onze hele fysiologie in de knoop slaat. Ten tweede weten we allen, zowel de deskundige als de leek, dat datgene groeit en toeneemt waarin we energie investeren. We verkiezen dus om te spreken over mogelijkheden, oplossingen, vaardigheden, wijzigingen, aanpassingen, liever dan om de stemgebruiker op te zadelen met een eindeloze strijd tegen de negatieve labels die hij zichzelf opkleeft of van strenge beoordelaars opgespeld krijgt.

Verdieping en discussie

Heel wat tips en aanbevelingen zijn al vaak uitgeprobeerd in de praktijk. Toch zijn ze niet altijd in de voorgestelde vorm bruikbaar voor iedereen. Regelmatig is daarom in de tekst een discussiekader ingelast. We snijden hierin een onderwerp aan ter overweging voor de eigen situatie of als onderwerp voor overleg met elkaar. Gewoontes, opvattingen, overtuigingen, regels en waarden kunnen deze discussiepunten levendig kleuren en verrassende oplossingen opleveren. We streven ernaar de lezer een solide achtergrond te bieden voor de stemtips. Toch blijft het boek gericht op de praktijk. Voor wie meer wil weten voorzien we in verschillende hoofdstukken een informatiekader voor verdieping.

Bronnen

De informatie die we aanbieden is gebaseerd op wetenschappelijk onderzoek binnen verschillende disciplines en op jarenlange ervaringen van vele deskundigen. Omdat het boek gericht is naar het brede publiek, kozen we voor een vlotte doorlopende tekst zonder een aaneenrijging van verwijzende namen en jaartallen van publicaties. Uiteraard delen we graag de bronnen mee die we gebruikten. Daarvan maakten we een selectie en voegen die achteraan in het boek toe, alfabetisch gerangschikt op auteursnaam.

Een netwerk van informatie

Stemgebruik is een deel van het menselijk gedrag en dit laat zich moeilijk ontleden in nauwkeurig afgebakende informatiepakketjes. We probeerden de inhoud samen te brengen in zinvolle gehelen. Omwille van de sterke samenhang voegen we regelmatig een verwijzing in naar verwante onderwerpen elders in het boek.

Het boek is opgebouwd uit 11 hoofdstukken, telkens rond een centraal thema.

Als voorafje openen we elk hoofdstuk met een beeld en een situatieschets die niet uit het domein van de stemvorming komen. Via analogie stappen we dan over naar de toepassing binnen het stemdomein. Naast het hoe van stemvorming, ligt in dit boek een groot accent op het waarom.

In Hoofdstuk 1 *Hoezo optimaal voor iedereen?* verduidelijken we het begrip optimaal als 'zo goed mogelijk passend bij eigen kunnen'. In die zin kan iedereen het beste uit zijn stem halen. Om te slagen gebruiken we de balans belasting-belastbaarheid als werkinstrument.

Hoofdstuk 2 *Wellness voor de stem* situeert de goede stemzorg binnen een levensstijl gericht op gezondheid. Met enkele tips en een goed inzicht in eigen gewoontes kunnen we vriendelijker omgaan met onze stem.

Vooraleer we aan de slag gaan met de stem, leggen we in Hoofdstuk 3 *Wat hoor je?* uit wat het verschil is tussen taal, spraak en stem. Wat zijn de kenmerken en hoe maak je er gebruik van in de communicatie? Als we weten wat we horen, kunnen we de stemtechniek ook beter bijsturen.

In Hoofdstuk 4 *Stemtechniek* leren we met heel ons lichaam stemtechnisch goed omgaan: de houding, de ademhaling, de stemgeving en de resonantie. We combineren deze elementen zodat we een ruim repertorium aan stemvaardigheden opbouwen. De ruime achtergrondinformatie maakt het hoe en het waarom van stemtechniek duidelijk.

De stem staat er niet alleen voor. Hoe we haar kunnen steunen, beschrijven we in Hoofdstuk 5 *Een duwtje in de rug*. Enerzijds kunnen we dit doen door goede communicatie- en presentatievaardigheden. Anderzijds hebben we oog voor het technisch aspect van de spreeksituatie:

ruimtekenmerken en de technische hulpmiddelen die het geluidscomfort van de spreker kunnen verhogen.

Hoofdstuk 6 *Roepen als beroep* richten we tot hen die beroepsmatig vaak moeten roepen in moeilijke omstandigheden: open lucht, grote ruimtes, verspreid publiek. We bespreken de specifieke problemen en oplossingen zodat ook hun stem door deze piekbelastingen niet beschadigt.

Hoofdstuk 7 *Steeds beter, steeds langer, steeds luider?* helpt ons een goede inschatting te maken van de mogelijkheden en de beperkingen van de stem. Daarbij kan informatie over leren en denken, de invloed van veroudering, man-vrouwverschillen en genetische en medische aspecten richtinggevend zijn.

De interactie met de omgeving staat centraal in Hoofdstuk 8 *Iedereen stemergonoom*. We kijken hoe we de inzichten van de ergonomie kunnen toepassen op de stem. De stemergonoom kan de schakel vormen tussen de spreker en zijn omgeving. Maar ook de spreker zelf kan heel wat in handen nemen om deze interactie in het voordeel van zijn stem te verbeteren.

Om onze stemvaardigheden in verschillende contexten met een gevoel van welbevinden te kunnen toepassen hebben we ook psychologische en sociale vaardigheden nodig. In hoofdstuk 9 *De balans in evenwicht* beschrijven we de verschillende aspecten van dit pakket vaardigheden en leggen we het verband met de stem.

In Hoofdstuk 10 *Tijdelijke storing* bespreken we stemproblemen: de signalen, de oorzaken en de gevolgen. Het is belangrijk te weten wie kan helpen. Op de eerste plaats is dat de spreker zelf die de juiste actie leert ondernemen. De omgeving kan hierbij steunen. Ook een uitgebreid team van stemdeskundigen kan oplossingen helpen zoeken. Een goede samenwerking tussen alle betrokkenen moet het mogelijk maken om stemproblemen te voorkomen.

Ten slotte roepen we in Hoofdstuk 11 *Domino of dominion* op om elkaars stemopdracht te helpen realiseren. De opleidingen tot beroepsspreker spelen hierin een belangrijke rol. Maar ook tijdens de loopbaan kan deze gemeenschappelijke betrokkenheid iedereen optillen tot zijn beste mogelijkheden.

Aanvulling en documentatie
We beschouwen dit boek eerder als een praktijkboek dan als een oefen-
boek. Voor een uitgebreide training verwijzen we naar aanvullende
bronnen en naar stemdeskundigen.
De omzetting van de theorie naar de praktijk is soms een moeilijke stap.
Om deze stap te bevorderen is de tekst geïllustreerd met herkenbare
voorbeelden en casussen. Foto's, profielen en schetsen illustreren de inhoud. We verwijzen naar de luistervoorbeelden op de bijgevoegde CD-
rom met dit symbool: 🔊.

Je kunt het
Tenslotte willen we de lezer geruststellen. Hoe veel publicaties er ook in
de laatste jaren verschijnen over risico's bij intens stemgebruik, hoe
sterk de cijfers ons ook overtuigen om problemen aan te pakken, toch
mogen we erop vertrouwen dat de stem gemaakt is om goed te functioneren en dat dit meestal ook lukt, net zoals de meeste mensen ook gezond zijn. Het boek beoogt dan ook niet een soort stemzorg die alle plezier wegneemt en een constante frons veroorzaakt. Integendeel, het
boek wil de lezer helpen om de eigen stem te (her)ontdekken, haar nog
te verbeteren, te weten wanneer en hoe even bij te sturen en de signalen te herkennen die vragen om deskundige hulp. We hopen dat dit inzicht kan bijdragen tot nog meer begeestering en vertrouwen in eigen
kunnen en wensen alle lezers dit van harte toe.

1 Hoezo optimaal voor iedereen?

Heb je ooit een nachtegaal verwoede pogingen zien doen om te krassen als een kraai? Of omgekeerd? Neen, sommige vogels zingen nu eenmaal, andere roepen. Ze laten volop horen waartoe ze in staat zijn; geen vogel die zijn liedje maar half zingt of uit verlegenheid zwijgt. Ze weten precies hoe ze moeten klinken om te verwittigen tegen gevaar, om een vrouwtje aan te trekken, om het eigen territorium af te bakenen. De enen doen het met enkele geluiden, de anderen ontwikkelen een uitgebreid repertorium. Al heel vroeg leren ze hoe het moet en waartoe hun geluid dient. En zo is het best: de nachtegaal zingt, de kraai krast, een leven lang naar bestvermogen.

Tussen het vogelgeluid en de menselijke stem zijn er een aantal gelijke-nissen. Ook wij hebben ons vanaf de eerste zelfstandige ademhaling luidkeels laten horen. En sindsdien hebben we voortdurend geoefend via wenen, kraaien, kirren, lachen, brabbelen, praten, zingen … Ook on-ze bedoeling is dat ons geluid effect heeft op de omgeving en dat we stemgeven in de beste omstandigheden en naar eigen vermogen.

Mensen kunnen echter meer stemvariaties laten horen dan een vogel binnen zijn soort. We babbelen, argumenteren, zingen, vertellen en doen dit rustig, passioneel, gedreven, overtuigend, luid en zacht, hoog en laag. Maar af en toe merken we dat we dit te vaak doen, te lang of te intensief. Dit 'te' wijst erop dat iets in onevenwicht is. De taak kan te zwaar zijn, onze stem onvoldoende sterk, of beide. En dan moeten we weten wat te doen, want we willen gezond blijven en onze opdracht zo goed mogelijk blijven uitvoeren. Dan volstaat onze gewone manier van doen niet meer en is het tijd om te optimaliseren.

In punt 1.1 beschrijven we wat we verstaan onder 'optimaal' en waarom een optimale stem belangrijk is bij intens stemgebruik. De eerste stap in de optimalisering is de eigen stem ten volle ontplooien. In punt 1.2 lich-ten we toe wat dit inhoudt. Maar dit is pas het begin van het verhaal. De optimale stem moeten we binnen de communicatie en in uiteenlopen-de situaties efficiënt kunnen gebruiken. Deze bespreken we in punt 1.3. Ten slotte pleiten we in punt 1.4 ervoor dat iedereen actief aan de slag gaat om de inventaris te maken van de belasting en de belastbaarheid van de stem. Het inzicht in deze balans is de aanzet om de stem in een brede context te optimaliseren.

1.1 Optimaal

De term 'optimaal' bevat verschillende stemaspecten: de stemvaardig-heden zo goed mogelijk ontplooien, een duidelijk inzicht hebben in de eigen mogelijkheden en beperkingen, vaardigheden en mogelijkheden op elkaar afstemmen en deze afstemming soepel inzetten in wisselende omstandigheden. Voor sommigen onder ons betekent dit wat inperken, voor anderen dan weer sluimerend stempotentieel verder ontwikkelen. In gewone omstandigheden gebruiken we 'modale' vaardigheden en een doorsnee inzicht. Als we ervaren dat dit volstaat, dan nemen we daarmee meestal genoegen. Want op korte termijn voldoet de stem en we hebben geen problemen. Maar wie lang, luid en vaak de stem ge-bruikt steekt het best een tandje bij. Waarom?

We gebruiken onze stem als een automatisme in de letterlijke betekenis: we denken niet meer na hoe we het doen. 'Gelukkig!' zal je denken, 'Anders was onze mondelinge communicatie een vermoeiende en energieslorpende opdracht.' Dat klopt helemaal. Alleen kan in dit automatisme een gevaar schuilen: hebben we gewoontes aangeleerd die niet zo gunstig zijn voor de gezondheid van de stem, dan zijn deze mee geautomatiseerd. Om stemschade te vermijden, moeten we dit patroon doorbreken en ook deze gewoontes ten goede keren.

Een andere motivatie om de stem te optimaliseren is de wens om de stem te beveiligen. Wie voortdurend en ongetraind op of boven zijn maximale mogelijkheden presteert raakt oververmoeid of krijgt problemen. Zo is dit ook bij de stem. Daarom zullen we zo lang de stemvaardigheden uitbreiden tot de dagelijkse eisen ruim binnen de mogelijkheden liggen. Je kunt natuurlijk ook de eisen en de omgeving aanpassen of de stem technisch ondersteunen. Zijn de maximale mogelijkheden ruimer dan de vereiste mogelijkheden, dan kun je een gezonde stem gebruiken die de stemtaak aankan op lange termijn.

1.2   De stem ontplooien

Binnen de stemoptimalisering werken we meestal eerst aan de stemtechniek. Om precies te weten waar je staat en welke punten aandacht verdienen proberen we een aantal vragen te beantwoorden.

De eerste vraag is of je stemorgaan gezond is en goed werkt. Je ervaring zal je hierover veel informatie kunnen geven. Je hebt al jarenlang je stem gebruikt en je weet hoe betrouwbaar ze is in verschillende omstandigheden. Wil je je stem verder ontplooien of presteert ze niet altijd volgens de verwachting of de eisen, dan is het raadzaam om even een NKO-/KNO-arts (Neus-, Keel-, Oorarts in België, Keel-, Neus- Oorarts in Nederland) of een foniater (stem-, spraak-, taalarts) te raadplegen. Hij kan de structuur van het strottenhoofd beoordelen en ziet hoe efficiënt alle structuren samenwerken om de stemklank te produceren. Het gebeurt immers nog wel eens dat iemand zich neerlegt bij beperkte stemprestaties en niet beseft dat het stemorgaan tot veel meer in staat is. Of omgekeerd ziet de arts een stemorgaan dat door de bouw of door een organische stoornis geen topprestaties aankan. In een dergelijk geval weten we dat we de lat iets lager moeten leggen, hoe hoog de stemambities ook zijn. Dan zijn we tevreden met een goede stemtechniek binnen de grenzen van de mogelijkheden, ook al klinkt de stem niet zuiver.

De arts kan ook vaststellen dat een beperking in de mogelijkheden veroorzaakt is door inefficiënte spierwerking. Hier biedt een goede stemtechniek en goed opgebouwde stemtraining de oplossing.

De tweede vraag is: 'Hoe is het gesteld met de stemtechniek?' Bij die vraag gaan de wenkbrauwen omhoog, omdat men niet goed begrijpt wat dit inhoudt. Meestal volgt dan een antwoord in de zin van 'Goed, denk ik, want ik voel geen ongemak als ik spreek.' Of 'Ik vrees dat het beter kan want ik ben 's avonds doodmoe na lang praten.' Men vermoedt dat de stemtechniek en de stemervaringen met elkaar in verband staan. Maar het is onduidelijk hoe dit verband ontstaan is en hoe je de ervaringen via techniek ten goede kunt keren. Voor sommigen is stemtechniek totaal nieuw, voor anderen gaat het om een opfrissing. Leraren die een stembijscholing volgen verbazen er zich wel eens over dat ze pas na een rijke loopbaan te horen krijgen hoe ze hun stem al die jaren beter hadden kunnen gebruiken. Gelukkig zijn er meer en meer initiatieven die het mogelijk maken om dergelijk frustraties naar het verleden te verbannen. Toch is men niet optimaal geholpen met inzicht en oefening in de basistechnieken. Dat heeft te maken met het aspect 'training'.

De derde vraag betreft de ervaringen met stemtraining. Hoe was ze opgebouwd? Wat zijn de ervaringen en de effecten op lange en korte termijn? Meestal is het antwoord hierop: 'Nihil'. Dat komt omdat stemvorming dikwijls beperkt is tot een eenmalige informatiesessie of korte intense workshop. Zonder training is het immers moeilijk om vaardigheden op te bouwen en deze te integreren in de dagelijkse praktijk. Door dit tekort aan integratie levert inzicht in de basistechniek weinig op.
Om rendabel te zijn voldoet stemtraining best aan enkele eisen. Ten eerste is de training gericht op de individuele sterktes en zwaktes. De ene persoon heeft bijvoorbeeld meer oefening nodig op de coördinatie tussen stem en adem, iemand anders moet de mondholte beter leren gebruiken om de klank zijn volle draagkracht te geven. Ten tweede is de training gericht op de stem. Dit klinkt vanzelfsprekend. Toch moet men in het oog houden dat vaardigheden op het gebied van de ontspanning, houding en ademhaling voldoende snel ingezet worden in functie van een goede stem. Ten derde is de stemtraining gradueel en progressief. Dat betekent dat men streeft naar steeds een stapje vooruit in de zone van de naaste ontwikkeling, waarop men is voorbereid in de vorige stappen. Dat maakt de volgende stap logisch en haalbaar, maar vraagt toch nog een zekere inspanning. De oefeningen zijn progressief in de zin dat lang oefenen op een zelfde of een lager niveau geen optie is. Ten vierde is training ook het meest rendabel zonder lange tussen-

pauzes waarin de vaardigheden weer kunnen terugvallen tot een vorig niveau. En ten slotte is de stemtraining opgebouwd volgens het over-load principe. Als we trainen doen we dit op een bepaalde frequentie, gedurende een bepaalde tijd, met een bepaalde intensiteit en tijdens oefeningen met een bepaalde moeilijkheidsgraad. Een goed trainings-schema bouwt per stap telkens maar één van die kenmerken op. In die zin is stemtraining vergelijkbaar met de training van andere vaardighe-den.

De individuele gerichtheid en de opbouw van de stemtraining maakt het noodzakelijk dat dit gebeurt onder deskundige begeleiding.

De training moet voldoende lang zijn om effect te hebben. In het begin vraagt dit wat doorzetting. Je mag niet vergeten dat we in de stemtrai-ning vaak lang bestaande automatismen proberen te doorbreken: we leren af wat niet goed is, we leren nieuw gedrag aan en we bouwen wat goed is verder uit. Als je de aandacht vestigt op iets wat automatisch verloopt, is er een kans dat je het verloop verstoort. Iemand die aan het begin van de stemtraining staat kan bijvoorbeeld in de war geraken over de adem: door er op te letten stokt de vloeiende adembeweging. Het effect van de aandacht is een barometer voor de vordering binnen de stemtraining. Eerst stoort de aandacht de uitvoering. Je haalt jezelf namelijk uit een gewoontepatroon. Dan weet je bijvoorbeeld niet meer of je hebt in- of uitgeademd, of je nog adem hebt of waar die adem er-gens in je lichaam zit. In een volgende fase helpt de aandacht om de be-weging te sturen. Je doet een oefening en dankzij de aandacht kun je ze goed uitvoeren. Ten slotte verloopt de goede beweging als vanzelf. De aandacht volgt dan de beweging. In Figuur 1.1. *De rol van de aandacht in de training* zijn deze stappen visueel voorgesteld.

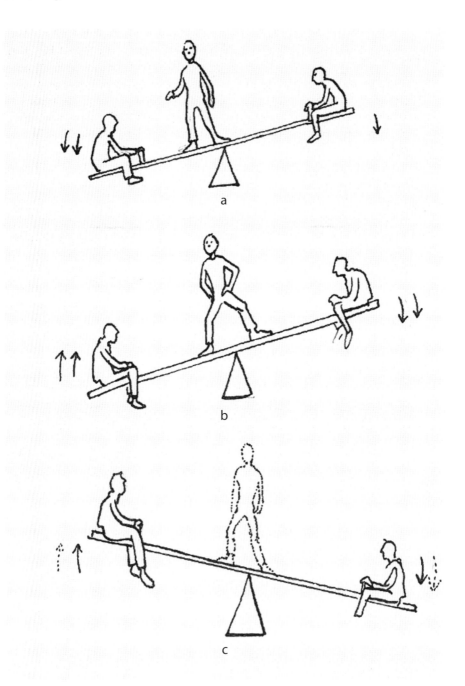

Figuur 1.1 De rol van de aandacht in het verloop van training: (a) de aandacht stoort de beweging (2) de aandacht stuurt de beweging (c) de aandacht volgt de beweging

Het antwoord op deze drie vragen geeft je al een duidelijker beeld van het mogelijk effect van stemoptimalisering. Je begrijpt ook beter hoe deze aspecten in jouw situatie samenhangen en welk aspect meer aandacht vraagt ten gunste van de stem. Je krijgt ook al een vermoeden van de beste volgorde in de aanpak. Samen met een stemdeskundige kun je dan beslissen wat je al dan niet zelf in handen kunt nemen en wat de volgende stappen zijn.

1.3 Een stap verder

De stem ontplooien is één zaak. De stem efficiënt en betrouwbaar kunnen gebruiken binnen de communicatie en in wisselende omstandigheden is een andere zaak. We geven enkele voorbeelden:
- Als je zenuwachtig bent, trilt je stem.
- De stem doet het goed in een gewoon lokaal, maar niet in een zaal.
- Je bent doodmoe als je voor een bepaalde groep hebt gesproken.
- Spreiding van je spreekopdrachten betekent een opluchting voor je stem.
- Je vermoedt dat niemand je stem aangenaam vindt.
- …

Iedere stemgebruiker ervaart dat stemvaardigheden veel ruimer zijn dan de techniek van de juiste klankvorming.
De vraag is welke factoren daadwerkelijk een invloed hebben, welke impact ze hebben en of je ze in de hand hebt. In onderstaande lijst sommen we er enkele op.

- stemzorg
- stemtechniek
- stemtraining
- stemtaken
- omgeving
- gezondheid
- leeftijd

- geslacht
- kennis
- overtuigingen
- gedrag
- gewoontes
- levensstijl
- communicatie

- emoties
- sociale context
- technische ondersteuning
- beleid
- pedagogisch-didactische eisen
- …

Voor iedereen hebben deze factoren een verschillende impact, in positieve of negatieve zin en in een verschillende verhouding.
We bespreken deze factoren uitgebreid in de volgende hoofdstukken van dit boek.

1.4 Ieder zijn balans

Aan de hand van de factoren die een mogelijke invloed uitoefenen op de stem, kun je een eigen stembalans opmaken. Aan de ene kant staan alle elementen die de stem belasten. Het kan gaan over het aantal uren waarin je de stem moet gebruiken, over de moeilijkheden, de onaangename ervaringen, anatomische beperkingen e.d. Dit deel van de balans noemen we de *belasting*. Aan de andere kant staat de *belastbaarheid*: alles wat helpt om de stem te ontplooien, om de taak aan te kunnen, om gezond met de stem om te gaan. Het is de kunst om de balans in evenwicht te brengen of te houden door de belasting te verminderen en de belastbaarheid te verhogen. We bouwen zelfs reserves op als de belastbaarheid groter is dan de belasting.
Uit pogingen om de stembalans in evenwicht te brengen, leren we enkele belangrijke punten.

• Ten eerste moet je gevoelig worden voor de signalen van je lichaam. Je kunt voelen dat je moe wordt, stemgeven kost meer moeite, je voelt onaangenaam veel spanning of de keel doet pijn. Voor die tekens moet je alert zijn. Ze hoeven je geen grote zorgen te baren, maar zetten je wel aan om de stembalans bij te sturen. Ook als je oefent om je stem te optimaliseren zegt je lichaam wanneer de balans uit evenwicht geraakt.

• Je kunt niet alle onderdelen van de balans veranderen. Je bent nu eenmaal man of vrouw, of je hebt nu eenmaal een minder belastbaar stemorgaan. En ook sommige kenmerken in de omgeving, zoals algemene luchtvervuiling kun je in je eentje moeilijk beïnvloeden. Voor stemoptimalisering is het belangrijk dat we inzien wat we wel en wat we niet kunnen veranderen. Lukt dit niet, dan leggen we ons soms te snel neer bij een situatie die we zouden kunnen veranderen. Of we pompen energie in iets wat onveranderbaar is.

• De elementen in de balans liggen daar niet als afzonderlijke onderdeeltjes. Ze staan met elkaar in verband en beïnvloeden elkaar. Wie bijvoorbeeld geen heil ziet in een betere stemtechniek, zal geen inspanningen doen om die te verbeteren. Mensen die zich emotioneel goed voelen hebben het soms minder moeilijk om gewoontes te wijzigen in het voordeel van de stem. Wie de eigen balans opmaakt denkt dus niet in afzonderlijke elementen, maar ook in termen van verbanden.

- De onderdelen van de balans hebben voor iedereen een verschillende betekenis in termen van inspanning en impact. Persoon A kan na een paar sessies stemtechniek zijn hele stembalans beter beheersen, terwijl persoon B lang werkt aan elke stap en veel langzamer de positieve gevolgen van zijn inspanning ervaart.

- Wie zijn stembalans wil aanpakken moet het totaaleffect in het oog houden.
  Laten we dit illustreren met het verhaal van Marleen.
  Marleen is kunsthistorica en de afgelopen tien jaar wisselt ze haar onderzoekswerk af met gidsbeurten in het museum waar ze werkt. Ze houdt enorm van het contact met geïnteresseerde bezoekers en zou deze afwisseling in haar werk niet meer kunnen missen. Hoewel ze in de vrije tijd wekelijks zingt in een amateurkoor, merkt ze snel dat spreken voor een groep andere eisen stelt aan de stem. In de loop van de afgelopen maanden heeft ze haar stemtechniek onder begeleiding verbeterd. Ze kreeg de toestemming om het opzoekwerk en de rondleidingen beter af te wisselen zodat haar stem nooit echt vermoeid is. Ze weet dat ze in bepaalde periodes wat minder stembelasting aankan wegens een seizoensgebonden allergie. Stilaan heeft ze alles gedaan wat ze kan om haar stembalans te optimaliseren. Nu overweegt ze nog om haar kooractiviteiten te stoppen. Na het koor wordt het toch meestal laat en dan is ze de volgende dag moe om aan haar werk te beginnen. Daarbij vermoedt ze dat men haar niet echt zal missen want net binnen de stem waarin ze zingt (mezzo-sopraan) zijn er ruim voldoende koorleden. En die beslissing doet haar de das om. Ze krijgt minder plezier in het werk, voelt zich meer gespannen en heeft moeite om de avond van de koorrepetitie op een aangename manier door te brengen. Nu beseft ze hoeveel plezier ze beleefde aan het zingen zelf en hoe sterk ze de vriendschap binnen die groep mist.

  In haar ijver om alle punten te optimaliseren, heeft Marleen haar stembalans uiteindelijk weer uit evenwicht gebracht. De extra spanning die ze ervaart is een nieuwe risicofactor voor haar stem. Het gaat in het totale balanswerk dus om de combinatie tussen goed geselecteerde werkpunten en het gecombineerde effect ervan.

- Er bestaan geen algemene prioriteitsregels en geen standaardvolgorde in de aanpak van de stembalans. De concrete werklijst is zeer individueel en aangepast aan de eigen vaardigheden, situatie, moeilijkheden, gevoeligheden en resultaten.

Als je zelfstandig of met de hulp van een stemdeskundige deze balans-oefening doet kun je zelf leren wat 'optimaal' voor jou betekent en op welke punten je kunt optimaliseren. Het maakt niet uit of je in aanleg weinig of veel mogelijkheden hebt, getalenteerd bent of niet, voor iedereen bestaat er een optimale stem.

Besluit

Gebruik je de stem intens en veelvuldig, dan verdient ze alle aandacht. Ze moet gezond blijven en lang een betrouwbaar instrument zijn voor efficiënte communicatie. De beste garantie daartoe is de stem te optimaliseren. Een goed inzicht in de stembalans tussen de belasting en de belastbaarheid leert je op welke punten je dit kunt doen. Alle volgende hoofdstukken behandelen de vraag hoe je kunt optimaliseren.

2. Wellness voor de stem

Wat roept wellness bij jou op? Een hete saunabeurt, een heerlijke massage, een lieve-lingsgeur, een snorrende houtkachel, een rustig terrasje, een zalig boek, een deugd-doend gesprek, een frisse duik in het zwembad tussen twee drukke vergaderingen? Bij ons thuis, om de hoek of in exotische oorden, gratis of peperduur, we houden van een wellnessgevoel: een staat van ontspanning en zorgeloos functioneren die ons toelaat te herademen en de batterijen op te laden. De kunst is om dit gevoel vast te houden ook in hectisch drukke tijden.

Een eenduidige betekenis van 'wellness' is moeilijk te vinden. Meestal koppelt men er ideeën aan van ontspanning en psychisch of lichamelijk welbehagen. Wellness wil preventief werken: stress verminderen, tot rust komen, energie herontdekken en ervaren, de goede werking van lichaam en geest stimuleren en daar ten volle van genieten om klachten een stap voor te zijn.

Wellness voor de stem richt zich tot iedereen die het goed voorheeft met zijn vocaal instrument. Dit instrument houd je in goede conditie, bescherm je tegen extreme omstandigheden, bespeel je binnen de grenzen van het instrument.

De idee van wellness nodigt je uit om aan gezondheidstoerisme te doen: een cadeauweekendje na de koude winterdagen, een beloning voor een stevige prestatie, even buitenshuis nippen van de geneugten die we ons gewoonlijk niet kunnen veroorloven. In dit hoofdstuk beschrijven we hoe je dagelijks een gevoel van wellness van de stem kunt ervaren.

In paragraaf 2.2 leggen we uit waarom we het begrip 'wellness' verkiezen boven 'hygiëne'. De voordelen van wellness zijn het grootst als je de principes kunt opnemen in je levensstijl. Daartoe proberen we je te motiveren in punt 2.2. Daarna volgen in punt 2.3 een aantal aandachtspunten om je goed in je stem te voelen. Een klakkeloze navolging van deze adviezen is niet zinvol. Daarom pleiten we in punt 2.4 voor een flexibele toepassing op basis van eigen inzicht, willen en kunnen.

2.1 Wellness of hygiëne?

Veel aanbevelingen die we in dit hoofdstuk beschrijven, zijn in de literatuur samengevat onder de term stemhygiëne. Hygiëne is een verzamelnaam voor alle handelingen en handelingswijzen die ervoor zorgen dat mensen en dieren gezond blijven door ziekteverwekkers uit de buurt te houden. Meestal volgt dan een lijst van 'do's' en 'don'ts'. Om verschillende redenen willen we 'stemhygiëne' uitbreiden tot 'wellness':

- De term 'hygiëne' klinkt streng: wie de regels niet naleeft, is dus onhygiënisch. Geen mens wil dit etiket opgeplakt krijgen.
- Een lijst van gedragscodes zet mensen aan deze na te leven zonder de geldigheid voor de eigen situatie te toetsen. Toch merkt ieder van ons dat de ene gedragscode zinvoller is dan andere en dat dit verschilt van persoon tot persoon. Sommigen hebben daardoor de neiging om het kind met het badwater weg te gieten.

- Als we de extern opgelegde regels naleven, dreigen we een belangrijke bron van informatie uit het oog te verliezen: de eigen ervaring en het gevoel dat daaraan gekoppeld is. Meteen verdwijnt de soepelheid om met deze regels om te gaan in wisselende situaties.
- Hygiëne is het minimum om ziektes te voorkomen, wellness is een uitbreiding hiervan met een accent op de beleving van welbehagen. Je kunt het vergelijken met een bad nemen: op een bepaald moment in de geschiedenis nam iedereen regelmatig een bad, hoe primitief de omstandigheden ook waren (hygiëne), later installeerde men een gemakkelijk schoon te maken en zelfs afzonderlijk verwarmbare badkamer (hygiëne en comfort). Met wellness voegen we die elementen toe die het effect van het baden op een persoonlijke manier kunnen verhogen: we zijn achteraf niet alleen proper, maar ook ontspannen en uitgerust of energiek en fris. Dit hoeft helemaal niet gepaard te gaan met een dure uitrusting of met exclusieve middeltjes (luxe).

Wellness voor de stem bevat dus stemhygiënische maatregelen als basis en alle persoonlijke extra's die onze stemervaring kunnen optimaliseren.

2.2 Wellness en levensstijl

Wat betekent het om je goed te voelen in je stem? Je kunt op je stem rekenen in veruit de meeste omstandigheden. Spreken kost je geen moeite. De stem klinkt 'natuurlijk' voor de luisteraar, waardoor alle aandacht op je boodschap gericht is. Je ervaart je stem als het communicatiemiddel om het hele gamma van sociale en professionele contacten uit te bouwen en te versterken. Je stem geeft je zelfvertrouwen, straalt dit zelfvertrouwen ook uit en ontlokt vertrouwen. Je stem gebruiken kost geen energie. Integendeel, je stem werkt als bron van energie voor het hele lichaam. En van dit alles kun je mateloos genieten. Goed stemgebruik is geen technische kwestie maar een integraal deel van je hele doen en laten.

Het komt erop aan goede stemgewoontes op te bouwen. Vandaar ook dat men 'wellness' en 'lifestyle' wel eens in één adem uitspreekt. Maak je maar geen zorgen als je aanvankelijk regelmatig even terugvalt in een vroeger patroon. Met wat extra inspanning en bewuste aandacht kun je vast de nieuwe gewoontes integreren in je levensstijl. En elke aangename ervaring is weer een trigger om ermee door te gaan. Jammer genoeg hangt succes niet alleen van je persoonlijke inzet af. Omstandigheden bemoeilijken soms deze integratie: de lucht is vervuild, uurroosters gunnen ons geen tijd, je beste prestatie is nooit goed genoeg. De in-spanningen moeten daardoor zo gestructureerd, gepland en doelge-richt mogelijk zijn zodat de omstandigheden niet met je stem aan de haal gaan.

2.3 Aandachtspunten

We schetsen enkele aandachtspunten voor een stemvriendelijke levens-stijl. Het gaat veeleer om adviezen dan om geboden en verboden. Ze gelden voor iedereen die de stem intens gebruikt.

2.3.1 Stemopwarming – stemafkoeling

Wat doen atleten voor ze uit de startblokken schieten? Opwarmen om de spieren voor te bereiden op een maximale prestatie en om letsels te vermijden. Voorzie je een zware stemtaak, dan doe je deze opwarming ook met de stemspieren. Na de steminspanning kun je met afkoelings-oefeningen de stem weer tot rust brengen.

Stemopwarming geeft een comfortabel gevoel bij het begin van de stemopdracht. Je kunt onmiddellijk fijne nuances gebruiken en de stem is beter controleerbaar. Vooral als je vroeg op de dag moet spreken, heb je er baat bij, zeker als je nog niet de gelegenheid kreeg voor een rustige conversatie. Je kunt de stem opwarmen door het intonatiepatroon van anderen zachtjes na te bootsen. Spreken ontlokt niet de extreem hoge of lage tonen, noch heel sterke luidheidsvariaties, dus je blijft in de com-fortabele zone. Zoem dus gerust op een zachte /m/ mee met de stem van de omroeper op de autoradio, als dit maar ontspannen en rustig kan gebeuren.

Je stem opwarmen is een gewoonte die niet veel tijd vraagt en veel an-dere bezigheden niet stoort of uitstelt: ontbijt klaarmaken, aankleden, sleutels zoeken, autorijden of fietsen en ondertussen maar zoemen en opwarmen.

Naast de stemaandacht bij het begin van de dagtaak mogen we stem-opwarming ook niet over het hoofd zien na een onderbreking. Wie stemlast ervaart na een lange vakantie begint de opwarmoefeningen al enkele dagen voor het begin van een nieuw werk- of schooljaar. De stem krijgt dus iets minder vakantie om het achteraf naar haar zin te hebben. Dat geldt ook voor mensen die werken met interim-contracten waartussen de stem langer kan rusten. Zelfs werknemers die periodes van stembelasting afwisselen met andere taken en verantwoordelijkheden die minder of geen stemactiviteit vragen, hebben baat bij stemop-warming.

Na een zware of lange steminspanning komen alle spieren van het strot-tenhoofd, nek en hals best weer tot rust. Als we te jachtig dreigen op te gaan in weer nieuwe activiteiten, is het raadzaam om voor de stemaf-koeling toch enige tijd te voorzien en er alle aandacht op te richten. Je zal merken dat je vaardig wordt in steeds sneller en dieper ontspannen. Hier willen we ook wijzen op schommelingen in lichaamstemperatuur. Bij snelle afkoeling verstijven spieren, krijg je het koud en ga je rillen of zelfs verkrampen, vooral als dit volgt op een zware fysieke inspanning. Sportlui dragen boven hun sportuitrusting een trainingspak. Opwar-men doen ze met alle kleren aan, daarna gaat het trainingspak uit. Maar de inspanning moet dan wel constant redelijk hoog zijn om die tempe-ratuur te behouden. Als we hen vragen om speciaal te letten op het ge-voel rond hun lichaamswarmte, dan merken ze vaak dat dit snel en sterk schommelt van te warm naar te koud en omgekeerd. De stem onder-gaat ook deze sterke schommelingen en dit proberen we beter te ver-mijden. Dit geldt ook voor temperatuursverschillen tussen locaties waar je komt. Dus stemgebruikers leren het best de reactie van hun lichaam kennen op warmte en koude zodat ze de juiste kleding uitzoeken voor een comfortabele lichaamswarmte. Voorzie je schommelingen, dan kleed je je het best in laagjes. De warmte die je genereert speelt natuur-lijk ook een rol. Als je rustig kunt observeren en indrukken kunt verwer-ken heb je het minder warm dan wanneer je op de toppen van je kun-nen vurig een groep toehoorders aan het overtuigen bent. Zodra de si-tuatie het toelaat, kun je met een trui, een jas of een sjaal je warmtege-voel regelen. Ook je stem zal er je dankbaar voor zijn.

2.3.2 Stemrust

Zodra we over intens stemgebruik spreken, richten we ook onze aan-dacht op stemrust. In nogal wat omstandigheden zien we dit namelijk te snel over het hoofd: de geestdrift is zo groot, er dient zoveel gezegd, we willen aanmoedigen, uitleggen en toelichten. Stemrust betekent rusten met de stem. Dat willen we letterlijk opvatten: regelmatig stoppen met roepen en spreken en erop toezien dat de spieren in en rond het strot-tenhoofd wel degelijk rusten. Zwijgen en ontspannen dus. Of dit lukt hangt van veel verschillende elementen af: je temperament, je luister-vaardigheden, je opdracht, je planning, … Waar we inspraak hebben, kunnen we steeds overwegen of we stemrust nodig hebben en hoe lang die kan zijn. En wees maar gul met de stemrust. Je hoeft niet te wachten tot er keelpijn optreedt of er een vervelende droogtekriebel dreigt. Stemrust moet dit kunnen voorkomen. Stemrust is meteen een ideale gelegenheid om de situatie te overzien of vooruit te kijken op wat komt. Stemrust betekent niet automatisch een volledige time out waarbij je je terugtrekt. Activiteiten kunnen gerust doorlopen in een zinvol verband. Alleen is het even stil, neemt iemand anders het woord, maak je gebruik van andere media, gebeurt de communicatie non-verbaal of doet men even geen beroep op je.

Stemrust kun je inlassen op korte en lange termijn. Op *korte termijn* laat een waterval aan woorden in een lang betoog geen stemrust toe. Het lukt wel als je de tijd laat om een vraag te laten beantwoorden, een mening te beluisteren, een discussiemoment in te lassen, een opdracht te geven. Onderdruk dan de neiging om in andere woorden nog eens te herhalen wat je al zei of om elk discussiegroepje afzonderlijk nog eens aan te spreken.

Op *middellange termijn* bekijken we het aantal uur per dag dat we onze stem gebruiken. Vooral in spreekberoepen is het soms moeilijk om dit te beperken. Dat heeft te maken met opdrachten en uurroosters, maar ook met persoonlijke wensen om op korte tijd de dagtaak te kunnen afronden. Let erop dat je actieve uren gespreid zijn rond een koffie- of middagpauze.

Op nog *langere termijn* spreken we over het aantal dagen van intens stemgebruik per week. Sommige stemmen functioneren beter met een onderbreking midden in de week dan bij een non-stop inspanning van vier dagen gevolgd door een lang weekend.

Een weloverwogen stemrustplanning op korte, middellange en lange termijn kan ervoor zorgen dat we ons stemgebruik niet langer als belastend of zelfs beschadigend ervaren.

Stemrust moet je ook bekijken in het geheel van je activiteiten. Stel dat je een stembelastende dagtaak hebt en een passie voor zingen of je bent daarbij een hevige supporter van een favoriete sportclub. Het is niet de bedoeling om je passie of enthousiasme te temperen. Dat zou andere nadelen meebrengen. Wel is het zinvol om het totaalpakket van stemgebruik over bijvoorbeeld een week kritisch te bekijken en zo mogelijk te optimaliseren. Zijn er verschuivingen in de activiteiten mogelijk zodat de stem wat gelijkmatiger belast wordt? Laten de activiteiten tussendoor stemrust toe? Kun je een stemactiviteit in duur of kracht beperken? Zijn er ander mogelijkheden om toch ten volle aan de activiteiten deel te nemen? De oefeningen of aanpassingen hoeven niet altijd drastisch te zijn. Een kleine wijziging kan het verschil uitmaken tussen ongemak en wellness.

2.3.3 Voldoende vochtig

Luchtvochtigheid

Als de lucht te droog is, krimpen parketvloeren, vertonen houten muziekinstrumenten barstjes, prikkelen de ogen, voelt de neus droog en
heb je de neiging om iets te drinken. Je kunt dit voelen op hete zomer-
dagen, maar vooral in binnenruimtes waar lang de verwarming opstaat
zonder een degelijke verluchting. De vochtigheid van de lucht heeft dan
een invloed op de productie van speeksel en slijm in mond en keelholte.
De stemplooien trillen vloeiender en gemakkelijker als het slijmvlies er-
overheen voldoende vochtig is. Te droge lucht bemoeilijkt de zuurstof-
opname zodat we ons suf en vermoeid voelen. De ideale luchtvochtigheid ligt tussen 45 en 65 %. Probeer dus regelmatig ramen of deuren
open te zetten: de lucht ververst en voert vocht aan. Een pauze is hiervoor een ideaal moment.

Alles in orde als we de lucht verversen via airconditioning? De zuurstof-
toevoer is hiermee voldoende, maar de constante luchtstroom kan voor
uitdroging zorgen. Veel mensen met een droogtehoestje melden dan
ook airco in hun werksituatie. De airco definitief uitschakelen is niet altijd een optie omdat veel gebouwen zo ontworpen zijn dat dit de enige
mogelijkheid voor luchtverversing is. Maar kun je regelmatig eens deze
lokalen verlaten, dan herademen ook de stemplooien mee. Denk ook
aan luchtverversing in de slaapkamer. Veel stemmen merken het vooral
's morgens: een nacht lang voldoende vochtige lucht inademen maakt
dan het verschil tussen vlot de spreekopdracht kunnen aanvatten en kuchen, schrapen of echt moeite moeten doen om de stem 'wakker' te krijgen. Is de slaapkamerlucht droog, dan heb je ook een langere stemopwarming nodig.

Als regelmatige luchtverversing niet volstaat, kun je nog een handje
helpen door waterverdampers aan radiatoren te hangen of een schaal
water op de verwarming te zetten. Let erop het materiaal en het water
proper te houden, anders wordt het een broeihaard van bacteriën. Je
hoeft dus niet onmiddellijk te investeren in een dure luchtbevochtiger, -
verfrisser of -reiniger. Dat kan wel een optie zijn in grotere werkruimtes
waar bijvoorbeeld voortdurend een aantal ventilatoren van computers
de omgevingslucht uitdrogen.

Sommigen zweren bij het inademen van hete waterdamp boven een
warmwaterbadje, met het hoofd stevig ingepakt in een dikke hand-
doek. Van het weldadige gevoel kan echter niet iedereen genieten.
Soms wekt die prikkelende stoom ook een hoest op of krijg je benauwd-
heidsklachten, vooral als de damp te heet is. Voeg geen producten toe,
want die kunnen dan weer de slijmvliezen irriteren. Wees er dus voor-

zichtig mee. Als het je goed doet, kan dit ook te maken hebben met de tijd die je even voor jezelf neemt om je lekker te verwennen. Het effect daarvan kan groter zijn dan van de stoom zelf. Uiteraard kan dit een deel uitmaken van je wellness-gevoel en in die zin kunnen de stemplooien er dan onrechtstreeks wel bij varen.

Drinken
En kan drinken helpen om de stemplooien te bevochtigen? Zeker, maar verwacht er geen wonderen van. Drinken maakt enkel de lucht in de keel vochtig, maar is geen bevochtiging van de stemplooien zelf. Als we drinken, sluit ons strotklepje namelijk de weg naar de luchtpijp, met bovenaan het strottenhoofd, af zodat we ons niet verslikken. Eigenlijk zou een voldoende bevochtiging het gevolg moeten zijn van een goede gezondheid en een stemvriendelijke levensstijl waarbij men voldoende drinkt. Een extra flesje water bij de hand kan helpen bij droge lucht, maar is geen compensatie voor een ongezonde levenswijze. Trouwens, aan dat drinken zijn een aantal voorwaarden gekoppeld. Bij voorkeur is de drank niet heel warm en ook niet heel koud. Koolzuurhoudende dranken verhogen de kans op oprispingen van zuur vanuit de maag, dat het slijmvlies over de stemplooien kan beschadigen. Melk en fruitsap produceren dan weer slijmen die hinderlijk in de weg kunnen zitten voor een goede stemplooisluiting. Grote hoeveelheden alcohol en cafeïne doen de kleine bloedvaatjes uitzetten en maken de stemplooien minder beweeglijk. Alcohol droogt het slijmvlies uit. 'Nochtans ervaar ik dat een glaasje wijn voor de stemopdracht kan helpen,' horen we vaak. Dit is subjectief mogelijk. Maar dan gaat het vermoedelijk eerder over het effect van dat glaasje op de spanning voor het spreken dan over het effect van het vocht op de stemplooien. Probeer dit onderscheid te maken. Misschien lukt ontspanning ook op een andere manier? Pols in elk geval ook even bij een paar eerlijke toehoorders hoe je bent overgekomen. Vermoedelijk vond je jezelf net iets alerter en to the point dan zij jou. Het effect van het glaasje op je stemming en ontspanning heeft ook zijn uitwerking op de bezenuwing die zorgt voor de beweging van de stemplooien en op de gevoeligheid. Het is mogelijk dat je hersenen dan niet zo snel als anders signalen krijgen doorgestuurd dat de grens van de stemmogelijkheden is bereikt. En dan loopt uiteraard de stem een risico op beschadiging. Ga dus niet zover om je af te vragen: 'Als één glaasje helpt, helpen 10 glazen dan des te beter?' Daarop kunnen we alleen antwoorden: 'Ja, maar enkel voor een publiek dat minstens 11 glaasjes op heeft.'
Koffie is een geliefkoosde drank en wordt met liters gedronken. Drink ook jij veel koffie en moet je vaak praten, dan kun je het effect ervan in

het oog houden. Je kunt dit doen door dagelijks enkele koppen koffie door water te vervangen. Lukt het spreken beter? Kost stemgeven minder moeite? Dan is het goed voor de stem om dit experiment om te zetten in een gewoonte.

Als bloedvaatjes uitzetten, zoals bij het drinken van alcohol en cafeïne, dan gebeurt dit via de bezenuwing. Maar ook de productie van speeksel wordt gestuurd vanuit de bezenuwing. Ben je gespannen, dan kun je ook een droge mond krijgen. Het spreken gaat dan moeilijker of je bent gevoeliger voor een kriebelhoest. Een slokje water voelt dan als een weldaad.

Omgeving, gewoontes, gezondheid, spanning, er zijn veel redenen waarom je als spreker wat extra wil drinken. We pleiten voor niet bruisend water op kamertemperatuur.

Op de discussiebladzijde bij dit hoofdstuk stellen we voor dat je, in de omgeving waarin je je stemopdracht uitvoert, even informeert hoe mensen erover denken om steeds water bij de hand te hebben.

2.3.4 Gezondheid

Gezond leven draagt bij tot de ervaring van een wellnesgevoel van de stem. Om het even welk gezondheidsaspect is van invloed op de stemgeving: de fitheid van spieren, hart en bloedvaten, de ademhaling, de bloeddruk, het vetgehalte in het bloed, het lichaamsgewicht en de lichaamssamenstelling, de conditie van het skelet enzovoort. De stem deelt in de voordelen van een goede nachtrust, gezonde voeding en voldoende fysieke activiteit.

De dagelijkse activiteiten brengen ook heel wat spanning mee. Je kunt die spanning voortdurend voelen bijvoorbeeld als er een zware prestatiedruk op de schouders rust. Of de spanning kan in piekmomenten heel sterk zijn. Vooral de manier waarop we met die spanning omgaan kan het wellnessgevoel van de stem en van de totale persoon sterk beïnvloeden. Dit bespreken we grondiger in Hoofdstuk 9 *De balans in evenwicht*.

2.3.5 Gewoontes

In onze dagelijkse bezigheden sluipen gewoontes en routines waarbij we niet meer stilstaan. Ze bieden het voordeel dat we niet elke dag onze activiteiten opnieuw moeten plannen en dat we heel wat tijd winnen.

Het nadeel ervan is dat we ze niet meer in vraag stellen en soms helemaal niet meer weten waarom alles op die manier verloopt. Dat is geen probleem zolang dit geen effect heeft op de stemervaringen en de gezondheid. Is dit minder positief, dan moeten we er toch even bij stilstaan.

De voeding kan een oorzaak zijn van stemongemak, vooral voor wie soms last heeft van oprispingen van maagzuur (reflux). Deze oprispingen kunnen ook tijdens de nachtrust voorkomen, zodat je je er niet van bewust bent. Dit zuur kan het slijmvlies, dat over de stemplooien ligt, irriteren en een bijtend gevoel veroorzaken of ervoor zorgen dat de stemplooitrilling minder soepel verloopt. Bij de één heeft dit te maken met de aard van het voedsel (pikant, vet, koolzuurhoudende dranken), bij de ander eerder met de hoeveelheid of het tijdstip van de maaltijd. Laat op de avond zijn onze spijsverteringsorganen minder actief. Wat je laat eet, verteert trager of blijft wel eens 'op de maag liggen'. Dat kan de oprispingen doen toenemen. Ook mensen met overgewicht zijn gevoeliger voor zure oprispingen. Wie last heeft van reflux, kan een tijdje bij zichzelf nagaan of en welk effect dit heeft op de stem. Laat die ongemakken niet te lang duren, want er zijn oplossingen voor. Het meest voor de hand liggend (maar daarom niet het gemakkelijkst) is het voedingspatroon wijzigen. Helpt dat niet voldoende, dan zoekt een arts samen met jou uit wat voor jou de beste oplossing is. We gaan dieper in op dit refluxprobleem in Hoofdstuk 7 *Steeds beter, steeds langer, steeds luider?*.

Gewoontes zoals roken en overmatig alcoholgebruik die sowieso schadelijk zijn voor de algemene gezondheid hebben ook een nefast effect op ons stemgebruik. De reden waarom we ermee doorgaan is dat ze (zeer) tijdelijk een teveel aan spanning wegnemen of op korte termijn aangenamer zijn voor de persoon dan de situatie waarin hij verkeert. Sociale druk is een ander argument. Roken en overmatig alcoholgebruik is een zorg van de hele gezondheidssector. Hier willen we er enkel op wijzen dat deze gewoontes de oorzaak kunnen zijn van stemellende.

Ook meer onschuldige gewoontes moeten we onder de loep nemen, bijvoorbeeld nagelbijten. De kleine hoornige deeltjes kunnen de weg verliezen bij het doorslikken en het slijmvlies irriteren. Dit is niet schadelijk als het maar af en toe eens gebeurt. Het probleem ligt bij de frequentie van het gedrag en de moeilijkheid om het te doorbreken.

Of iemand erin slaagt een dergelijke gewoonte af te bouwen of te vervangen door een stemvriendelijker gewoonte, hangt sterk samen met zijn psychologische draagkracht. Daarover meer in Hoofdstuk 9 *De balans in evenwicht*.

2.4   Alles tegelijk?

De lijst van aanbevelingen en tips die we in het vorig punt beschreven, is lang. De persoon die de hele lijst heeft opgenomen in zijn dagelijkse gewoontes is een supermens die een leven leidt met een ijzeren discipline. Dit is niet de bedoeling en ook moeilijk haalbaar.

Een eerste opdracht is nagaan welke adviezen zinvol zijn voor jezelf. Als je bijvoorbeeld helemaal geen last hebt van reflux hoef je niet zo dringend je eet- en drinkgewoontes te veranderen. Ten tweede kun je de aanbeveling aanpassen aan je situatie: een effect op de stem ervaar je bijvoorbeeld op andere momenten van de dag, na het eten van andere spijzen … Misschien kom je tot andere oplossingen als je aanbevelingen gecombineerd toepast: duur en aard van de stemopwarming bijvoorbeeld kun je variëren naargelang de stemopdracht die volgt.

Ten slotte kun je creatief zoeken hoe je het eigen wellness-gehalte kunt verhogen binnen je werkrooster, je huidige spanning, je prioriteiten.

Er zijn aanbevelingen die hun effect hebben op korte termijn, andere eerder op lange termijn. Een student binnen de lerarenopleiding had zich bijvoorbeeld voorgenomen zijn lievelingsdrank definitief uit zijn voedingspatroon te bannen: melk. Hij leerde en ervaarde ook dat melk slijmen kan produceren die de stemplooisluiting kunnen hinderen. De toepassing van de maatregel is in dit geval te drastisch. De slijmproductie heeft zijn effect op korte termijn en de melk achterwege laten is vooral vlak voor een spreekopdracht nuttig. De extra slijmproductie heeft geen effecten op lange termijn. Die student kan dus gerust melk drinken op momenten waarop geen stemopdracht volgt.

Ben je dan voortdurend gebonden aan de adviezen en de gevolgen ervan? Natuurlijk niet. Je bepaalt zelf wanneer en hoe streng je ze wil naleven. Belangrijk is dat je weet welk verband er bestaat tussen je activiteiten en je stemgezondheid. Je beslist dan zelf hoeveel tijd en energie je wil besteden in het bijsturen van een stemslippertje. We zoeken toch ook niet elke zondag braafjes onze bedstee op om 22.00 uur, hoewel we weten dat we de volgende dag fris en fit op het werk moeten verschijnen? En is een kleine zonde niet overheerlijk en motiverend voor iemand die een streng dieet volgt? We brengen dus nuances aan in ons stemgedragspatroon met hier en daar een waarschuwende flikkerende fluokleur voor moeilijke opdrachten, hoge gevoeligheid of lastige omstandigheden. En dat kleurenlandschap ziet er voor iedereen anders uit.

We schrappen geen adviezen voor mensen met een krachtige, sterke stem. Zij zullen hun gewoontes niet drastisch moeten wijzigen, maar zijn wel op de hoogte van de mogelijke verbanden tussen gedrag of omstandigheden en de stem. Ze kunnen op dit inzicht terugvallen in uitzonderlijke omstandigheden of als ze hun stemcapaciteiten gebruiken om anderen te ontlasten (zie Hoofdstuk 11 *Domino of dominion*)

In boeken, brochures en workshop is al veel tijd en aandacht besteed aan de opsomming van stemtips. Toch stelt men vast dat hele groepen stemgebruikers er om één of andere reden niet in slagen om de wellness van de stem te verhogen. Integendeel zelfs: soms werkt de levensstijl een goede stemzorg tegen. Roken is in, korte nachten verhogen het sociaal contact, snelle happen laten toe meer tijd te besteden aan andere activiteiten. Dat is te verklaren vanuit een visie op korte termijn: de stem heeft het tot nu toe nog nooit begeven, men ervaart de voordelen als belangrijker dan de nadelen, er zijn enkel op lange termijn kwalijke gevolgen gekend en dus heeft men hiermee nog geen ervaring, of men denkt dat men behoort tot selecte groep uitverkorenen die ongevoelig is voor problemen. Deze kloof tussen het deskundig advies en het stemgedrag kan ontstaan doordat er een basis van weerbaarheid ontbreekt om bewust een evenwicht te vinden tussen aanpassen en afweren. Dat veronderstelt vaardigheden die ruimer zijn dan het kunnen navolgen van tips. Hoe we deze balans in vaardigheden kunnen uitbouwen beschrijven we in Hoofdstuk 9 *De balans in evenwicht*.

We nodigen je uit om enkele van de onderstaande onderwerpen in je omgeving te bespreken. Bij elke vraag, wens of een stelling zijn mogelijke antwoorden geformuleerd. Je kunt ze gebruiken als leidraad voor het gesprek. Er hoeft niet onmiddellijk een akkoord uit de bus te komen. Tast gewoon eens af hoe de meningen zijn, welke opvattingen overwegen, hoe ze verschillen of overeenkomen. Misschien blijkt achteraf dat je de situatie kan verbeteren. Doen!

Ik zou wel willen dat ik af en toe een slokje water kan nemen terwijl ik mijn stemopdracht uitvoer.
* Blijkbaar ben ik hierin niet alleen.
* Anderen hebben daar niet echt behoefte aan.
* Ik vind het vreemd dat anderen dat zouden willen.
* Sommigen vinden dat dit niet kan als je aan het spreken bent.
* De ene vindt dit normaal, de andere gaat niet akkoord met dit idee.
* Bij ons is dat een evidentie.
* Bij ons is de regel dat er niet mag gedronken worden tijdens de les, dus ook niet door de lesgever.

De werkgever/organisator zou de mogelijkheid moeten voorzien om tijdens de stemopdracht wat water te kunnen drinken.
* Natuurlijk, het is gewoon een voorwaarde om mijn taak goed te vervullen.
* Het hoeft niet, maar het is een blijk van bezorgdheid en respect voor mijn inspanningen.
* Ik zorg er wel voor dat ik voor en na mijn stemtaak voldoende drink.
* Net zoals mijn pen of mijn nota's behoort mijn eigen flesje water tot mijn vast 'gereedschap'.
* Dat vind ik bijzaak. Ik krijg liever een lekkere kop koffie tijdens de pauzes.
* Ach nee, ik neem toch niet de tijd om te drinken.

Als er water beschikbaar is, dan graag met de volgende voorwaarden:
Er is een centraal afhaalpunt voor flesjes mineraalwater.
* Geen voorwaarden voor mij. Kraantjeswater is voldoende streng gecontroleerd op kwaliteit.
* Ik verkies een tussenweg: een goed bereikbare waterkoeler met flessen of vaten.
* Wie drank wil, die kan terecht bij de automaat.

Stel dat je mag beslissen over vorm en frequentie van watervoorziening tijdens stemopdrachten. Wat neem je dan in overweging?
* De idee dat water kan helpen om de stemopdracht goed te voltooien.
* De algemene gezondheid.

- Het financiële plaatje (aankoop, onderhoud, opslag, administratie).
- Het ecologisch plaatje (vervoer, afval, vervuiling, stroomverbruik)
- De voorbeeldfunctie voor anderen.

Een stap verder: niet alleen de spreker kan water drinken, ook de toehoorders.
- Dat is dan een stap te ver. Wie zal die afvalberg nog de baas kunnen?
- Het is uitermate storend voor een spreker dat toehoorders op elk moment kunnen drinken.
- Waarom niet: water is voor iedereen gezond. Mits duidelijke afspraken, kan dit een gewoonte van het huis worden.
- Nee, dankjewel. En dan voortdurend mensen halfweg mijn betoog zomaar zien vertrekken voor een sanitaire onderbreking!
- Op zich niet zo'n verkeerd idee. Maar naast water komt men met frisdranken, energy drinks en zelfs alcohol. En wie zal dan de situatie nog kunnen rechtzetten?

Stemopwarming - stemafkoeling

Je start de opwarmoefeningen steeds op een ontspannen toonhoogte en luidheid die geen moeite kost, terwijl je een ontspannen /m/ aanhoudt zonder de tanden op elkaar te klemmen. Je voelt dan de stemtrilling tot in de lippen en de neus. De stem klinkt voller. Varieer altijd eerst rond de eigen ontspannen toonhoogte in kleine bewegingen naar boven en onder en kom steeds weer terug naar de begintoonhoogte. Daarna volgen meer variaties in glijdende golfbewegingen naar de hogere en hoogste tonen, pas daarna naar de laagste tonen. Na de toonhoogtevariaties volgen de luidheidsvariaties en combinaties van luidheid en toonhoogte. De stem blijft steeds vol klinken en ontspannen aanvoelen. Kaak los, tong ligt ontspannen in de mond. Nooit te luid of te hoog. Nooit forceren.

De afkoeloefeningen volgen de omgekeerde volgorde van de opwarmoefeningen: van gevarieerde, grote verschillen in toonhoogte en luidheid met glijdende en goed zoemende /m/-klanken, ga je naar kleinere bewegingen rond de rustige, zachte klank die ons het minste moeite kost.

Besluit

Wellness voor de stem bevat alle mogelijke maatregelen en handelingen die de stem gezond kunnen houden en het stemwelzijn kunnen
verhogen. Het vraagt van de stemgebruiker zowel een goed inzicht in
de eigen stemcapaciteiten en -gevoeligheden als een zekere verantwoordelijkheid om flexibel de juiste keuzes te maken. Wellness voor de
stem is weldadig voor alle stemgebruikers en vormt een goede basis
voor de uitbouw van een goede stemtechniek.

3. Wat hoor je?

Stel dat je je creatieve vaardigheden wil ontwikkelen en tekenles gaat volgen. In gedachten hef je al het glas op je eerste tentoonstelling … Maar je verbazing is groot als je merkt dat je de zorgvuldig geslepen potloden aanvankelijk weinig moet gebruiken. Wat staat bovenaan op het programma? Kijken. Kijken naar vorm, kleur, verhoudingen, diepte, contrast, helderheid, … En er gaat een wereld voor je open. Natuurlijk ziet iedereen die gewoon rondkijkt ook al deze kenmerken, maar eerder globaal in een totaalbeeld. De tekenaar kan verschillen beter omschrijven, kan veranderingen toeschrijven aan het juiste kenmerk, analyseert, wijzigt, speelt creatief met visuele elementen, componeert met lijnen, grijswaarden en licht … en kan genieten van de onbeperkte vrijheid die de kunst van het kijken biedt.

Wat kijken is bij tekenen, dat is luisteren bij spreken. Wat we horen kunnen we op heel verscheidene manieren beschrijven: in termen van verstaanbaarheid, structuur, gevarieerdheid, melodie, pittigheid, luidheid, kwaliteit, draagkracht, bekendheid. In de mondelinge communicatie beoordelen we voortdurend wat we horen. Daardoor kan het gesprek verder lopen of weten we wanneer we om verduidelijking moeten vragen. We leren woorden bij, bewonderen de welbespraaktheid van sommigen, genieten van een bepaalde stemklank. En op één of andere manier geven we over dit alles feedback aan onze gesprekspartner met als doel de communicatie vlot(ter) te laten verlopen.

Net zoals jij dat doet, beoordeelt elke gesprekspartner ook je manier van spreken, je taal, je stem. En ten slotte: elke spreker luistert ook naar zichzelf. Daardoor heeft ieder van ons een idee over de manier waarop hij zelf klinkt. Soms wil je aan deze klank iets veranderen. Dan merk je dat het globaal luisteren van alledag niet volstaat. Om in detail te weten wat we precies willen veranderen en hoe we dit kunnen doen, moeten we eerst in detail kunnen luisteren. Dat fijn luisteren de basis is voor verandering merken we als we een vreemde taal leren spreken. Klankverschillen die we niet als betekenisvol herkennen of niet kennen vanuit onze moedertaal, horen we ook moeilijk. Daardoor blijft de taalspecifieke klankproductie vaak het laatste en eeuwig durende werkpunt.

In dit hoofdstuk merken we in een eerste punt dat nauwkeurig luisteren niet zo'n evidente opdracht is (3.1) Dit nauwkeurig luisteren zullen we nodig hebben om onze stem te optimaliseren. Uit het hele aanbod van mondelinge communicatie leren we daarom in punt 3.2 welke kenmerken behoren tot de taal, tot de spraak en tot de stem. Ten slotte (punt 3.3) zien we hoe we al deze kenmerken betekenisvol gebruiken in dagelijkse gesprekken. Dankzij dit inzicht weten we wat de bijdrage van goed stemgebruik kan zijn binnen onze communicatie.

3.1 Alledaags en toch niet eenvoudig

Luisteren naar elkaar is een alledaagse bezigheid. Dus lijkt het voor mensen met een goed gehoor en een normale aandacht een fluitje van een cent om te beschrijven wat ze gehoord hebben. Maar dat blijkt niet zo te zijn. Er gaat steeds heel wat informatie verloren. Probeer je bijvoorbeeld eens een gesprek te herinneren met een drietal personen. Wie gebruikte de meeste abstracte woorden? Sloop er bij iemand een bepaald stopwoordje in? Wie sprak het snelst? Wie had de zuiverste stem? Hoe vaak sprak iemand in onvolledige zinnen? Waren de pauzes tussen de zinnen van een spreker even lang? En hoe zat het met de pauze tussen de sprekers? Antwoorden op al deze vragen vinden we moeilijk, tenzij we een opname van het gesprek meermaals kunnen beluisteren met telkens een ander aandachtspunt voor ogen. Dat dit zo moeilijk lijkt hangt samen met het doel van het gesprek: communicatie. We letten vooral op de inhoudelijke boodschap van het gesprek en de relatie tussen de deelnemers. Dus is het gemakkelijker om achteraf te vertellen wie welk voorstel heeft gedaan, wie de leiding nam in het gesprek, of er een oplossing voor een probleem is gevonden, welke tegenargumenten aan bod kwamen, wie zich wat afzijdig hield, welke afspraken zijn gemaakt. Het lijkt of we abstractie maken van alle vormelijke elementen van een gesprek om ons op de inhoud te kunnen richten. De aandacht voor die vormaspecten is even weer aangescherpt als er veranderingen optreden of de manier waarop men spreekt afwijkt van de normen. We merken dan op dat een stem heser klinkt dan normaal, iemand opvallend moeilijk uit zijn woorden komt of een verkeerde uitspraak van een klank al je aandacht trekt. En meteen merk je dat het moeilijk is tegelijk op de inhoud en op de vorm te letten, hoe sterk de vorm de inhoud ook ondersteunt en mee bepaalt.

Luister naar 🎧 3.1 en probeer te achterhalen waar de groep vrienden afspreken voor een avondje uit. Misschien kun je meteen ook antwoorden op de bijkomende vragen na het fragment. Of niet soms?

Luister naar 🎧 3.2. Hoe vaak heeft de spreker ingeademd in dit fragment? Heb je die ene uitspraakfout gemerkt? Wat vond je van het spreektempo? Hoeveel lidwoorden bevatte de tekst? Hoeveel verschillende emoties klonken in de stem? Welk woord kreeg een verkeerd accent? Zou je de inhoud kunnen navertellen? En vooral: hoe vaak heb je het fragment moeten herbeluisteren om op alle vragen te kunnen antwoorden?

Deze oefeningen tonen twee zaken aan: het is moeilijk om op alles tegelijk te letten en het helpt als we vooraf weten waarop we willen letten. Plannen en fijn luisteren is dus de boodschap.

Om te kunnen werken aan de stem is het belangrijk om uit de mondelinge communicatie net die kenmerken te halen die we aan de stem kunnen toeschrijven. Een eerste stap in deze vaardigheid bestaat erin een onderscheid te kunnen maken tussen taal, spraak en stem.

3. 2 Taal – spraak – stem

Als een moeder of vader met een kindje op consultatie gaat bij de NKO-/KNO-arts of de logopedist, gebeurt het vaak dat men het probleem als volgt beschrijft: 'Mijn zoon doet iets raars als hij spreekt. Het klinkt niet zoals de kinderen uit zijn klas en zijn oudere broer/zus heeft dit nooit gedaan op die leeftijd.' Daaruit blijkt dat de ouder aanvoelt dat er op één of ander gebied een lijn is waarvan het kind afwijkt, dit als een probleem ervaart en dit graag wil oplossen. De vraag naar een omschrijving van het probleem helpt de zorgverlener om te denken in de richting van taal, spraak of stem. Is het dan zo moeilijk om dit onderscheid te maken en nauwkeurig te omschrijven? Laten we het even uitproberen. In de onderstaande reeks beschrijvingen kun je telkens aankruisen of het om een typisch taal-, spraak- of stemprobleem gaat.

	taal	spraak	stem
1. Zich de naam van een oude vriend niet herinneren	⊗	○	○
2. Het einde van de zinnen te zacht uitspreken	○	⊗	⊗
3. Veel verkleinwoorden gebruiken als je met een peuter praat	⊗	○	○
4. De huig-R en de tongpunt-r door elkaar gebruiken	○	⊗	○
5. Hoger praten als je opgewonden bent	○	○	⊗
6. Spreken in lange, samengestelde zinnen	○	⊗	○
7. Na een sportvakantie enkel nog kunnen spreken zonder klank	○	○	⊗
8. In een vreemde taal fouten maken tegen de woordvolgorde	⊗	○	○
9. Bij de uitspraak van de /s/ de tongpunt tussen de tanden steken	○	⊗	○
10. Het moeilijk hebben om klinkers uit te spreken volgens het standaard Nederlands	⊗	○	○

Helpt het als je weet dat er 4 situaties over taal gaan, 3 over spraak en 3 over stem? (taal: 1, 3, 6 en 8 , spraak: 4, 9 en 10 en stem: 2, 5 en 7)
Vooral spraak- en stemkenmerken worden vaak verward. Misschien heb je bij 🐦 3.2 ook even getwijfeld wat precies het verschil was tussen een 'uitspraakfout' en een 'verkeerd accent'?
We halen alle twijfel weg in de volgende paragraaf zodat we op basis van een juiste analyse van uitingen precies weten hoe we de stem kun-

nen verbeteren. Zonder het Nederlands taalkundig volledig uit de doeken te doen, belichten we het onderscheid stem-spraak-taal. Als dit eenmaal duidelijk is, kunnen we ons beter voorstellen wat de uitspraak 'Mijn kind doet iets raars' zou kunnen betekenen.

3.2.1 Taal

Een eerste onderdeel van de taal is de woordenschat (lexicon). Dit is de verzameling verschillende woorden waarvan een persoon gebruik maakt. Je kunt ze indelen in woordsoorten (lidwoorden, naamwoorden, werkwoorden, voorzetsels enzovoort). De omvangrijkste woordsoort is die van de naamwoorden. We delen die in in algemene categorieën (kleuren, gebruiksvoorwerpen, sporttakken, bloemen) of in beperktere, meer specifieke groepen (rozen, anjers, tulpen, krokussen, lelies, …). Je kunt een rijke woordenschat hebben in de ene categorie (bv. fotografie) en heel arm zijn in een andere categorie (bv. gereedschap). Dit heeft veel te maken met je interesses, bezigheden, omgeving.

Een rijke woordenschat betekent ook dat je veel woorden kent met fijne nuances (bv. de kleuren cyaan, aquamarijn, indigo, magenta, zalm, koraal, fuchsia als variaties op de hoofdkleuren).

Synoniemen zijn een ander aspect van de woordenschat. Hoewel ze bedoeld zijn als inwisselbaar hebben ze meestal een betekenisverschil. Dit verschil kan zich situeren op verschillende niveaus:

de gevoelswaarde (bandiet, boef, gangster, crimineel)

spreek- en schrijftaal ('toch' versus 'desalniettemin')

het algemene en het specifieke ('tijd' versus 'periode')

eerder modern of wat oubollig ('bekijken' versus 'aanschouwen')

lekentaal of vaktaal ('strottenhoofd' versus 'larynx')

Bij het woord 'aangenaam' kun je denken aan 'charmant' of 'innemend' of 'vriendelijk'. Had jij aan andere synomiemen gedacht? Dat brengt ons meteen bij een ander aspect van woordenschat: eenzelfde woord kan verschillende betekenissen hebben. 'Aangenaam' begrijpen we dan verschillend in de context van 'een vriendelijke persoon', 'een comfortabel vakantieoord' en een 'weldadig gevoel'. Daartegenover staat één zelfde betekenis die men met verschillende woorden kan uitdrukken. Het kan gaan om regionale variaties (een bruin en een grijs brood is hetzelfde soort brood) of verschillen tussen toepassingsdomeinen (snelheden benoemt men anders te land dan op zee). Figuurlijke betekenissen en diepere bodems zoals bij humor vragen een goede beheersing van de woordenschat. Gelukkig kunnen we dit taalaspect een levenlang uitbreiden.

De woorden die we kennen voegen we bij elkaar tot woordgroepen, zinnen, verhalen. Dit doen we volgens de regels van de systematiek van de taal (grammatica). De basiselementen, de woorden, geven we hun goede vorm (woordvorming of morfologie). We maken volgens vaste regels en een gamma aan uitzonderingen meervoudsvormen en verkleinwoorden, we vervoegen werkwoorden met de juiste persoons- en tijdsaanduiding, we vormen samengestelde woorden, maken afleidingen, verbuigen bijvoeglijke naamwoorden enzovoort. Met deze woorden vormen we zinnen volgens de regels van de zinsbouw (syntaxis). Een goed gebouwde zin is er één met een juiste woordvolgorde.

Woordenschat, zinsbouw en woordvorming beïnvloeden elkaar. Op het werkwoord 'eten' bijvoorbeeld kunnen verschillende voorzetsels volgen, maar het is het volgend naamwoord dat beslist wat juist is. Want we eten *op* een stoel, *aan* tafel, *met* een vork, *uit* een bord en *in* een restaurant.

3.2.2 Spraak

Spraak delen we op in twee grote gebieden, namelijk de Fonetiek en de Fonologie. In de Fonetiek bekijken we onder meer hoe je klanken uitspreekt of produceert (articulatie) en waarneemt (perceptie). In de Fonologie bestuderen we hoe spraakklanken binnen een concrete taal voor betekenisverschil kunnen zorgen, hoe je klanken kunt combineren tot lettergrepen (fonotaxis) en analyseren we prosodische dimensies zoals tempo, intonatie, klemtoon, en ritme.
Zo leren we wat het onderscheid is tussen een /s/ en een /sj/. We kennen alle klinkers, medeklinkers en tweeklanken van het Nederlands. We stellen vast dat een Nederlands woord nooit met een /ng/ begint, maar wel met een /str/, maar dat diezelfde /str/ combinatie nooit op het einde van een woord kan staan. We kunnen alle Nederlandse spraakklanken goed uitspreken, weliswaar met voldoende tolerantie om regionale verschillen als gelijke klanken te begrijpen.

3.2.3 Stem

In Hoofdstuk 4 *Stemtechniek* gaan we dieper in op de werking van de stem en op de vorming van de stemklank. Hier *luisteren* we vooral naar de stemklank. Die kunnen we omschrijven aan de hand van vijf kenmerken: toonhoogte, luidheid, kwaliteit, timbre en draagkracht.

Een eerste stemkenmerk is de toonhoogte.
De stem kan hoog of laag klinken. Dit heeft veel te maken met de bouw van het strottenhoofd. In 🎧 3.3 horen we eenzelfde tekst gelezen door iemand met een lage, een middelhoge en een hoge stem.
Hoog of laag is niet alleen een kwestie van man-vrouw of kind-volwassene. Binnen elke groep kun je ook een relatief hoge of lage stem hebben. In 🎧 3.4 hoor je drie mannen, drie vrouwen en drie kinderen telkens met een verschillende stemtoonhoogte.
Naargelang de betekenis, de gevoelswaarde, de gespannenheid kan één en dezelfde persoon eerder laag, op gewone toonhoogte of eerder hoog spreken. Dat hoor je in 🎧 3.5.
Als we stemmen beluisteren is het niet de bedoeling om de toonhoogte in getallen (frequentie) of namen (muzikale notatie) te benoemen. We zijn al een stap vooruit als we verschillen horen (tussen hoog en laag) of veranderingen (stijgingen en dalingen) merken.

Een tweede stemkenmerk is de luidheid.
Luidheid drukken we subjectief uit van zeer zacht tot zeer luid. In 🎧 3.6 hoor je stemmen die van nature een verschillende luidheid hebben. De beoordeling van luidheid heeft zeker ook met de context te maken. Als plots de lichten in de zaal uitgaan en de volgspot op het theater oplicht, klinken je laatste woorden veel te luid. Maar je mag een behoorlijk tandje bijsteken als je midden het verkeerslawaai een microfoon onder de neus krijgt met het verzoek op enkele vragen te antwoorden.
Let op om 'voldoende luid' niet te verwarren met 'verstaanbaar'. In fragment 🎧 3.7 hoor je eerst een zin op normale luidheid en goed verstaanbaar, daarna zijn de twee begrippen losgekoppeld in alle combinaties: 'zacht, gemiddeld, luid' en 'slecht of goed verstaanbaar'. Voldoende luid is vooral een kwestie van stem, goed verstaanbaar is vooral een kwestie van uitspraak.

Een derde stemkenmerk is de kwaliteit.
De kwaliteit van de stem kun je aan de hand van vier kenmerken omschrijven: de zuiverheid, de regelmaat, de vloeiendheid en de stabiliteit. De zuiverheid hangt samen met de sluiting van de stemplooien. Sluiten de stemplooien niet goed, dan horen we een ruisje, de stem klinkt hees. Sommige stemplooien kunnen niet sluiten door de bouw van het strottenhoofd. Bij andere stemmen horen we heesheid alleen bij problemen: de stemspieren zijn oververmoeid, het slijmvlies is verdikt door verkoudheden of stemplooiknobbeltjes hinderen een goede sluiting. In 🎧 3.8 hoor je een licht hese stem van een jonge vrouw wiens stemplooien

niet goed kunnen sluiten. Fragment 🔊 3.9 laat horen dat iemand met een normale stem ook opzettelijk dat ruisje kan produceren.

De regelmaat betekent dat beide stemplooien symmetrisch bewegen. Gebeurt dit niet, dan hoor je een onregelmatig geluid dat we een schorre stem noemen. In fragment 🔊 3.10 hoor je na elkaar een licht schorre en een matig schorre stem. Wie heel schor is, klinkt meestal ook hees omdat door de asymmetrie de stemplooien maar zelden tegen elkaar komen en dus meestal lucht doorlaten. Omdat beide stemplooien tegelijk aangestuurd worden, is het moeilijk opzettelijk schorheid te produceren met gezonde stemplooien.

Een stem klinkt vloeiend als het openen en sluiten van de stemplooien vlot op elkaar volgt. Dat is niet zo bij bijvoorbeeld een krakerige stem. Bij elke trillingsbeweging gaan de stemplooien slechts heel even open en dicht. In fragment 🔊 3.11 hoor je daarvan een voorbeeld. Sommige mensen gebruiken dit krakerig geluid ook als kenmerk van hun spreekstijl (🔊 3.12).

Stabiliteit ten slotte betekent dat we dankzij een goede ademcontrole, spierwerking, bezenuwing en vooral de coördinatie tussen deze verschillende aspecten in staat zijn om voldoende lang een bepaalde luidheid, toonhoogte of kwaliteit te produceren. Een instabiele stem kan bibberig of beverig zijn. Je kunt dit ervaren als de besturing van de spieren door zenuwachtigheid wat verstoord is. Instabiel noemen we ook de stemmen met uitschieters in de hoogte of de laagte. Fragment 🔊 3.13 laat een overslaande stem naar de hoogte horen. Ook de luidheidscontrole kan een probleem zijn.

We verwijzen naar Hoofdstuk 4 *Stemtechniek* voor meer uitleg over de stemplooitrilling.

Een vierde stemkenmerk is het timbre.
De kenmerken van de keel-, neus- en de mondholte bepalen het timbre van de stemklank. Vooral de grootte en de vorm zijn bepalend. Bij kinderen is de holte kleiner dan bij volwassenen. Individueel kun je ook de ruimte vergroten of verkleinen door het strottenhoofd laag of hoog te plaatsen, door de tong plat te laten liggen of net sterk te bollen, je kunt de lippen tegen de tanden laten rusten, maar je kunt ze ook naar voor stulpen.

Het timbre wordt ook bepaald door de hardheid van de wanden. De keel- en mondholte zijn afgebakend door harde (tanden, hard gehemelte) versus zachte (lippen, achterkeelwand, zacht gehemelte) onderdelen. De spieren in de mond- en keelholte kunnen de hardheid van de wanden wijzigen. Gespannen spieren zorgen voor harde wanden, ontspannen spieren voor zachte wanden. Als je bijvoorbeeld de spieren van de achterkeelwand sterk opspant, dan klinkt de stem geknepen (🔊 3.14) Het spiertje dat in het huigje zit is zelfs in staat om een extra ruimte te openen (of af te sluiten), namelijk de neus, waarin de stem kan meeklinken of resoneren. Laten we lucht door die holte stromen, dan krijgen we een nasaal timbre. Wie de spieren goed beheerst, kan geknepenheid en nasaliteit combineren of net loskoppelen (🔊 3.15).

We benoemen het timbre ook naar de plaats waar de klank het meest resoneert. Een kelig timbre verkrijg je bijvoorbeeld door vooral de keelholte te gebruiken, en de beperkte beweging van de rest van de mondholte en de lippen zorgt ervoor dat de klank daar blijft hangen (🔊 3.16). Met timbrevariaties kun je ook een bepaalde sfeer creëren, betekenisaspecten uitvergroten of ondersteunen. In fragment 🔊 3.17 is het timbre gekoppeld aan de inhoud van de boodschap. Meteen merk je dat stemkenmerken vaak samenhangen: laag en zacht, geknepen en luider enz. Maar je kunt natuurlijk ook proberen een zelfde inhoud, in eenzelfde zin gegoten, uit te spreken met verschillende timbres zoals in fragment 🔊 3.18.

Een vijfde stemkenmerk is draagkracht.
Als alle spieren optimaal werken en alle ruimtes goed gebruikt worden, als er een goede coördinatie is en dus de klank vrijuit kan stromen met voldoende ondersteuning van de adem en de houding, dan hoor je een stem met veel draagkracht. Zonder heel luid te moeten spreken, ben je tot ver hoorbaar. Het tegengestelde is een ijle stem die niet ver draagt. De klank sterft weg en enkel de mensen dicht bij de spreker kunnen de stemklank opvangen. Fragment 🔊 3.19 laat het verschil tussen beide horen.

De stemklank die we horen is uiteraard een samenspel van toonhoogte, luidheid, kwaliteit, timbre en draagkracht. De inhoud van onze boodschap lokt soms een bepaalde kwaliteit uit, zeggen we eerder op een luide of zachte toon, hoog of laag. Natuurlijk kunnen we al deze kenmerken ook in één en dezelfde boodschap variëren (🔊 3.20).

3.3 Taal, spraak, stem binnen mondelinge communicatie

Bij taal, spraak en stem spreken we niet alleen over de uitgebreidheid, de kenmerken, de onderdelen of de structuur binnen een theoretisch kader. We gebruiken ook taal, spraak en stem binnen de mondelinge communicatie (pragmatiek). Dan houden we rekening met de hele context waarin we communiceren.

Iemand met een goede *taalpragmatiek* weet dat woorden en structuren bepaalde functies hebben. Door een bepaalde keuze te maken in woorden en (zin)structuren kan de spreker zich op verschillende manieren uitdrukken. Hij kan duidelijk maken of hij subjectief of objectief staat tegenover de inhoud (bijvoorbeeld door meer of minder tussenwerpsels te gebruiken zoals 'wel' of 'dus'). Zijn taalgebruik zegt ook wat de band is met de realiteit (bv. grap, verhaal, verslag). De vorm bepaalt hoe de gesprekspartner de boodschap zou moeten ervaren (bv. een wens uitgedrukt in een vraag of in een bevel). Ook het soort woorden, het dialect of het jargon bevat contextinformatie voor de gesprekspartner. Verder bepaalt de spreker ook de mate waarin de boodschap informatief is, relevant, eenvoudig, juist, beknopt, gestructureerd en duidelijk. Deze kenmerken zijn totaal anders in een zakelijke mededeling dan in een gesprek tussen vrienden. En ten slotte kan een goede taalgebruiker bij het onderwerp blijven, de beurt nemen en geven en weet hij wanneer inhoudelijke toelichting nodig is of wanneer hij kan rekenen op gemeenschappelijke achtergrondkennis.

In de *spraakpragmatiek* gaat de spreker spelen met spraakklanken in functie van de communicatie. De /s/ van het woord /serpent/ maakt hij bijvoorbeeld extra scherp om het karakter van dit serpent uit te drukken, of hij spreekt de /sl/ in /slordig/ ook slordig uit. Ook kun je woorden selecteren omwille van hun specifieke spraakklanken die je dan nog eens bij de uitspraak in de verf kunt zetten (bijvoorbeeld 'knallen' of 'ploffen'). Veel stijlfiguren in proza of poëzie spelen met de klankkeuze. Het stafrijm (ook beginrijm of alliteratie genoemd) is een gekend voorbeeld hiervan: Liesje leerde Lotje lopen ... Je kunt ook om verschillende redenen klanken vermijden of vaak gebruiken. Wie bijvoorbeeld moeite heeft met de uitspraak van bepaalde klanken of klankcombinaties doet dit soms al dan niet bewust. De /straat/ vervangt men dan door /weg/ of /baan/. Als jonge kinderen bepaalde vaardigheden in hun spraakontwikkeling ontdekken, kunnen ze eindeloos met de nieuwe klanken experimenteren en klankspelletjes spelen, zelfs in een 'gesprek' met een volwassene.

In de *stempragmatiek* variëren we alle kenmerken van de stem, die we onder punt 3.2.3 hebben besproken, in functie van de communicatie: toonhoogte, luidheid, kwaliteit, timbre en draagkracht. Dat kunnen we doen op het niveau van de woorden, maar ook op het niveau van de klanken. Fragment 🔊 3.21 laat horen hoe een eenvoudige klank als /mm/ of /hm/ een andere betekenis krijgt naargelang het stemgebruik. In dit voorbeeld kan deze klank betekenen: 'Akkoord', of 'Ik twijfel' of 'Bespottelijk' of 'Zalig'. We gebruiken geen woorden en zinsstructuren, ook geen opeenvolging van spraakklanken. Het is puur de stem die het betekenisverschil realiseert. Dat kunnen we al van bij de heel vroege stemontwikkeling als baby: we waren er ons niet van bewust, maar naargelang onze behoeften konden we de omgeving met onze stem duidelijk laten weten of ons huilen iets had te maken met verdriet, pijn, honger of ongemak. Ook onze lachgeluiden verklapten of we aan het genieten waren of dolle pret hadden. Dankzij de reactie van de omgeving leerden we al deze reflexen controleren en doelgericht gebruiken. Als we wat later, rond acht maanden, beginnen te brabbelen en stilaan ook woorden en zinnen vormen, gaat alle aandacht naar spraak en taal en veel minder naar de verdere ontwikkeling van de stem. En toch blijft de stempragmatiek verder ontwikkelen. Een resultaat van deze ontwikkeling is de vaardigheid waarmee een radiopresentator in zijn programma een gedicht voorleest. Zijn stem verandert in bijna alle aspecten: de eerder koele, mededelende en duidelijke toon met zuivere stem die hij gebruikt bij de aankondiging van muziek, wordt een lager, meer gebonden, omfloerst stemgebruik met een ander tempo, ritme en intonatie. Deze nuances zou hij niet kunnen realiseren als zijn vaardigheden waren blijven steken op het niveau van de vroege stemontwikkeling.

Een aantal kenmerken van afzonderlijke klanken zijn voorspelbaar (de intrinsieke eigenschappen): een /o/ is korter dan een /oo/, een /m/ is langer dan een /t/, een /a/ klinkt van nature luider dan een /i/, diezelfde /i/ klinkt dan weer hoger dan een /o/. Ook de opeenvolging van klanken laat een voorspelling toe over wat we zullen horen (de co-intrinsieke eigenschappen). Buurklanken beïnvloeden namelijk elkaar. Tussen twee nasalen (/m/, /n/, /ng/, /nj/) kan een klinker een nasaal karakter krijgen, bijvoorbeeld bij de lange /a/ van /banaan/. Na een /p/ (stemloze ploffer) zetten we een klinker hoger in dan na een /b/ (stemhebbende ploffer). Een klinker voor een stemloze medeklinker (bv. /t/) is dan weer korter dan voor een stemhebbende medeklinker (bv. /l/) zoals in het woordenpaar /haten/ en /halen/. Spraakklanken zijn ook onderworpen aan assimilatieregels: hun kenmerken veranderen onder invloed van voorgaande of volgende klanken. Hoe spreek je /glasbak/ uit? Vooral in Vlaanderen verandert de /s/ (stemloos) in een /z/ (stemhebbend) onder invloed van de /b/ (stemhebbend). Voor de assimilatie gelden veel, soms complexe regels.

Los van al deze voorspelbare, want aan regels en klanken gekoppelde kenmerken, heb je nog een grote vrijheid in stemgebruik. En dan komen we op het domein van de prosodie: de stemvariaties die niet voor-spelbaar zijn uit de opeenvolging van de spraakklanken of woorden (of de paraverbale, supra- of nonsegmentale eigenschappen). De meest elementaire prosodiekenmerken zijn de toonhoogte en de luidheid van de stemklank, de duur van stiltes (pauzes) en van klanken. Uiteraard gaat het bij klankduur over die variaties waarbinnen we de relatieve duur tot de andere klanken respecteren. Je kunt bijvoorbeeld de duur van de lange beginklank /a/ in het woord /aangetast/ variëren, maar er mag geen verwarring ontstaan met de kort /a/ die erop volgt. Zodra we deze elementaire kenmerken combineren en variëren dan komen we bij de complexere begrippen als intonatie (variëren in toonhoogte), klem-toon (variëren in pauze, duur, luidheid en/of klemtoon), tempo (variëren in duur van klanken en pauzes) en ritme (variëren in een combinatie van alle vorige aspecten).

Dit spel met de stem kun je inzetten voor de uitdrukking van gevoelens (emotionele prosodie) en van talige en communicatieve aspecten (lin-guïstische prosodie). Een identieke uiting kun je zeggen met veel ver-schillende emoties. Je kunt ook met je stem duidelijk maken dat de an-der aan de beurt is, dat je van onderwerp gaat veranderen, je maakt on-derscheid tussen nieuwe en oude informatie, je vestigt aandacht op be-langrijke delen van de zin. Maar je kunt ook via prosodie de onderlig-gende structuur verduidelijken door bijvoorbeeld pauzes in te lassen waar je in de geschreven taal leestekens zou plaatsen. Pauzes op andere plaatsen in de zin zorgen ook voor andere relaties tussen de woorden. 'Mijn zus die in Amerika woont, komt morgen op bezoek' betekent dan iets anders dan 'Mijn zus, die in Amerika woont, komt morgen op be-zoek'. In de eerste zin maak je duidelijk dat je meer dan één zus hebt, maar dat degene die in Amerika woont, morgen op bezoek komt. In de tweede zin heb je het over je enige zus die in Amerika woont. Dankzij de prosodie kun je ook de woorden voorkomen en voorkomen van elkaar onderscheiden. Dus hier is woordklemtoon via stemgebruik een hulp bij het toekennen van de juiste betekenis.

Heb je jezelf al eens bezig gehoord als je spreekt met jonge kinderen (child directed speech)? Naast een eenvoudige woordenschat en korte zinnen gebruik je je stem anders dan normaal: je spreekt met een hoge-re stem, je gebruikt meer en sterkere toonhoogtevariaties, klanken wor-den langer, de accenten zijn duidelijker. Soms spreken we ook luider. Met dit stemgebruik proberen we aandacht te trekken op bepaalde tali-ge elementen. En de kinderen blijken er ook mee geholpen te zijn om de taal te leren.

In het onderstaande kader staan veel termen waarmee we de stem kunnen omschrijven. Ze komen uit poëzie en proza, journalistiek, spreektaal, vaktaal …
Kun je je de klank auditief voorstellen?

De bleekroze, donkerbruine, fluwelen, koperachtige, metaalachtige, honingzoete, zoetgevooisde, suikerzoete, charmante, verleidelijke, indringende, expressieve, emotionele, betoverende, bewogen, bedroefde, beverige, geheimzinnige, magische, angstaanjagende, barse, bazige stem, de gedistingeerde, plechtige, deftige, bekakte, bombastische, de gepolijste, gecultiveerde, geschoolde, geoefende, doffe, fletse, doodse, uitdrukkingsloze, verveelde, vlakke, saaie, kleurloze, lijzige, monotone, dreigende, dreinende, trillende, krassende, raspende, gedempte, gebroken, geforceerde, gespannen, benepen, heldere, hese, hoge, lage, iele, weke, ijle, korrelige, kalmerende, melodieuze, nasale, ontspannen, omfloerste, ongekunstelde, opgewekte, opgewonden, overslaande, rustige, zachte, rauwe, ronkende, rochelende, robuuste, schelle, scherpe, schorre, schrille, slepende, sonore, sombere, stroperige, verlegen, timide, weifelende, versleten, vulgaire, zakelijke, zelfverzekerde, vaste, zware, krachtige, luide, volle, bronzen, snorkende, relativerende, elitaire, prettige, nette, autoritaire, Bijbelse, donzige, geile, hautaine, schetteren, tetterende, …, stem.

Een domineestem, grindstem, bibliotheekstem, fantoomstem, grafstem, whiskystem, hete-aardappel-in-de-keel stem, bromstem, dreunstem, kraakstem, klaagstem, piepstem, donderstem, commandostem, stentorstem, sierstem, stem van perkament, bedroomvoice, stem zonder scherpe kantjes, klemtoonstem, discjockeystem, coiffeurstem, hier-en-nu stem …

De stem die geschikt is om cokes mee te kloppen of droge rijst mee te koken, die klinkt als een drilboor of een klok, die zoemt als een antieke violoncelle, die ooit een stormende Westerschelde tot rust gebracht moet hebben, de stem als een paardengeluid, …

Zegt elke term afzonderlijk iets
• over de persoon die de stem gebruikt?
• over de manier waarop de klank gemaakt is?
• over de klank zelf?
• over de indruk die de klank maakt op de luisteraar?

Heeft de term een positieve, negatieve of neutrale bijklank?
Als de term een bepaald kenmerk van de klank belicht, gaat het dan om toonhoogte, luidheid, kwaliteit, timbre of draagkracht?

Besluit

De kenmerken van klanken en hun gebruik op verschillende niveaus spelen een cruciale rol bij mondelinge communicatie. Een fijne analyse van wat we horen is belangrijk als we vaardigheden verder willen ontwikkelen of willen bijsturen bij problemen. De eerste stap is de juiste vraag stellen. Dan vragen we ons niet meer af in vage termen 'Wat hoor ik?', maar we peilen specifiek naar taal, spraak of stem en naar het gebruik ervan in de communicatie. Specifieke vragen geven ons dan nauwkeuriger antwoorden zodat we sneller en doelgerichter kunnen werken aan de stem. Nu we haar onderdelen en de rol binnen de communicatie kennen en kunnen omschrijven is de basis gelegd om in het volgende hoofdstuk te werken aan de stemtechniek.

4. Stemtechniek

Wat betekenen de volgende termen? Baard, blok, corderen, folio, grijsbord, kapitaal, katern, looprichting, naaihartje, oor, platten, ribben, spiegel, vouwbeen. Voor de leek in het betreffende vakdomein is dit een onsamenhangende reeks woorden, die alleen maar vraagtekens oproept. Maar een ervaren boekbinder kan met deze woordenlijst perfect aan de slag: hij kent de specifieke betekenis van de woorden en kan pro-bleemloos, zelfs bijna automatisch, de gekoppelde technische handelingen uitvoe-ren, als basis voor het maken van echte kunstwerkjes.

Een duik in de stemtechniek is als een duik in een nieuw vak: een aantal begrippen kennen we uit de dagelijkse omgang, andere zijn nieuw, weer andere leren we in een nieuwe betekenis kennen. We leren wat veiligheid betekent, we leren de spelregels, het hoe en het waarom. En we voelen ons klaar voor grootse stemprestaties. Sommigen zien dit als een uitdaging, anderen beschouwen het als een last of vrezen dit niet te kunnen zonder risico. Maar als de techniek stapsgewijs vordert, bereiken we veilig ons doel en lopen we onderweg geen blessures op. Stemtechniek leren is ook zeer dankbaar: elke stap vooruit kan een gunstig effect hebben op onze dagelijkse communicatie en we hebben talloze mogelijkheden om te oefenen.

In dit hoofdstuk bekijken we de stemtechniek in detail. Van 'teen tot kop' beschrijven we het stemgevende lichaam: houding, positie, werking en coördinatie.
We beschrijven de stemtechniek met het oog op stemvorming en stemoptimalisering voor gezonde stemmen. Dit betekent dat men geen klachten heeft en dat er geen pathologie is vastgesteld. Is dit wel zo, dan verwijzen we naar het Hoofdstuk 10 *Tijdelijke storing*. De principes zoals in dit hoofdstuk beschreven zijn dan wel bruikbaar, maar met een ander accent, in een andere volgorde en aangevuld met oefeningen en technieken voor het oplossen van individuele problemen.

Bij stemoptimalisering werken we volgens een paar principes die we beschrijven in punt 4.1 *Werkwijze*. Daarna werken we stap voor stap aan alle stemtechnische aspecten in de volgorde houding (4.2), adem (4.3), stem (4.4) en resonantie (4.5). Als we die eenmaal onder de knie hebben kunnen we combineren tot complexe stemvaardigheden en een gevarieerde expressie (4.6).

4.1 Werkwijze

4.1.1 Eerst loskoppelen, dan combineren

We gaan op bezoek in de nieuwe gebouwen van een groot kinderdagverblijf waar we de week erop een workshop stemgebruik zullen geven voor de kinderverzorgsters. Centraal in het bouwconcept staan hygiëne, veiligheid, ergonomie en communicatie. De bovenste helft van de wanden tussen de woonruimtes van de verschillende leefgroepen is van glas. Zo kan iedereen ook bij de buren een oogje in het zeil houden. We praten met een verzorgster die een wenende baby in haar armen troost. Op dat moment ziet ze in het lokaal naast ons een jongentje halsbrekende toeren uithalen om op een tafel te klauteren: hij verliest zijn evenwicht en dreigt te vallen. 'Pas op!' schreeuwt ze. Haar stem klinkt wel luid maar daartoe zet ze massaal al haar spieren in. Resultaat: de baby schrikt niet alleen, maar wordt bijna verpletterd door de kracht in haar armen. Stemtechnisch bleek het moeilijk om tegelijk stemkracht te ontwikkelen en de armen koesterend rond de baby te leggen. Veiligheid is een breed begrip ...

Deze kinderverzorgster moet kracht in haar hele lichaam genereren om de stem voldoende luid te kunnen laten klinken. Daartoe spant ze zelfs de spieren van haar armen en schouders. Deze krachtenbundeling is niet alleen een risico voor de veiligheid van de baby, maar ook voor haar eigen stemveiligheid. Ze zal moeten leren economisch en gedoseerd de spieren gebruiken zodat ze in verschillende posities en bewegingen gevarieerd en zonder overdaad haar stem kan gebruiken.

De eerste stappen in de stemtechniek zijn gericht op de beheersing van de verschillende onderdelen van houding, ademhaling, stem en resonantie. We koppelen deze aspecten bewust van elkaar los zodat we uit ons automatisme van alledag stappen. Zo ervaren we wat we al kunnen en wat nog niet, hoe gevarieerd en flexibel onze vaardigheden zijn, hoe snel we leren en waartoe we in staat zijn. Deze loskoppeling biedt ons in een volgende stap een grotere vrijheid: we kunnen kiezen welke aspecten we met elkaar combineren, in welke mate en in welke volgorde. Het resultaat is een gevarieerd repertorium aan stemmogelijkheden, gestoeld op een goede basistechniek.

4.1.2 Volle aandacht op de besturing

Via de houding, de adem en de resonantie kunnen we de stemgeving besturen. Als deze drie elementen optimaal afgestemd zijn op stemgeving, scheppen we de voorwaarden voor een goede werking van het strottenhoofd. In de stemtechniek richten we dan ook de volle aandacht op deze besturing. Het is als rijden met de auto: gaan we goed om met gaspedaal, ontkoppeling, rem en versnellingen, dan draait de motor op zijn best. Omdat onze stembesturing meestal automatisch verloopt, zijn we ons niet (meer) bewust of we dit goed doen, fouten maken, te veel of te weinig eisen van de stem. Stemtechniek helpt ons de besturing te optimaliseren en te coördineren met een efficiënte werking van het hele stemapparaat als gevolg.

In de stemtechniek bespreken we de houding, de adem, de stemgeving en de resonantie. In die volgorde is de goede werking van het ene aspect de basis voor het volgende.

4.2   Houding

Een goede houding is de kapstok voor het hele stemgevend lichaam: ze helpt de adem aandrijven, ze maakt een ontspannen stemgeving mogelijk en zorgt dat de klank die we maken zonder hindernissen vrijuit kan klinken.
Daartoe passen we de principes van eutonie toe. Letterlijk betekent 'eutonie': een juiste of goede (eu) uitgebalanceerde toestand van spanning (tonus). Voor elke houding of beweging geldt dat de spieren gecoördineerd moeten samenwerken in functie van die houding of beweging. Dat wil zeggen dat een juiste spanning in het lichaam iets anders betekent voor elke beweging of positie van het lichaam. Ons lichaam is in staat om deze spanningsregeling feilloos te realiseren. Maar onze gedachten, gevoelens, ambities, stresservaring, onze levenswijze, de eisen die we onszelf stellen, onze omgeving kunnen ervoor zorgen dat deze spanningsregeling verstoord raakt. Dit zorgt voor een beperking in bewegingen, blokkeringen, het onvermogen om spanning adequaat af te wisselen enz. Daardoor kan het lichaam steeds moeilijker de spierspanningen op een natuurlijke manier regelen en op elkaar afstemmen. Dan moeten we ons weer bewust worden van de adequate graad van spanning in een juiste verhouding in de goede spieren op het gepaste moment in functie van verschillende houdingen en bewegingen.

De houding die in functie van spreken een goed evenwicht in de spierspanning toelaat bouwen we op van voeten tot hoofd. Zo gunnen we ons lichaam een goede, stevige rechtopstaande steun. We spreken dan van houding en positie in functie van stabiliteit. Maar we hebben ook mobiliteit nodig: lucht moet kunnen stromen, stemplooien moeten kunnen bewegen, we spelen met lippen en tong om spraakklanken te produceren. Gezonde spieren in een gezond lichaam weten hoe ze deze bewegingen kunnen realiseren en krijgen daartoe vanuit de hersenen en de zenuwen de juiste aansturing.
Een te hoge spanning in de betrokken spieren zorgt ervoor dat bewegingen niet meer efficiënt gebeuren. Ook kan er spanning in spieren

ontstaan die voor een bepaalde houding of beweging niet functioneel zijn en daardoor andere spieren tegenwerken. Spieren kunnen ook overspannen raken waardoor ze de nodige kracht niet meer kunnen opbrengen.

Naast overspanning van spieren komt ook te weinig spanning in spieren voor. De alerte spankracht wordt dan spierslapheid: de houding is instabiel of de beweging ontoereikend. Het risico bestaat dat andere spieren overbelast geraken in een poging om te compenseren.

Een goede stemtechnische houding geeft je steun vanuit de voeten, de benen en de heupen (de zogenaamde 'onderbouw'). De goede oprichting van de wervelkolom en het hoofd zorgen voor een goede beweeglijkheid van alle organen en structuren die instaan voor de stemgeving (de zogenaamde 'bovenbouw').

- De voeten staan ietsje uit elkaar zodat het steunvlak een goede stabiliteit biedt. Men suggereert soms een positie 'op heupbreedte'. De voeten staan parallel. De voetstand waarbij de tenen naar elkaar gericht zijn biedt minder steun. Uit de bewegingsleer weten we dat bij sommige mensen het bovenbeen op die manier in het heupgewricht draait dat een voetenstand met de tenen ietsje naar buiten volledig natuurlijk is. Die variatie in de voetstand staan we dan ook toe. Hierin is er ook een verschil tussen mannen en vrouwen.
- Het lichaamsgewicht is goed verdeeld over beide voeten. Een bepaalde houding lokt een specifieke kettingreactie van spierspanningen op. Veranderen we die houding weer, dan werken weer andere spieren gecoördineerd samen. In rechtopstaande houding kunnen we het lichaamsgewicht naar voor of naar achter brengen. Steunen we iets meer op de voorkant van de voeten dan merkt men dat er in het lichaam een spierspanningreflex ontstaat met het hoogste punt van spanning in de onderbuik. Dit creëert een goede, stevige onderbouw van het lichaam en bewegingsvrijheid in het bovenlichaam. Hellen we iets naar achter, met het lichaamsgewicht vooral op de hielen, dan is de bovenrug het hoogste punt van spanning in de kettingreflex die dan ontstaat. Deze spanning kan ook verhoogde spanning in de nek- en schouderspieren uitlokken. Voor de stemgeving is deze spanning niet functioneel. Daarom verplaatsen we bij voorkeur het lichaamsgewicht iets naar voor.
- De knieën zijn licht gebogen, niet overstrekt alsof ze naar achter op slot staan. Deze verende kniehouding laat een juiste bekkenkanteling toe.

- Iedereen heeft een natuurlijke kromming in de boven- en onderrug. Maar sommige mensen staan rechtop met sterk uitgeholde lendenen of met de heupen naar voor zodat de natuurlijke kromming van de onderrug afgevlakt is. Bij holle lendenen is de spier die van het borstbeen naar het schaambeen loopt te sterk opgespannen. Daardoor verliest het middenrif de bewegingsvrijheid die het nodig heeft om soepel de adem te regelen. Afgevlakte lendenen door te sterk naar achter gekantelde heupen creëren dan weer een inwaartse druk in de buikholte waardoor het middenrif minder beweeglijk is. De rug volgt dus zo goed mogelijk de natuurlijke kromming, zonder over- of onderspanning.
- De juiste rugstrekking lokt ook een goede en natuurlijke schouderpositie uit. De schouders duwen we niet naar voor en trekken we niet naar achter. Soms staan de schouders te hoog door te veel spierspanning. Trek ze even in de richting van de oren op en laat dan de spanning in de schouderspieren los. Misschien merk je dat ze dieper ontspannen.
- Het hoofd staat recht ten opzichte van de romp. Figuur 4.1. *Hoofdposities* illustreert de vele richtingen waarin de posities kunnen afwijken van een rechte hoofdpositie.

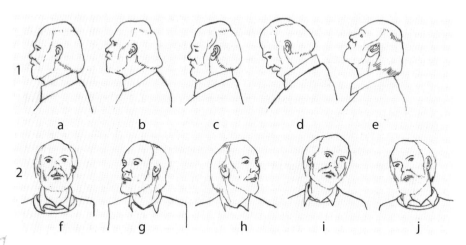

Figuur 4.1. Hoofdposities:
1 zijaanzicht: a: rechte hoofdhouding, b: protractie, c: retractie, d: flexie, e: extensie
2 vooraanzicht: f: rechte hoofdhouding, g: rotatie naar rechts, h: rotatie naar links, I: Inclinatie naar links, j: inclinatie naar rechts

In vooraanzicht kijken moet het hoofd rechtstaan rond de verticale as. Rond die as kun je het hoofd naar links en naar rechts draaien (rotatie), zoals je doet als je NEE-schudt. Kijk je niet volledig recht voor je, dan ziet iemand die naar je gezicht kijkt, de linker- en rechterhelft niet even groot: de ene helft is bijvoorbeeld zichtbaar tot en met het oor, de andere helft is slechts als een smalle strook te zien.

Je kunt het hoofd ook kantelen naar links of rechts door recht voor je te kijken en respectievelijk het linkeroor naar de linkerschouder of het rechteroor naar de rechterschouder te bewegen (inclinatie).

In zijaanzicht kun je de kin naar het borstbeen bewegen (flexie), zoals je doet als je JA-knikt of het hoofd naar achter in de nek bewegen met de kin naar boven gericht (extensie). Je houdt het hoofd rechtop in balans door een goede afstemming van de spieren in de hals en de nek. Daarbij ligt het kantelpunt niet ergens in de nek, maar op een as boven de eerste nekwervel die je kunt situeren op een denkbeeldige horizontale lijn die door beide oren loopt. De kin staat het best zo dat de kinvlakte (ook wel mondbodem genoemd) horizontaal staat (zie Figuur 4.2 *Kantelpunt van het hoofd*).

Je kunt ook het hoofd rechtop houden maar ten opzichte van het lichaam naar voor (protractie) of naar achter (retractie) houden. Bij protractie staan de halsspieren te strak gespannen, bij retractie wordt het tongbeen, schildkraakbeen en ringkraakbeen in elkaar gedrukt. Verder in dit hoofdstuk beschrijven we nauwkeuriger deze structuren.

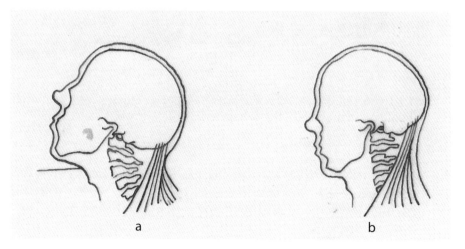

a   b

Figuur 4.2. Kantelpunt van het hoofd: (a) hoofd valt naar achter (b) hoofd staat recht door de goede balans rond het kantelpunt

Elke afwijking van de rechte hoofdpositie veroorzaakt hinderende of asymmetrische spanningen in het strottenhoofd ten nadele van de klankproductie. Je kunt horen wat het effect van die verschillende spanningen is als je een lange klank maakt terwijl je het hoofd in al deze richtingen beweegt. Als je veel moet telefoneren, bijvoorbeeld omdat je werkt in een callcenter, doe je dit best handenvrij. Dit laat een goede hoofdhouding toe (Figuur 4.3 *Hoofdhouding bij telefoneren*)

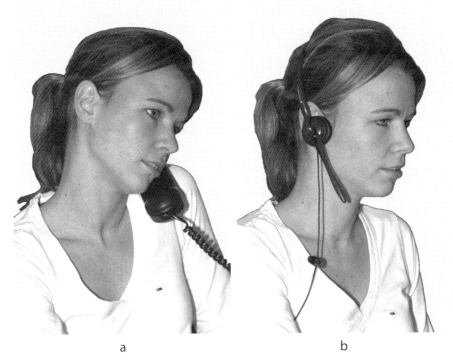

a   b

Figuur 4.3. Hoofdhouding tijdens telefoneren: (a) verkeerd: telefoon klemmen tussen hoofd en schouder, (b) goed: handenvrij telefoneren

Deze systematische houdingopbouw kan nog verbeteren door de suggestie dat je als een marionettenpop opgehangen wordt vanuit de kruin van het hoofd. Meestal 'groeit' de persoon nog enkele centimeters door een betere oprichting van de ruggenwervel. Velen kunnen deze optimale houding niet lang volhouden omdat de spieren nog niet geoefend zijn, of andere spieren te sterk geoefend zijn. Probeer het niet te lang om verkramping of pijn te voorkomen. Deze houding kun je, ook

zonder stemgeven, in veel situaties oefenen en geleidelijk in duur opbouwen. Terwijl je bijvoorbeeld ergens staat te wachten of aan te schuiven kun je perfect oefenen.

Figuur 4.4. *Houdingcorrectie* toont in zijaanzicht het verschil tussen een
minder goede en een optimale stemtechnische houding. Je kunt de
houding controleren door de body alignment te volgen: dit is een denkbeeldige verticale lijn die door het oor, de schouder en de heup loopt en
eindigt voor het enkelgewricht. In Figuur 4.5. *Body alignment* zie je een
houding met de body alignment te veel naar voor gericht, een goede
houding en een body alignment die te veel naar achter ligt.

Spreek je vaak terwijl je zit, dan gelden dezelfde aandachtspunten als in
staande houding. Voeten en benen hebben dan geen actieve taak. Let
er wel op dat de hoek tussen onder- en bovenbenen en tussen bovenbenen en romp telkens minstens 90° is. Kleinere hoeken, zoals in het geval van opgetrokken knieën, lokken een ingezakte houding van het bovenlichaam uit. In de zithouding loopt de body alignment door het oor,
de schouder, de heup en dan recht naar beneden. Ook in deze houding
zorg je voor een goede stevige steun vanuit heupen en ruggenwervel
en voor een goede beweeglijkheid van het bovenlichaam. (Figuur 4.6
Oprichting van de wervelkolom)

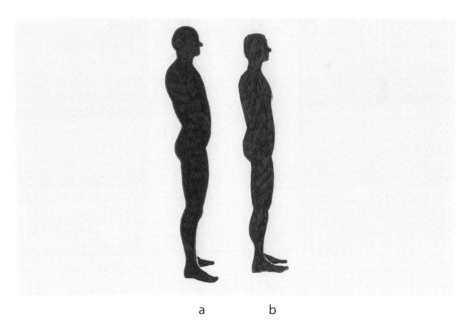

a   b

Figuur 4.4. Houdingcorrectie: (a) minder goede stemtechnische houding (b)
goede stemtechnische houding

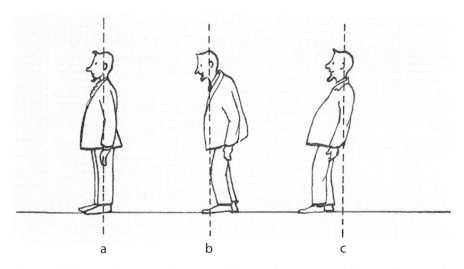

Figuur 4.5. Body alignment: (a) goed, (b) te sterk naar voor, (c) te sterk naar achter

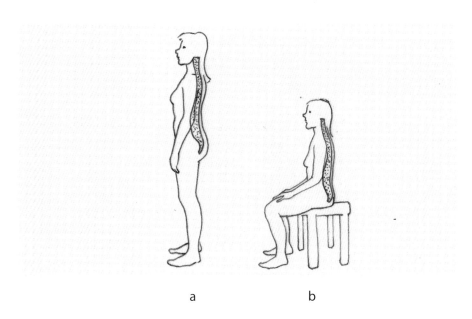

Figuur 4.6. Oprichting van de wervelkolom: (a) staand, (b) zittend

Nogal wat mensen merken op dat ze een rechtopstaande stemtechnische goede houding moeilijk kunnen realiseren tijdens hun activiteiten. Ze moeten zich verplaatsen, veel bewegen, zelfs moeilijke houdingen demonstreren terwijl ze instructie geven. Ben je in dit geval, dan vragen we om een onderscheid te maken in situaties: vooral als je een groep luid moet toespreken en je de krachten dus stemtechnisch optimaal moet bundelen en coördineren, houd je best rekening met de stemtechnische houding. Dit vraagt een omschakeling in gewoontes, maar zorgt voor betere verstaanbaarheid en minder steminspanning.

Hoe de sportleraar hiermee kan omgaan, lichten we toe in Hoofdstuk 6 *Roepen als beroep*.

4.3 Adem

De adem is de aandrijving van de stemgeving. Hij levert de energie waardoor de stemplooien kunnen trillen. Tijdens het spreken mag de adembeweging op zich geen hinderende spierspanning opwekken in en rond het strottenhoofd. Het ademtype is hierbij belangrijk. Terwijl we spreken verbruiken we de lucht en moeten we die regelmatig aanvullen. Ook deze ademtechniek is optimaal als er geen bijkomende spierspanning is die de stemgeving bemoeilijkt.

4.3.1 Ademtype

De natuurlijke ademhaling is een lage ademhaling. Bij de inademhaling beweegt het middenrif naar beneden zodat de buikwand naar voor welft. De lucht vult vooral de basis van de longen. Je kunt dit ademtype goed observeren bij baby's en jonge kinderen. Door allerlei omstandigheden zoals drukte, spanning, emoties is bij veel mensen de ademhaling hoger geworden. Hierbij welft vooral de borstkas omhoog, soms ook schouders en sleutelbeenderen. De lucht vult vooral de longtoppen. Die hoge ademhaling kun je nodig hebben bij sterke inspanningen of als je in ademnood bent. Ook beroepssprekers van wie men enorme inspanningen vraagt binnen hun stemopdracht, zoals acteurs dit soms moeten doen, moeten soms hoog ademen om te slagen in hun opdracht. Hoog ademen kan een automatisme geworden zijn waarvan we ons niet meer bewust zijn. Die hoge ademhaling wekt spanning op in de spieren van de bovenrug, schouders, nek en hals. Bij mensen die dit lang en overmatig doen zonder voldoende ontspanning, kunnen de spieren zelfs verkorten. Die bundeling van spanning hoog in het lichaam be-

moeilijkt de soepele werking van de spieren in en rond het strottenhoofd. Dat gebeurt niet bij een lage buikademhaling.

Door de spanning in de buikspieren los te laten, komen de buikorganen
naar voor en krijgen de structuren boven de buik meer ruimte. Vlak boven de buikorganen ligt het middenrif. Dit is een koepelvormige spier
met een centraal peesblad die de buikholte scheidt van de borstholte.
Figuur 4.7 *Het middenrif* situeert de ligging van het middenrif. Als die
spier samentrekt, wordt ze vlakker zodat de longen erboven meer ruimte krijgen. De lucht die daardoor binnenstroomt vult de brede basis van
de longen. Voor een doorsnee spreekopdracht hoeven de borstkas en
de schouders niet omhoog te bewegen om voldoende lucht te hebben.
In- en uitademen gebeurt normaal automatisch vanuit het ademcen-
trum in onze hersenen. Als we spreken, bepalen we wanneer we precies
willen ademen, hoe veel lucht we nodig hebben en hoe lang we er over
doen om de lucht te verbruiken. In het kader van een goede stemtechniek leren sprekers dan ook de lage buikademhaling controleren. Om te
ontdekken of je hoog of laag ademt, leg je één hand op je buik en de andere hand op je borst. Door de observatie van de beweging van de handen, kun je makkelijker je ademhaling observeren. Heb je een hoge
borstademhaling, ga dan eens op je rug liggen. Meestal lukt een lage

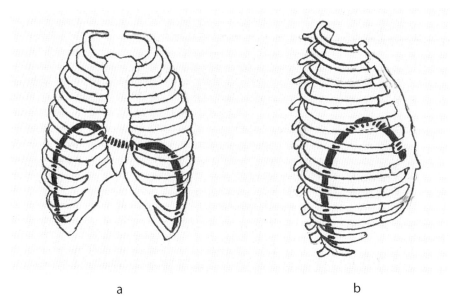

a   b

Figuur 4.7. Het middenrif: (a) vooraanzicht, (b) zijaanzicht

ademhaling dan wel. Je observeert hoe diep en hoe snel je ademt, hoe in- en uitademing op elkaar volgen, waar er beweging zit in je lichaam, welke spieren je kunt ontspannen. Bij een lage ademhaling welft de buikwand naar boven bij inademing en terug bij uitademing. Deze adembeweging proberen we nu ook in zittende en rechtopstaande houding. Dit is voor velen een grote stap. Besteed er dus voldoende tijd aan, want je legt de basis voor een goede spreekademhaling. Laat je hierin eventueel helpen of begeleiden.

Hoe functioneel is het volume lucht dat ter beschikking staat als je de buikademhaling toepast? Je kunt dit uittesten met de volgende oefening: je ademt uit en laat de lucht tijdens de ontspanning van de buikspieren binnenstromen. Op die lucht tel je luidop en op een gemakkelijke toonhoogte en luidheid tot vier, je ontspant, laat weer de lucht binnenstromen en telt nu tot vijf, je ontspant weer, de lucht stroomt binnen, je telt tot zes. En zo ga je door en kijk je tot hoeveel je kunt tellen op de passief binnenstromende lucht na de ontspanning van de buikspieren. Lukt het tot acht, tot tien, tot twaalf? Dat lukt ook bij de meeste mensen en vaak is men hierover verbaasd. Want velen koppelen spreken onterecht aan veel adem en sterke ademkracht. Kun je zonder problemen deze oefening uitvoeren, dan heb je de buikademhaling goed toegepast: telkens je lucht hebt verbruikt bij het tellen, heb je alle uita-

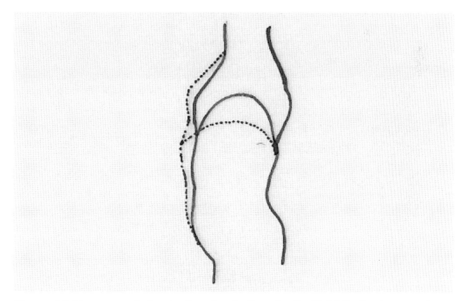

Figuur 4.8. De costo-abdominale ademhaling: (volle lijn) bij uitademing, (stippellijn) bij inademing

demspanning laag in het lichaam weer losgelaten en het middenrif weer aangespannen zodat de lucht vanzelf weer kon binnenstromen. Dit loslaten is cruciaal, anders raken ook die spieren te sterk gespannen, blijft het middenrif te bolvormig staan om de longen te kunnen vullen en moet je toch je toevlucht nemen tot een hoge adem. Mocht je wat meer luchtvolume nodig hebben voor langere zinnen, dan kun je de ademruimte uitbreiden door met de hulpinademingspieren tussen de ribben, de borstkas zijwaarts te laten uitzetten. In dit geval spreken we van een costo-(rib-)abdominale(buik-) ademhaling (Figuur 4.8 *De costo-abdominale ademhaling*). Een luide stem maken we door de spieren krachtiger samen te trekken zodat de stemplooien aangestuurd worden met meer ademdruk.

Als we inzien dat we door in- en ontspanning van de juiste spieren ruimte creëren in de borstholte waardoor de lucht passief wordt aangezogen, dan begrijpen we ook dat we niet altijd actief om lucht hoeven te happen. Vandaar dat we niet spreken over adem *halen*. De juiste techniek laat ons toe voldoende, ontspannen en onhoorbaar te ademen.

4.3.2 Ademsteun

Soms moeten we de ademlucht traag en heel gecontroleerd verbruiken. Dat doet bijvoorbeeld een zwemmer die vijfentwintig meter onder water zwemt, of een sportduiker met een beperkte luchtvoorraad. Ook zangers en muzikanten die een blaasinstrument bespelen moeten zuinig met hun ademlucht kunnen omgaan. In tegenstelling tot de onderwaterzwemmer kunnen zij wel voldoende ademen, maar soms is dit volgens de uitgeschreven muziek onmogelijk. Ze mogen dit enkel waar een rustpauze aangeduid is en meestal mag een lange melodielijn niet onderbroken worden om te ademen. Na de inademing zijn de longen vol lucht waardoor het middenrif eronder minder bol staat. Bij een diepe inademing werken ook de ademhalingspieren tussen de ribben links en rechts van de borstkas (de flanken). Je kunt heel snel dat hele volume lucht laten ontsnappen door de werking van de zwaartekracht die de borstkas naar beneden trekt, de elasticiteit van de longen en de ontspanning van de hulpinademingspieren van de flanken. Maar je kunt ook de lucht beetje bij beetje verbruiken. Door actieve werking van de inademingspieren behoud je dan de inademingruimte zodat de lucht maar beperkt een uitweg naar buiten zoekt. Het is alsof je uitademt, blaast of zingt met het lichaam in de inademingstand en -spanning. Door die spanning geleidelijk te lossen kun je de ademlucht zeer spaar zaam verbruiken. Dit noemen we ademsteun. Dit is een techniek die veel oefening vraagt.

Bij sprekers krijgt ademsteun vaak veel aandacht. Door bijvoorbeeld te meten hoe lang men op één adem de klinker /a/ kan zeggen, krijg je een idee of men de techniek van de ademsteun beheerst. Tegelijk zegt deze test iets over de coördinatie tussen ademhaling en stemgeving. Maar een spreker heeft zelden een lange ademsteun nodig. Hij kiest wanneer hij ademt en hoeveel woorden hij op één adem wil uitspreken. Soms moet een acteur wel eens een goede ademsteun gebruiken als de regie dit voorschrijft. Maar de meeste sprekers kunnen perfect hun taak volbrengen door de techniek van het loslaten toe te passen en dit op een tempo te doen volgens de ademritmische stemgeving.

4.3.3 Ademritmische stemgeving

Wie spreekt voor een groep neemt gedurende een zekere tijd het woord. Meestal is dit langer dan bij een gewoon gesprek waarbij de beurtrol regelmatig wisselt tussen gesprekspartners. Tijdens die langere beurten kun je heel wat na elkaar vertellen. Maar hier laten we ons soms verleiden om teveel op één adem te zeggen. Soms is het een kwestie van tijd: er is weinig tijd om zoveel te zeggen of we zijn wat zenuwachtig en durven de tijd niet te nemen. Maar we kunnen ook zo gedreven onze boodschap willen verkondigen dat we niet meer letten op de manier waarop we dit doen.

Probeer het eens uit: je begint te spreken en gunt jezelf geen adempauze. Je blijft maar doorgaan. Je hebt nood aan adem, maar je stopt niet met praten. Stilaan voel je dat je moet duwen om nog voldoende ademkracht te hebben, de aderen in de hals zwellen op, het gezicht loopt rood aan, je perst de lucht uit de longen, de stemklank vervalt tot een krakend geluid, te zwak om op afstand gehoord te worden. En dan… laat je al de perskracht van spieren los en zuig je krachtig en luid hoorbaar de longen weer vol. Daarbij zet je alle ademhalingspieren in om weer zo snel mogelijk zo veel mogelijk lucht binnen te halen. Meestal gebruik je hiervoor reflexmatig de hoge ademhaling.

Deze massale inzet van spierkracht in functie van spreken is niet functioneel. Terwijl we denken dat de stroom van woorden de luisteraar aandachtig houdt, leiden we die aandacht eigenlijk af naar de manier waarop we met onze adem in gevecht zijn. Tegelijk is het communicatieve contact deels verbroken.

Hoe kunnen we dit vermijden? In elk geval passen we de techniek van het 'loslaten' toe zoals uitgelegd in punt 4.3.1 *Ademtype*. Zo voorkom je dat ademen visueel en auditief te veel aandacht afleidt. Het tweede element is de ademritmische stemgeving. We observeren eerst onze adem in rust. We doen ongeveer even lang over in- als over uitademing. Tussen de in- en uitademing is er telkens een korte pauze. Na de uitademing is deze pauze iets langer. Het ademtempo is heel regelmatig. Als we spreken duurt de uitademing langer dan de inademing. Het tempo waarin we ademen tijdens het spreken wijkt het best niet te sterk af van het ademtempo in rust. Dat betekent dat we de opeenvolgende momenten van 'loslaten' heel regelmatig op elkaar moeten laten volgen. Het einde van een zin is een goed moment om te ademen, maar de zin kan te lang zijn. Dan ademen we daar waar in de geschreven zin een leesteken zou kunnen staan. Ook voor of na een groepje woorden dat inhoudelijk bij elkaar hoort, kun je onopgemerkt ademen. Dankzij de regelmaat is het volume lucht dat je nodig hebt klein en kan dit snel gebeuren. Daarom spreken we eerder over bijademen.

In fragment 🔊 4.1 hoor je eenzelfde tekst. Een eerste versie is gelezen op één ademstroom. In een tweede versie ademt de lezer regelmatig onhoorbaar bij.

4.4 Stem

De stemklank maken we in het strottenhoofd dankzij een ingenieus samenspel van adem en spierkracht. De stemplooitrilling moet efficiënt verlopen en mag geen schade berokkenen. Ten slotte bekijken we hoe de stemplooien luidheid en toonhoogte vormen en hoe die twee kenmerken stemtechnisch samengaan.

4.4.1 Stemgeving

De meesten van ons spreken probleemloos, hoewel we niet alle kleine onderdelen van het strottenhoofd kennen. Maar als je hoge eisen stelt aan de stem, is het om verschillende redenen goed om precies te weten hoe het strottenhoofd gebouwd is en hoe het werkt. Daardoor kun je beter begrijpen waartoe de stem in staat is, wat haar beperkingen zijn, hoe we de klank kunnen wijzigen, wat we kunnen doen in uitzonderlijke situaties en hoe we kunnen ingrijpen bij problemen.

Het strottenhoofd is een ingewikkeld doosje, samengesteld uit kraakbeentjes, bovenop de bovenste kraakbeenring van de luchtpijp. Vooraan in de hals op de middellijn zie je het strottenhoofd iets naar voor komen. Je kunt het ook voelen als je met de vinger van boven naar onder glijdt. Het meest vooruitstekende punt is daar waar de bovenkant van de twee vleugels van het schildkraakbeen samenkomen. Bij de man kunnen we dit gemakkelijk zien als de zogenaamde adamsappel. Bij de vrouwen is het strottenhoofd en ook de hoek tussen de vleugels van het strottenhoofd kleiner. Net boven die plaats kun je het topje van je pink in een kleine holte leggen. Soms kun je die plaats moeilijk vinden omdat het strottenhoofd hoog in de hals zit. Dit kan erop wijzen dat de spieren rond het strottenhoofd te sterk gespannen zijn. Bij voldoende ontspanning staat de bovenkant van het strottenhoofd ter hoogte van de 4e nekwervel (C4: 4e cervicale wervel), de onderrand tegenover de 6e nekwervel (C6: 6e cervicale wervel) (Figuur 4.9. *Positie van het strottenhoofd in de hals*). Bij de vrouw en het kind zit het strottenhoofd iets hoger in de hals.

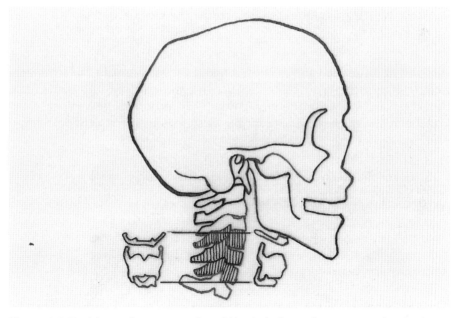

Figuur 4.9. Positie van het strottenhoofd in de hals: ter hoogte van de vierde tot zesde halswervel

Het strottenhoofd is in alle richtingen opgehangen aan spieren. De werking van deze spieren moet in evenwicht zijn om de beweeglijkheid van het strottenhoofd mogelijk te maken. Het is zoals een hangbrug die voor de goede werking afhankelijk is van de ophangelementen.

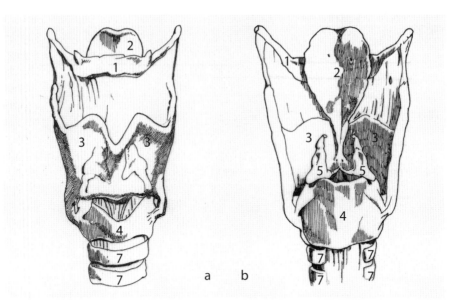

Figuur 4.10. Structuur van het strottenhoofd: (a) vooraanzicht, (b) achteraanzicht, (c) zijaanzicht op de rechterkant van het strottenhoofd, (d) zijaanzicht op de rechterkant van het strottenhoofd waarbij de rechtervleugel van het schildkraakbeen is weggehaald. Daardoor zijn de stemplooien in zijzicht duidelijk.

1 tongbeen	2 strotklep
3 schildkraakbeen	4 ringkraakbeen
5 bekerkraakbeen (2x)	6 stemplooi
7 luchtpijptakken	

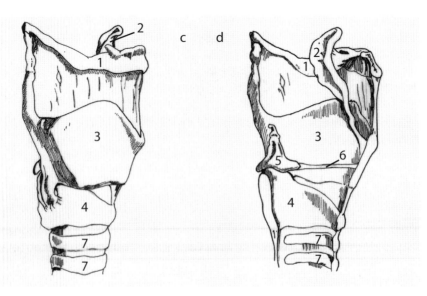

Om de beweging van het strottenhoofd te kunnen voelen leg je de duim en de wijsvinger links en rechts van het strottenhoofd. Als je slikt, staat het strottenhoofd zo hoog mogelijk in de hals, als je geeuwt staat het in de laagst mogelijke positie.

Als je slikt treedt een reflex op waarbij het strottenhoofd naar boven en voor beweegt. De luchtdoorgang sluit af door de samentrekking van de ware en de valse stemplooien en de vernauwing van de ruimtes in en boven het strottenhoofd. Het strotklepje (de epiglottis) legt zich als een dekseltje over het strottenhoofd. Na de slikbeweging ontspannen de spieren die het strottenhoofd naar boven trokken en zakt het weer naar zijn oorspronkelijke positie. Als je gespannen bent, lukt die loslating van spierspanning moeilijker. Dan blijft het strottenhoofd hoog in de hals zitten en geraakt het niet ontspannen voor een volgende spreekopdracht. Dat het strottenhoofd eerder hoog dan laag in de hals zit bij spanning is niet onlogisch: er zijn meer spieren die het strottenhoofd naar boven kunnen trekken dan naar beneden. Het resultaat is een grotere trekkracht naar boven. Als we geeuwen, voelen we het strottenhoofd maximaal diep zakken in de hals. Geeuwen roept een ander reflexcircuit van spierspanningen op waardoor het strottenhoofd naar beneden beweegt.

Onder de holte van het schildkraakbeen waar je de punt van je pink in kunt leggen, hechten beide stemplooien zich samen vast aan de binnenkant van het schildkraakbeen, onder de basis van het strotklepje. Achteraan staan de stemplooien open en is elke stemplooi vastgehecht aan een klein bekerkraakbeentje dat links en rechts bovenop de brede achterkant van het ringkraakbeen staat. De vorm van dit ringkraakbeen kun je vergelijken met een zegelring met de zegel naar achter gericht. Beide stemplooien liggen dus in hetzelfde horizontale vlak van voor naar achter. De verschillende onderdelen van het strottenhoofd zijn voorgesteld in Figuur 4.10. *Structuur van het strottenhoofd.*

De binnenkant van het strottenhoofd en de ware en de valse stemplooien zijn bedekt met een slijmvlieslaag. Deze laag speelt een belangrijke rol bij de trilling van de ware stemplooien (zie ook verder).

De stemplooien hebben een lengte van ongeveer 1,5 cm en zijn langer bij mannen dan bij vrouwen.

Waarom spreken we van stemplooien en niet van stembanden, een woord dat iedereen kent? Het gaat duidelijk om plooien in de wand van het bovenste deel van de luchtpijp. De anatomische naam 'plica vocalis', zegt dus precies waarover het gaat (plica = plooi, vocalis = betreffende de stem). Bovendien doet 'band' denken aan gewrichtsbanden: bundels van bindweefselvezels rondom de beenstukken van gewrichten. Stemplooien zijn echter opgebouwd uit verschillende lagen: een laagje slijmvlies, een bedekkende laag (epitheel)cellen, een ligament, een spier. Tussen de bedekkende laag en het ligament ligt een laag van los weefsel (ruimte van Reinke). Hierdoor zijn de lagen die erboven liggen (bedekkende laag en slijmvlies) heel beweeglijk tegenover de dieper liggende lagen. Dit ingewikkelde geheel van lagen zorgt er ook voor dat de functie van de stemplooien niet vergelijkbaar is met die van een gewrichtsband.

Figuur 4.11. *Opbouw van de stemplooi* toont schematisch de opbouw van de stemplooi in lagen.

We hebben niet alleen stemplooien die het brongeluid vormen, en ook wel de ware stemplooien worden genoemd, maar ook een paar valse stemplooien. Het zijn een paar minder grote plooien die boven de ware stemplooien liggen. Dit is schematisch te zien in Figuur 4.12. *De valse en de ware stemplooien.*
Soms proberen de valse stemplooien klank te maken als compensatie. Dit gebeurt als de echte stemplooien overwerkt zijn en niet meer kunnen sluiten om klank te produceren. Dit zijn vormen van verkeerd stem-

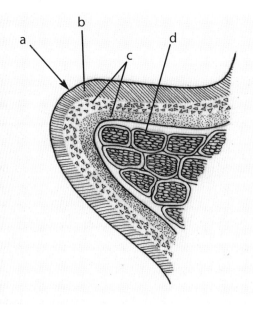

Figuur 4.11. Opbouw van de stemplooi: (a) bedekkende laag, (b) ruimte van Reinke (c) ligament, (d) stemspier

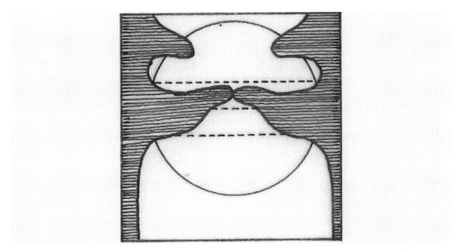

Figuur 4.12. De ware en de valse stemplooien: schematisch vooraanzicht

gebruik waarop we dieper ingaan in Hoofdstuk 10 *Tijdelijke storing*. Als de ware stemplooien niet meer goed functioneren, dan kan deze techniek een goed alternatief zijn.

Figuur 4.13. *Bovenaanzicht van de ware en de valse stemplooien* toont het beeld tijdens onderzoek via de mond.

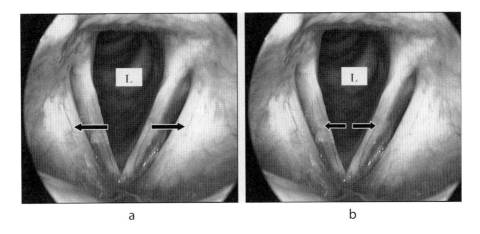

a   b

Figuur 4.13. Bovenaanzicht van de ware en de valse stemplooien: (a) valse stemplooien, (b) ware stemplooien. Onder de stemplooien is de luchtpijp (L) met de ringen goed zichtbaar.

Om de stemspleet (de opening tussen de stemplooien, ook wel de glottis genoemd) te kunnen sluiten werken de ware en de valse stemplooien als een tweerichtingsklep: doordat de vrije rand van de valse stemplooien naar beneden gericht zijn, sluiten die valse stemplooien steeds beter bij toenemende druk in de luchtpijp, dus bij uitademing. De ware stemplooien hebben een klepwerking bij inademing dankzij hun randen die naar boven gericht zijn. Dit klepsysteem werkt samen met spieren in het strottenhoofd die als een min of meer ringvormige sluitspier (sfincter) de luchtweg ter hoogte van het strottenhoofd kan vernauwen.

Dit klep- en sfinctersysteem laat nog niet toe om stemklank te produceren. Het strottenhoofd heeft in de evolutie van de mens nog een lange ontwikkeling doorgemaakt om fijne nuances in stemklank te kunnen maken. Dat bracht een sterke verfijning teweeg in structuren, spierfunctie en besturing via de zenuwen. Een ingenieus samenspel van spieren tussen de kraakbeentjes onderling zorgt ervoor dat de stemspleet (de opening tussen de stemplooien) open en dicht kan gaan en de stemplooien van spanning kunnen veranderen.

Figuur 4.14. *Positie van de stemplooien* toont de verschillende stand van de stemplooien bij ademhaling en bij stemgeving.

Tijdens de inademing staan de ware stemplooien open en wordt lucht naar binnen gezogen. Om daarna stemgeluid te maken tijdens de uitademing, brengen we de stemplooien van de inademingstand naar de stemgevingstand, dus dichter bij elkaar. De stemspleet vernauwt dus. En dan krijgen we een complexe interactie tussen uitademlucht en slijmvliestrilling dat in gang gezet en onderhouden wordt met behulp van drie mechanismen:
1. De lucht in de longen staat onder druk door de elasticiteit van de longen, de zwaartekracht en, bij diepe inademing, ook de inademspieren die weer willen ontspannen. De luchtdruk in de longen is na de inademing groter dan erbuiten. Daardoor zoekt de lucht een weg naar buiten. De enige mogelijkheid is via de vernauwde stemspleet. En nu een beetje fysica: door die vernauwing ondergaat de luchtstroom ter hoogte van de stemspleet een versnelling. Deze versnelling zuigt de stemplooien naar elkaar toe. Dit is vergelijkbaar met twee boten die elkaar kruisen op een waterweg. Door de smalle doorgang tussen de boten verhoogt de stroomsnelheid van het water en worden beide boten naar elkaar toegezogen. Wie ooit aan het roer stond in een dergelijke situatie weet dat zonder tegensturen de boten elkaar zullen raken.

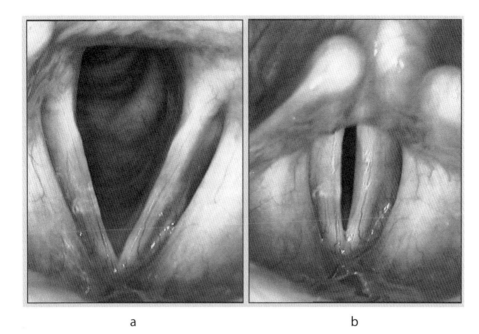

a   b

Figuur 4.14. Positie van de stemplooien: (a) tijdens ademhaling, (b) tijdens stemgeving

2. We hebben gezien dat de randen van de stemplooien eerder naar boven gericht zijn en bij uitademing de neiging hebben naar elkaar toe te bewegen. Bij stemgeven gaat de lucht in dezelfde richting (van binnen naar buiten) want we geven stem op uitademlucht. De aanzuigkracht van de snelle luchtstroom (zie punt 1) en de neiging van de stemplooien om op die luchtstroom te sluiten werken dus perfect samen.
3. De hele beweging verloopt dan ook nog soepel doordat de boven-laag van de stemplooien losjes kan bewegen tegenover de onder-laag, dankzij de losse tussenlaag (ruimte van Reinke). De stemspleet is al door de stemgevingpositie van de stemplooien vernauwd en de beweging van het slijmvlies zorgt dan voor een verdere afsluiting.

Op het moment dat de slijmvlieslagen van beide stemplooien tegen el-kaar dichtvallen, vermindert de zuigkracht, want er stroomt geen lucht meer doorheen. Daardoor veert het slijmvlies door elastische krachten terug, kan er weer lucht door de vernauwing en begint alles weer van vooraf aan. De luchtstroom vanuit de longen wordt dus voortdurend onderbroken en dat veroorzaakt verdichtingen en verdunningen in de

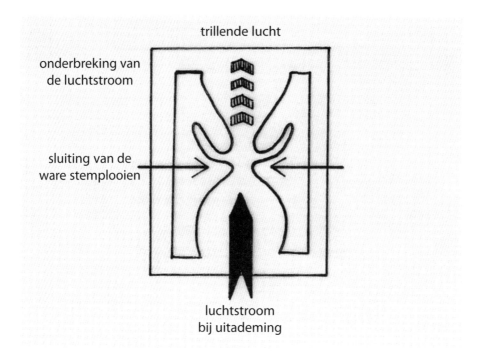

trillende lucht

onderbreking van
de luchtstroom

sluiting van de
ware stemplooien

luchtstroom
bij uitademing

Figuur 4.15. Omzetting van ademlucht in geluid

lucht die wij als geluid horen. (Figuur 4.15. *Omzetting van ademlucht in geluid*)

Figuur 4.16. *Fasen in de stemplooitrilling* toont schematisch de verschillende fasen van één volledige periode waarin de stemplooien sluiten en weer openen. Hier zie je duidelijk dat eerst de onderkant en dan pas de bovenkant van de slijmvlieslaag sluit. Deze fasen kun je ook duidelijk

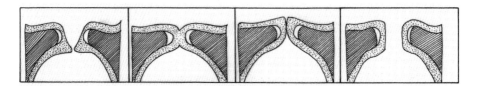

Figuur 4.16. Fasen in de stemplooitrilling: vooraanzicht van de verschillende fasen

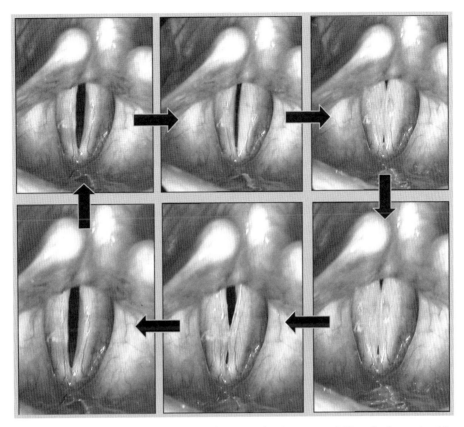

Figuur 4.17. Beelden van bewegende stemplooien: verschillende fasen in één cyclus van sluiten en openen

herkennen bij visueel onderzoek van de bewegende stemplooien (Figuur 4.17. *Beelden van bewegende stemplooien*).

Dit samenspel tussen luchtstroom van de uitademing en activiteit van de vele spieren in het strottenhoofd vraagt een fijne coördinatie (aërofonatorische (lucht-stemgevings) coördinatie). Voor elke combinatie van toonhoogte en luidheid speelt er zich in het strottenhoofd een wonder van coördinatie af: net de adequate opening tussen de stemplooien, de adequate overlangse spanning in de stemplooien en de adequate ademkracht zorgen voor een efficiënte opening en sluiting. Als de verhouding tussen deze posities, krachten en bewegingen verstoord is, kunnen er problemen ontstaan. Daarover meer in Hoofdstuk 10 *Tijdelijke storing.*

Veel mensen veronderstellen wellicht dat de bouw en de werking van het strottenhoofd bij iedereen gelijk is. Maar dat is niet zo. Artsen die de strottenhoofden van veel mensen bestuderen, stellen vast dat er verbazend veel variatie bestaat in de bouw en de positie van de kraakbeentjes en hun onderlinge verhouding. Dat betekent dat spierwerking tussen die kraakbeentjes individueel verschillende effecten kan hebben op spanningsgraad, positie en bewegingen, met steeds verschillend effect op de stemklank, de efficiëntie en de kwetsbaarheid van het strottenhoofd.

4.4.2 Efficiëntie van stemplooisluiting

De glottissluiting is goed als de randen van de slijmvlieslaagjes van beide stemplooien op de middellijn van de opening over de hele lengte tegen elkaar kunnen sluiten. Blijft er een opening tussen de stemplooien, dan wordt de luchtstroom niet volledig onderbroken en hoor je tegelijk met de stem een ruisje. Dat noemen we een hese stem. Heesheid komt in verschillende graden voor, onder andere naargelang de lengte van de stemplooien die elkaar niet kunnen raken in verhouding tot de totale lengte, en de breedte van de opening die blijft bestaan tussen de stemplooien.

Naast de onvolledige sluiting kunnen de stemplooien ook onregelmatig of asymmetrisch bewegen. Dit veroorzaakt een schorre stem. Heesheid en schorheid kunnen ook samen voorkomen. Heesheid en schorheid kwamen aan bod in Hoofdstuk 3 *Wat hoor je?*

4.4.3 Steminzet

De steminzet is de manier waarop we ter hoogte van de stemplooien het begin van stemklank realiseren. Daarvoor hebben we een goede spanningsregulatie van de spieren nodig die betrokken zijn bij de stemgeving, in samenwerking met een goede ademdruk. Als we deze spieren of de adem met teveel kracht aansturen, kunnen spieren overbelast raken of kan de slijmvlieslaag, die over de stemplooien ligt, beschadigd raken.

Vooral bij ongecoördineerde en inadequate aanzet van klinkers bestaat dit gevaar. Alle ademstroom wordt namelijk omgezet in klank en alle kracht concentreert zich op de stemplooien. Bij medeklinkers is het gevaar minder groot, omdat er ook op een andere plaats in de mond- of keelholte spanning optreedt. Bijvoorbeeld bij de stemhebbende /v/ van

/voet/. De luchtstroom komt in de mond en stoot daar op een vernauwing tussen de onderlip en de rij boventanden. Daar schuurt de lucht doorheen en op die stromende lucht trillen ook de stemplooien. Samen met de stemklank klinkt dit als een /v/. Hoe meer plaatsen van spanning er zijn, hoe moeilijker het is om op al die plaatsen een maximale spanning te creëren. Met andere woorden dankzij de vernauwing in de mond is er wat spanning weggenomen van de stemplooien.

Maar ook bij de aanzet van klinkers moet de spanning in het strottenhoofd goed gedoseerd zijn. Hierboven beschreven we de sluiting van de stemplooien in ideale omstandigheden: ze bewegen naar elkaar toe door de aanzuigkracht van de doorstromende lucht. Dit noemen we de *vaste steminzet*. Die eerste sluiting vertoont zelfs nog een afremmende beweging waardoor de stemplooien zonder schade tegen elkaar kunnen sluiten.

Bij een *harde steminzet* is de stemspleet stevig dicht voorafgaand aan de stemgeving. Als de ademkracht eronder zeer hoog is, kan de opening van de stemspleet abrupt gebeuren. Bij de aanzet van de klank, vliegen de stemplooien ongecontroleerd uit elkaar waarna ze onmiddellijk weer tegen elkaar slaan. Je hoort de inzet van de klinker dan als een luide klik: de harde steminzet (4.2). Deze te hoge begindruk neemt wat af en wordt een luchtstroom waarop de rest van de klinker volgt. Als de stemplooien vaak hard tegen elkaar slaan, kunnen ze beschadigd geraken.

Dit dichtknijpen van de stemplooien willen we echter niet volledig afleren. We hebben dit nodig om de luchtdruk op te bouwen bij hoesten en persen. Het verlies van deze functie kan dus ook van vitaal belang zijn.

De *zachte steminzet*, ook wel de aangeblazen steminzet genoemd, is een tussenstap als je een inadequate harde steminzet leert omzetten naar een vaste steminzet. Je begint dan de klinker met een lichte /h/. De stemplooien trillen dan mee op de luchtstroom van de /h/. De /h/-klank duurt steeds korter en wordt minder luid, tot de klinker uiteindelijk begint met een vaste steminzet (4.3). Een andere mogelijkheid is om de klinker zacht te beginnen en in luidheid te laten toenemen. In het begin kun je hiervoor ruim de tijd nemen, maar stilaan probeer je de toename van de luidheid zo snel mogelijk te realiseren (4.4). Je kunt ook oefenen met een klinker waarvoor je elders in de mond wat spanning moet creëren, bijvoorbeeld lipronding voor de /oe/ of tongwelving bij de /i/. Ook hier leidt de spanning in de articulatie de spanning weg van de stemplooien. De moeilijkste klank om een vaste steminzet te maken is dan ook de open /a/.

Als we spreken volgen veel spraakklanken vlot op elkaar. Ook woorden die met klinkers beginnen hangen vaak vast aan de vorige woorden. Die klinkers beginnen we niet met een afzonderlijke steminzet. Hoe luider we praten hoe meer we echter de neiging hebben om klinkers aan het begin van een woord los te koppelen van het vorige woord. In Hoofdstuk 6 *Roepen als beroep* geven we enkele tips voor sportlui die vaak moeten roepen.

4.4.4 Toonhoogte en luidheid

Wat we horen als toonhoogte van de stem is het resultaat van de snelheid van de stemplooitrillingen. Hoe sneller ze trillen, hoe hoger de toon. Als we laag spreken (of zingen) zijn de stemplooien korter en breder en beweegt het grootste deel van de slijmvliesmassa. Hoe hoger we spreken, hoe meer we de stemplooien in de lengterichting opspannen, waardoor het slijmvlies smaller wordt. Naargelang aanleg, techniek en training kan iedereen veel verschillende toonhoogtes produceren. Daarmee variëren we de toonhoogte als we spreken. Je gebruikt minder toonhoogtes als je spreekt dan je kunt gebruiken als je zingt. De uitersten die we kunnen laten horen zijn een gromgeluid in de laagte en een piepgeluid in de hoogte. Niettegenstaande die enorme variatie spreekt men graag over de gemiddelde spreektoonhoogte van een persoon of van een groep mensen. Ook daarop bestaat een grote variatie tussen lage en hoge vrouwen- en mannenstemmen die nog volledig normaal zijn. Je kunt de gemiddelde spreektoonhoogte van een persoon vergelijken met de gemiddelde spreektoonhoogte van de groep waartoe die persoon behoort (leeftijdsgroep, beroepsgroep, geslacht, …). Zo kun je bepalen of iemand eerder een hoge of een lage stem heeft.

Als we toonhoogte meten met apparatuur spreken we over de frequentie, die we uitdrukken in het aantal trillingen per seconde (de eenheid is hertz, afgekort Hz). Een gemiddelde spreektoonhoogte voor mannen van 80 Hz is heel laag, een stem van 180 Hz is heel hoog. Voor vrouwen liggen de gemiddelde waarden tussen 160 en 280 Hz. Gezien de overlapping tussen beide frequentiegebieden kan een lage vrouwenstem dus even hoog klinken als een hoge mannenstem. Toch ligt de gemiddelde spreektoonhoogte van de meeste mannen en vrouwen ruim binnen de grenzen van hun groep.

We maken een onderscheid tussen de toonhoogte die iemand gewoonlijk gebruikt en de meest ideale toonhoogte volgens de bouw van het stemapparaat. We spreken dan respectievelijk van een habituele toonhoogte en een natuurlijke toonhoogte. De habituele toonhoogte kan hoger of lager zijn dan de natuurlijke. Binnen de stemtechniek leren we de natuurlijke toonhoogte ontdekken en gebruiken. Dan is die spiercoördinatie en -spanning mogelijk die het best bij de bouw en de optimale werking past.

Normaal ligt de natuurlijke toonhoogte een vijftal halve tonen boven de laagste toon die je kunt maken. Je kunt die klank ook uitlokken op twee verschillende manieren. Stel je de volgende situatie voor: je bedenkt dat je niet akkoord bent met iemand, maar dat wil je niet in veel woorden zeggen. Het enige wat je laat horen is een ontspannen, zacht hmm-geluid, zoals in fragment ✒ 4.5. Probeer die toon aan te houden. Deze toon zeg je op een natuurlijke, ongeforceerde hoogte. Een tweede manier is om de stem zogenaamd te laten vallen in een snelle dalende glijtoon, zoals in fragment ✒ 4.6. Hoe hoog je ook begint, de toon waarop je terechtkomt is je natuurlijke toonhoogte en zou dus even hoog moeten zijn als de toon bij het hmm-geluidje. Als je spreekt op deze toonhoogte hoef je de spieren niet overmatig te spannen.

De stem bevat meer frequenties dan de toonhoogte waarop we spreken. Typisch voor de menselijke stem is dat er ook tonen in de klank zitten die gehele veelvouden zijn van de spreektoonhoogte. Is die bijvoorbeeld 200 Hz, dan zijn er tonen aanwezig van 400, 600, 800, 1000, 1200 Hz enzovoort. Omdat ze hoger zijn dan de toonhoogte geproduceerd ter hoogte van de stemplooien, noemen we die frequenties de boventonen. Naarmate meer en sterkere boventonen in de klank aanwezig zijn heeft de stem meer draagkracht. Dit hangt vooral samen met een goede ondersteuning vanuit het lichaam door goede ademkracht en een optimale houding, zonder blokkering van de klank door verkeerde of overmatige spierspanning. De boventonen zijn niet even luid als de spreektoonhoogte. De intensiteit neemt af met 12 dB per verdubbeling van het aantal Hz (dat is per octaaf). Dus als we spreken op een frequentie van 200 Hz op een intensiteit van 60 dB is de boventoon op 400 Hz 48 dB (12 dB minder), de boventoon op 800 Hz is 36 dB (12 dB minder dan de intensiteit van de boventoon op 400 Hz). De stemklank, geproduceerd ter hoogte van de stemplooien en zijn boventonen noemen we samen het brongeluid.

Wat we horen als luidheid van de stem is het resultaat van stemplooitrilling en de ademkracht. Hoe sterker de ademkracht, hoe luider de stem. Als we luidheid meten met apparatuur spreken we over de intensiteit, die we uitdrukken in het geluidsniveau boven stilte (de eenheid is decibel, afgekort dB). Luidheid beoordelen we meestal relatief. Is iets voldoende luid in functie van een ruimte, van de verstaanbaarheid, van de situatie, zachter of luider dan een referentieluidheid? Iemand kan een opvallend zachte of luide stem hebben, maar in tegenstelling tot toonhoogte zijn er geen normale waarden beschikbaar voor verschillende groepen.

Een toename van 10 dB komt in onze waarneming overeen met een verdubbeling van de luidheid. We spreken van een normale luidheid bij een intensiteit van 60 dB op een afstand van één meter. Op dezelfde afstand komt projecterend spreken, zoals je doet als je voor een groep spreekt, overeen met 70 dB. Vanaf 80 dB spreken we over roepen. (Figuur 4.18. *Intensiteit van de stem*)

Toonhoogte en luidheid hangen sterk samen. Onze laagste tonen kunnen we alleen maar zacht, onze hoogste tonen kunnen we alleen maar

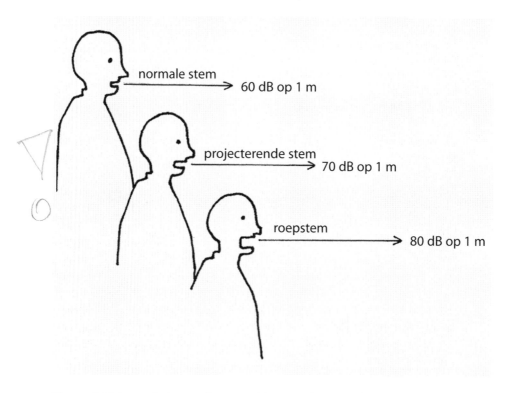

Figuur 4.18. Intensiteit van de stem: (a) normale stem, (b) projecterende stem, (c) roepstem

luid produceren. Daartussenin kunnen we tonen zowel zacht als luid vormen. De stem heeft meer mogelijkheden naarmate het verschil tussen de luidste en de zachtste tonen groter is en naarmate deze grote verschillen op meer toonhoogtes mogelijk zijn. Als we luider praten, klinkt de stem ook hoger. Dit is normaal binnen bepaalde grenzen. Wie extreem hoog moet praten om luidheid te produceren heeft een minder sterk ontwikkelde stem. We spreken dan van een slechte versterkingscapaciteit van de stem. In fragment 🔊 4.7 hoor je iemand tellen op normale luidheid en daarna 2 x steeds luider. Dit is het zogenaamde 'versterkend tellen'. De toename in luidheid is normaal. Daarna hoor je een sterke toonhoogtestijging in verhouding tot de toename in luidheid.

4.5 Resonantie

De klank die we produceren ter hoogte van de stemplooien (het brongeluid) is niet de klank die we horen. Deze klank passeert nu door de mond- en keelholte en die hebben elk een bepaalde vorm, een bepaalde diameter en bepaalde kenmerken van de wanden. Op sommige plaatsen zijn die wanden zacht, bijvoorbeeld bij het zachte gehemelte. Maar er zijn ook hardere wanden: het harde gehemelte, de tanden. De ruimte kun je op verschillende plaatsen wijzigen: je kunt de mond meer openen of sluiten, je kunt de lippen stulpen, waardoor de ruimte langer wordt, je kunt de tong plat leggen of welven. Het is zoals bij slaginstrumenten: houten trommels klinken anders dan koperen, grote klinken anders dan kleine. De kenmerken van de ruimte bepalen voor welke frequenties die ruimte gevoelig is. Dat betekent dat die ruimte gemakkelijk meetrilt als die bepaalde frequentie in die ruimte komt. Dat noemen we resonantie. Het brongeluid met boventonen komt dus door de keelholte en de mondholte, waar sommige boventonen versterkt worden, andere niet en nog andere zelfs verzwakt (gefilterd). Door die selectieve versterking hebben bepaalde boventonen van het signaal in de mond- en keelholte iets meer energie gekregen. Groepjes versterkte boventonen noemen we formanten. Vooral de lagere boventonen kunnen we beïnvloeden door mondopening, lipronding of -verbreding en tongwelving. De luisteraar neemt dit waar als verschillende klinkers. De hogere boventonen kunnen we minder goed beïnvloeden. Die horen we eerder als het stemtimbre.
Nu moet de klank de mond nog verlaten. De opening ter hoogte van de lippen heeft een soort toetereffect: de boventonen winnen 6 dB aan intensiteit.
Deze hele klankstroom van frequenties in klinkers en timbres zorgt voor draagkracht van de stem. Een spreker wil natuurlijk ook verstaanbaar zijn. Daartoe moet hij die klankstroom onderbreken of wijzigen met me-

deklinkers. Deze afwisseling van spraakklanken zorgt voor verstaanbaarheid.

Hoe kunnen we de doorgang van de klank tussen stemplooien en buitenwereld optimaliseren?

Ten eerste door alle hindernissen weg te nemen die de verstaanbaarheid storen en de stemklank tegenhouden. Sprekers zetten soms het kaakgewricht vast. Het is dan onmogelijk om de onderkaak soepel te bewegen tegenover de bovenkaak. Daardoor kan de openingsgraad voor de klankdoorgang enkel nog gerealiseerd worden door tongbeweging binnen de grenzen van een te sterk gesloten mond. Een tweede probleem is spreken met bijna gesloten lippen. De klank blijft dan binnenin hangen. We schakelen zo het versterkingseffect ter hoogte van de

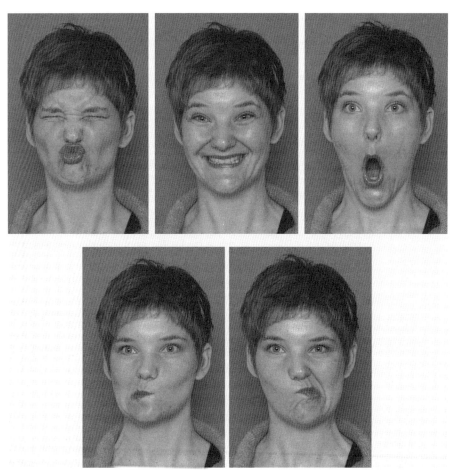

Figuur 4.19. Losmaken van de kaak- en gezichtspieren

lipopening uit (zie hoger) en de luisteraar kan je nauwelijks horen. Als voorbereiding op stemoefeningen is het goed de spieren in het gezicht te ontspannen door ze te rekken en te strekken (Figuur 4.19. *Losmaken van kaak- en gezichtspieren*).

We kunnen niet alleen hindernissen wegnemen, maar ook de verschillende spraakklanken nauwkeurig uitspreken. De uitspraak van een /p/, /t/ of /k/ vraagt een krachtige, pittige afsluiting en een snelle loslating. Doen we dit futloos en slordig, dan duren deze klanken te lang of worden ze onduidelijk. Pittige articulatieoefeningen van vooral de lippen en de tong kunnen dit probleem verhelpen. Door de mond- en keelholte verkeerd te gebruiken kunnen we ook klinkers vervormen. Dit heeft vaak te maken met een te kelige, te open of te gesloten spraak. In fragment 4.8 hoor je het woord /taak/ drie maal: de eerste keer met een goed gevormde /aa/, de tweede keer met een /aa/ die te veel achteraan in de mond is uitgesproken en daardoor op een /o/ lijkt (zoals in /hok/) maar dan langgerekt, en de derde keer met een te gesloten uitspraak van de /aa/ en te ver vooraan in de mond. Daardoor klinkt de /aa/ als een te open /e/ zoals in /hek/, maar dan langgerekt. Verschuiving van klinkers in de mondholte doet verwarring ontstaan. Als de uitspraak van alle klinkers zich situeert in een beperkte ruimte van de mond (achteraan, vooraan) dan is het moeilijk om de klinkers uit elkaar te houden. Dit kan te maken hebben met regionale gewoontes en dialecten.

Bij sommige spraakklanken stroomt de lucht door de neus terwijl in de mond een afsluiting wordt gemaakt. In het Nederlands gaat het om de klanken /m/, /n/, /ng/ en /nj/. De lucht kan naar de neus omdat het huigje achteraan het zachte gehemelte ontspannen naar beneden hangt. Maar dit mag enkel bij deze vier medeklinkers, de zogenaamde nasalen. Toch sluit het huigje niet altijd de neusweg af als we klinkers uitspreken. In het Nederlands zijn de klinkers volledig oraal. Dat betekent dat alle lucht via de mond uitstroomt (Figuur 4.20. *Opgetrokken huig sluit de neusweg af*). Een klinker met een nasaal timbre (een deel van de lucht ontsnapt via de neus) heeft minder energie in de boventonen en heeft daardoor ook minder draagkracht. Je kunt de optrekkracht van het spiertje in de huig oefenen door snel na elkaar de klankenreeks /ngangonganga/ te oefenen. In het begin voel je dat het moeilijk is om dit snel en pittig te doen. Bij sommige mensen kan het huigje goed optrekken, maar is de achterkeelwand iets te diep in vergelijking met de lengte van het huigje. Dan is puur oraal praten moeilijk. Te sterk nasaal spreken (hypernasaal) kan dus zowel een functionele als een structurele oorzaak hebben. Je kunt ook met te weinig neusresonans spreken. Dat noemen we hyponasaal. Zo spreek je als het neusslijmvlies verdikt is en je het gevoel hebt dat de neus 'dicht zit'. Hyponasaliteit kan ook ontstaan bij pro-

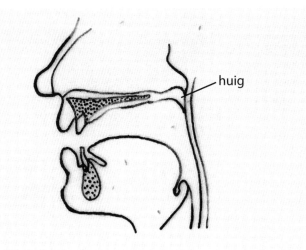

Figuur 4.20. Opgetrokken huig sluit de neusweg.

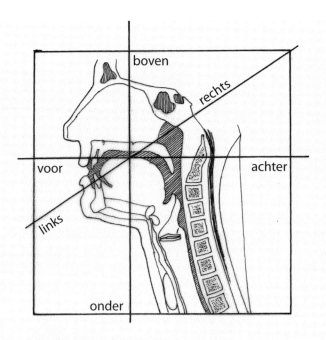

Figuur 4.21. Gebruik de drie dimensies van de mondholte.

blemen in de aansturing van spieren via de hersenen en zenuwen (neuronaal probleem).

De mondholte moeten we dus in drie dimensies goed leren gebruiken: de voor-achter dimensie, de open-gesloten dimensie (boven-onder) en de dimensie in de breedte (zoals in het contrast lipverbreding bij de /ie/, lipronding bij de /oe/) (Figuur 4.21. *Gebruik de drie dimensies van de mondholte*). De klank kan vrijer door de mondholte stromen en dankzij een goede verstaanbaarheid hoeft de spreker geen extra stemkracht te geven. In de resonantieholtes boven de stemplooien speelt de articulatie een grote rol omdat dit eigenlijk niets anders is dan de wijziging, vervorming en onderbreking van brongeluid tot spraakklanken. Als de articulatiebewegingen het brongeluid tot spraakklanken kan omvormen zonder haar te hinderen, voel je de trilling in het hele gezicht. Je kunt dit controleren door een /m/ te zeggen met de lippen zacht op elkaar en de tandenrijen van elkaar. De wijsvinger op de neusvleugel voelt de trilling en de duim op de mondbodem (achter de kin) controleert de ontspanning van de spieren (Figuur 4.22. *Controle van ontspanning en resonantie*).

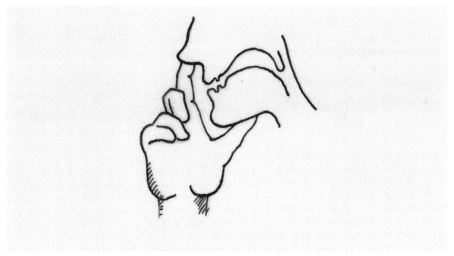

Figuur 4.22. Controle van ontspanning en resonantie

Alle onderdelen van de stemtechniek beïnvloeden elkaar en ook het uiteindelijke stemgeluid. Een eutone houding laat bijvoorbeeld een efficiënte inademing toe, een goede ademkracht en een voldoende luide stem zonder overmatige keelspanning. We stellen ons dan ook niet tevreden met matige prestaties. We blijven oefenen tot elk afzonderlijk aspect de maximale positieve bijdrage levert tot een goed stemgeluid. Maar we blijven realistisch: die samenhang leert ons ook dat het stemgeluid minder optimaal is als er zich een probleem voordoet: pijn in de rug waardoor een goede houding moeilijk is, ademhalingsproblemen door een zware verkoudheid, problemen in de mond door een behandeling bij de tandarts. In een dergelijke situatie dreigen we de stem te overbelasten als we alles in het werk zetten om even luid, duidelijk of helder te klinken. In een dergelijke situatie leggen we tijdelijk de lat iets lager.

4.6 Combineren

Als we de stemtechnische aspecten onder de knie hebben, kunnen we gaan combineren. Deze combinatieoefeningen vragen een individuele opbouw op basis van de sterktes en zwaktes in de afzonderlijke stemtechnische aspecten. Combineren betekent dat we alle vaardigheden van houding, adem, stem en resonantie op elkaar afstemmen in verschillende moeilijkheidsgraden. Het gaat als het ware om een vocal workout waarbij we werken aan kracht, lenigheid, snelheid, wendbaarheid en uithouding van de stem in al zijn aspecten om een zware stemtaak risicoloos aan te kunnen.

Zodra we deze stemvaardigheden binnen de communicatie gebruiken komen er verschillende elementen bij. De inhoud is er één van. Dit is een kwestie van deskundigheid, van context, van doel en dit kan voorbereid worden, los van de stemvaardigheden. Een andere kwestie is de emotie die je via de stem vertolkt. Enerzijds is er de situationele emotie. Je kunt overweldigd zijn, in de war of zenuwachtig of net rustig en zelfverzekerd onder invloed van een situatie, een aanwezige persoon, prestatiedruk, verwachtingen. Over dit soort emotie hebben we het in Hoofdstuk 9 *De balans in evenwicht*. Een ander soort emotie is de geplande, bedoelde emotie. Je kunt je stemtechnische vaardigheden inzetten om te overtuigen, om autoriteit uit te stralen, om te motiveren, te waarschuwen, te informeren. De vraag is: komt de bedoelde emotie overeen met de waargenomen emotie door de luisteraar? Verschillende sprekers vragen hierbij hulp: ze vertellen dat ze vaak als streng overkomen, terwijl ze enkel de informatie duidelijk willen uitleggen. Of iemand vindt het erg dat enthousiasme geïnterpreteerd wordt als overmoed. Omdat we de juiste expressie van de bedoelde emotie hoofdzakelijk realiseren met behulp van onze stem, behoren oefeningen hierop tot de combinatieoefeningen van stemtechnische vaardigheden. Woorden of zinnen die inhoudelijk een bepaalde emotie bevatten interpreteert men niet dikwijls verkeerd. Maar oefen ook vooral op neutrale zinnen die je met een bepaalde emotie wil zeggen. Laat mensen je beluisteren zonder je te zien, dan kunnen ze de emotie niet afleiden uit je lichaamstaal. Begrepen ze de emotie juist of kwam het in de buurt? Als de emotie niet juist werd begrepen, hoe groot is het verschil met de bedoelde emotie? Is het een kwestie van fijne nuances? Wat ga je doen om de luisteraars te overtuigen? Met welk stemkenmerk kun je de emotie in de verf zetten? Met de luidheid, de intonatie, de snelheid? Probeer eens de verschillende stemkenmerken en prosodische elementen (Hoofdstuk 3 *Wat hoor je?*) één voor één te variëren en daarna te combineren. Welke combinatie heeft het beste effect? Is er een bepaalde combinatie optimaal voor elke emotie? Je zal merken dat je steeds betere expressievaardigheden ontwikkelt naarmate je de stemtechniek fijner beheerst. In 🔊 4.9 hoor je zo'n spel met kenmerken om een emotie uit te drukken.

Besluit

Stemtechniek bestaat uit een gevarieerd pakket aan vaardigheden waarbij het hele lichaam betrokken is. Eerst leren we de verschillende vaardigheden afzonderlijk: houding, adem, stem, resonantie. Dit laat ons toe deze aspecten optimaal te ontwikkelen. Daarna combineren we de vaardigheden tot een uitgebreid stemrepertorium dat we genuanceerd in de communicatie kunnen inzetten. Op die manier helpt deze stemtechniek, die we optimaal uitbouwen volgens eigen mogelijkheden, om de belastbaarheid van de stem te verhogen.

5. Een duwtje in de rug

Pech! De auto wil niet starten. De batterij van de hulpmotor is plat, de hoofdmotor raakt niet aan de praat. Dus alle hens aan dek voor een extra duwtje: remmen los, ontkoppelen, beweging in gang zetten en daar gaat hij, even gezwind als voordien, inclusief vertrouwde motorgeluid, en al rijdend laadt de batterij weer op. Geen probleem dus, zolang we maar weten dat de batterij ook uitgeput kan geraken en dat er situaties zijn waarin ze moeilijk de vertrouwde topprestaties kan leveren. We zorgen er ook voor dat onze auto kan rijden in goede omstandigheden.

Ook stemmen kunnen regelmatig of in bepaalde omstandigheden een duwtje in de rug gebruiken. Dat betekent helemaal nog niet dat er iets schort aan de stem, dat ze ziek is of afgeschreven. Integendeel, een ondersteuning, tijdelijk of permanent, kan ervoor zorgen dat de spreker daardoor langer de stem rustig kan gebruiken, zonder tekens van vermoeidheid of overmatig gebruik. Zo'n stemsteuntje inschakelen kan dus wel eens een heel wijs besluit zijn met positieve gevolgen op lange termijn.

En we gaan nog verder: we rekenen niet alleen op stemondersteuning vanuit onze omgeving. We gunnen ons het comfort van een zeer aandachtig publiek door te letten op enkele details in ons gedrag en onze communicatie. En vanzelf verdwijnt dan de onweerstaanbare neiging bij de luisteraar om te turven (het aantal keer dat men een stopwoord gebruikt, in de haren woelt, zinnen niet afmaakt), te tekenen (houding, gezichtsuitdrukking, kledij), volgende activiteiten te bedenken of boodschappen op de mobiele telefoon te beantwoorden.

De hoofdbedoeling van een spreker is dat men hem hoort en verstaat. Maar zijn stem moet daarbij vaak concurreren met ander geluid. In punt 5.1 zien we welk geluid storend of ondersteunend kan zijn.

In een volgend punt (5.2) selecteren we de visuele, auditieve en comfortvereisten die het de luisteraars mogelijk maken de volle aandacht naar de spreker te richten. Dankzij die aandacht kan de spreker een ontspannen natuurlijke stem gebruiken. In punt 5.3 bespreken we hoe we de omgeving en het gebruik van de omgeving 'naar onze stem kunnen zetten'. Ten slotte komt de versterkingapparatuur aan bod (punt 5.4): welke vormen bestaan er, hoe maak je een goede keuze en hoe gebruik je ze?

5.1 Goed geluid, slecht geluid

In elke ruimte is er geluid afkomstig van verschillende geluidsbronnen. In de ruimte waar iemand tot toehoorders spreekt willen we dat de stemklank het publiek optimaal bereikt. Tegelijk proberen we elk ander geluid te beperken, want we ervaren dit als storend.

Vooreerst is er het geluid van buitenaf. Je hoort een vliegtuig overvliegen, de regen op de lichtkoepel pletsen, lawaai in een gang naast het lokaal of het verkeerslawaai dat permanent aanwezig is (Figuur 5.1 *Geluid van buitenaf*).

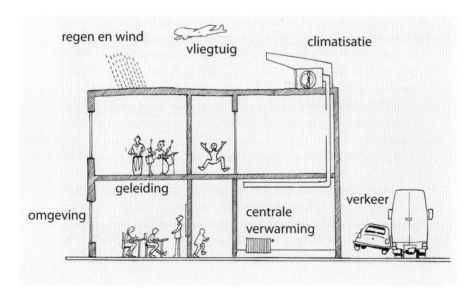

Figuur 5.1. Geluid van buitenaf

Als spreker heb je hierop weinig vat. De geluidsisolatie van het lokaal en het gebouw is hier allesbepalend. Je kunt de situatie enkel nog verbeteren door ramen en deuren te sluiten. Je kunt wel op voorhand vragen om bij voorkeur een stil lokaal toegewezen te krijgen voor je spreekopdracht. Een lokaal naast je werkruimte waar geen activiteit doorgaat kan een buffer zijn voor een externe geluidsbron. Ook al is het ideale niet aanwezig of beschikbaar, je uitdrukkelijke vraag daarnaar kan je al betere omstandigheden opleveren.

Ten tweede is er het geluid in de spreekruimte, afkomstig van verschillende geluidsbronnen.
Een eerste bron is die van werkende apparaten en installaties. Lucht in de buizen van de centrale verwarming zorgt voor klokkende watergeluiden, lampen kunnen zoemen, je hoort aircosystemen werken of de ventilatie van het lokaal, van projectoren en computers. Bij geperfectioneerde systemen, moderne apparatuur en goede ontwerpen gaat het om lage geluidsniveaus. Maar de combinatie van de verschillende bronnen kan het totale geluidsniveau toch verhogen tot een stoorfactor. Bij oudere installaties, gebouwen en apparatuur kan dit niveau hoger liggen, door slijtage of niet optimale werking. Vooral als lokalen eerder een andere functie kregen is materiaal en ruimte soms onaangepast. Maar het probleem ligt niet altijd bij oude gebouwen en apparatuur. Ook bin-

nen het budget van nieuwbouw is niet altijd goed akoestische materiaal voorzien. En vaak zijn de akoestische problemen inherent aan het architecturaal plan waarbij het design primeert boven alles: boven het doel van het gebouw en dus ook boven het comfort van de spreker en de luisteraars. Een 'industrial look' bijvoorbeeld verdraagt geen plafonds, zodat turbulenties in buizen met een niet aangepaste diameter niet gedempt worden, of roosters voor luchtverversing hangen boven de hoofden of zitten in wanden op hoofd- en dus luisterhoogte. Een goed doordacht akoestisch design zou een essentieel onderdeel moeten vormen van het gebouwontwerp. De samenwerking tussen verschillende disciplines om een ideaal geluidslandschap te creëren bespreken we in Hoofdstuk 8 *Iedereen stemergonoom*.

Het gaat niet altijd over geluidsvermindering van enkele decibels tot een niet storend niveau. Veel sprekers hebben te maken met sterk omgevingslawaai: wie toelichtingen geeft naast productiebanden van een fabriek of stagiairs begeleidt naast draaiende machines moet zelfs zijn best doen om boven het lawaai uit te komen. Eerst zullen we nagaan of het mogelijk is om spreken en lawaai los te koppelen door bijvoorbeeld machines of stofafzuigers pas aan te zetten na de instructie. Is dat niet mogelijk, dan raden we iedereen af om boven het lawaai uit te klinken. Dat houdt een stem, hoe gezond en krachtig ook, niet jarenlang vol. We zoeken dan een oplossing bij versterkingsapparatuur, in aangepaste spreekstijl en eventueel ondersteuning door visuele documentatie of gebaren en tekens.

Een tweede bron van geluidsproductie binnen de ruimte zijn de aanwezigen. De meeste van hen zijn luisteraars. Omdat de geluiden die ze maken meestal plots en niet continu zijn, trekken ze de aandacht: kuchen, hoesten, niezen, neus snuiten, pen laten vallen, schuifelen met de stoel, boek dichtklappen, truitje aan en truitje uit. Je kunt hen uitnodigen om er aandacht voor te hebben (mobiele telefoons af a.u.b.), maar veel van die geluiden horen bij mensen die lang moeten stilzitten en luisteren. Ook het gebabbel van luisteraars kan de aandacht trekken. Is het continu aanwezig dan wordt het omgevingslawaai.

De spreker ten slotte is een gewenste geluidsbron. We willen graag dat hij gehoord, verstaan en begrepen wordt door iedereen. Dit zal sterk afhangen van zijn stem- en spreekgedrag (Hoofdstuk 4 *Stemtechniek)* en van zijn presentatievaardigheden.

Naast bronnen die geluid produceren (geluid van buitenaf, apparatuur, mensen) moeten we ook rekening houden met de eigenschappen van de ruimte die dienst doet als klankkast. Sommige kenmerken versterken geluiden, andere verzwakken ze. Ook inzicht in de ruimtekarakteristieken kan ons dus helpen in functie van stemvriendelijke maatregelen.

Van al het aanwezige geluid is er een deel dat we willen verminderen omdat het storend is voor de verstaanbaarheid en de aandacht. Dat geluid noemen we ruis. Het geluid dat de boodschap van de spreker draagt, willen we duidelijk overbrengen. Dit geluid noemen we het signaal. Om de hele situatie te optimaliseren kunnen we het signaal versterken en de ruis verminderen. We verbeteren dan de signaal-ruisverhouding. Dat kan op verschillende manieren die we hierna bespreken: de spreker kan zodanig de aandacht van de luisteraar trekken dat de ruis niet meer als storend wordt ervaren. Ook de ruimte kun je optimaal organiseren of aankleden zodat ze de versterking van het signaal en de verzwakking van de ruis ondersteunt. En ten slotte kunnen we ook versterkingsapparatuur inschakelen.

5.2 Oog en oor voor de spreker

Stemvaardigheden en presentatievaardigheden hangen nauw samen. Het pakket presentatievaardigheden is zeer ruim. Hieruit selecteren we deze aspecten die de luisteraars als een magneet naar de boodschap van de spreker richten. De spreker kan dan een meer natuurlijke, ontspannen stem gebruiken en zijn stemvaardigheden in alle nuances inzetten.

Hoe kun je er voor zorgen dat luisteraars al hun aandacht naar jou richten? De eenvoudigste manier is om je in hun plaats te stellen. Luisteraars willen de boodschap horen en verstaan, zonder dat ander geluid stoort zodat extra concentratie nodig is. De inhoud van de boodschap moet duidelijk en begrijpelijk zijn. Dit is al een behoorlijke verantwoordelijkheid voor de spreker. Maar er is natuurlijk ook nog het visueel aspect: wat de luisteraar te zien krijgt moet de boodschap ondersteunen, niet storen of de aandacht afleiden. De spreker doet dus voortdurend appel op de luisteraars (Figuur 5.2. *Trek de aandacht van de luisteraar*).
Aandachtig kijken en luisteren lukt de luisteraar ook beter als hij voldoende comfort heeft.

Figuur 5.2. Trek de aandacht van de luisteraar: (a) lukt het of (b) lukt het niet?

5.2.1 Visueel

Als je voor een theatervoorstelling minder betaalt op het hoogste balkon of de achterste rij, dan is dat omdat men beseft dat je een deel van de informatie of het spektakel mist. Je ziet of hoort niet voldoende om ten volle betrokken te zijn. Ook in een spreeksituatie valt heel wat te zien. De spreker zelf speelt hierin een hoofdrol.

Jezelf laten zien is een mes dat aan twee kanten snijdt: je kunt de aandacht verscherpen of afleiden. We bespreken enkele aspecten van het visuele kanaal dat je als spreker in handen kunt nemen en kunt optimaliseren.

Positie

Elke luisteraar moet je kunnen zien, zelfs in moeilijke ruimtes of situaties. Denk bijvoorbeeld aan een zwemleraar. De leerlingen moeten de instructies goed begrijpen, maar de situatie maakt het moeilijk, onder andere door de afstand tot de leraar en de spreiding van de leerlingen in het water (zie ook Hoofdstuk 6 *Roepen als beroep*). De groep verzamelen en dichterbij komen is een goede oplossing. Maar de leraar kan nog verder gaan: hij kan eisen dat iedereen het zwembrilletje naar boven schuift om het gezicht van de leraar te kunnen zien als hij spreekt. Gelukkig zijn niet alle situaties visueel zo moeilijk. De belangrijkste maatregel om een situatie te optimaliseren is iedereen de mogelijkheid bieden om naar de spreker te kijken. Bij een korte instructie kun je wel groepsleden rond een tafeltje laten zitten, maar voor een langere toelichting vraag je het best iedereen zich naar je toe te keren. Je spreekt namelijk niet alleen met je klank, maar ook met je lichaam (zie ook volgende paragrafen). Als er omgevingslawaai is zoals bij rondleidingen in de stad kan het visueel beeld de gemiste auditieve informatie aanvullen via lichaamstaal en het lipbeeld. Je hoeft immers geen gehoorproblemen te hebben om het lipbeeld te gebruiken. Elke luisteraar integreert klank en lipbeeld om goed te verstaan. Dit wordt echter moeilijker als het lipbeeld onduidelijk is. De spreker houdt bijvoorbeeld de hand voor de mond of zijn gezicht is onvoldoende belicht.

Positie en belichting hangen sterk samen. Sta je als spreker met de rug gericht naar een raam waarachter een felle zon schijnt, dan zien de luisteraars enkel een zwarte vlek ter hoogte van je hoofd. Je staat namelijk in je eigen schaduw. In de open lucht kun je de schaduw opzoeken, binnenshuis kun je een optimale positie kiezen en zonlicht dempen of kunstlicht gebruiken. Soms is dit echter onmogelijk als zowel jouw plaats als die van de luisteraars vast staan. In grote zalen kun je nog voor een bijkomend probleem staan: men zet je in het donker ten voordele van de visuele presentatie op scherm of monitor. In het slechtste geval moet het publiek horen aan de stem van de spreker of ze te doen hebben met een man of met een vrouw. Je bent in één keer als spreker gereduceerd tot een akoestisch medium. Voor de luisteraars heb je als spreker letterlijk en figuurlijk geen gezicht meer. Daarbovenop kun je je lichaamstaal niet meer inzetten om de aandacht te trekken. Vraag om afzonderlijke belichting zodat je ook via het visuele kanaal kunt communiceren met het publiek.

Voorkomen

Het voorkomen van de spreker is optimaal als het niet de aandacht van de boodschap afleidt. Vooral de kledij kan al dan niet passen bij bijvoorbeeld de (vaak impliciete) voorschriften van het gezelschap. Je geeft dan sportinstructie in een maatpak of een persmededeling in een zomershort. Of je hebt je meest kleurige bloemenjurk aangetrokken om tijdens de begrafenis van een vriend een afscheidswoord voor te lezen. Deze voorbeelden zijn uiteraard extreem en daardoor duidelijk. Hoewel… bespreek eens met een aantal mensen het voorkomen van anderen die een spreekopdracht vervullen. Wat kan, wat kan niet, is het voorkomen te somber en te mat, te persoonlijk, te slordig, te opvallend? Je komt tot een lange lijst van uiteenlopende voorstellen en uiteindelijk zal jij moeten beslissen volgens eigen aanvoelen en voorkeur. We leven wel in een tolerante maatschappij, maar toch is het beter wat informatie te verzamelen, vooral als je het gezelschap waarin je terechtkomt niet kent. Hier spelen vaak onverwacht sterke sociale en culturele argumenten een rol. Als je die niet kent, kun je irritatie opwekken of begrijpen de luisteraars niet wat je bedoelt. En wat hebben ze dan van je boodschap meegedragen? Daarover hebben ze geen idee. Al je pogingen om met draagkrachtige stem te overtuigen hebben niets uitgehaald.

Houding

Bekijk even de personen in Figuur 5.3 *Houding van de spreker*. Welke houding spreekt je in de rol van luisteraar het meeste aan? Wie heeft de intentie om je als gesprekspartner te beschouwen? Wie straalt energie en zelfvertrouwen uit? Vermoedelijk is er geen twijfel: de persoon met een voorwaartse blik, het lichaam open naar jou gericht, rechtop en duidelijk bereid om contact te leggen met de luisteraar. Deze open houding nodigt uit om aandachtig te luisteren. Er staan geen gevoelens van ongemak in de weg, geen gedachten van ongelijkheid, geen vermoeden van onjuiste informatie. Is de opbouw van deze houding een kwestie van spiergebruik en veranderen van gewoontes, dan kunnen we dit aanleren door de aandachtspunten voor een goede houding uit Hoofd-

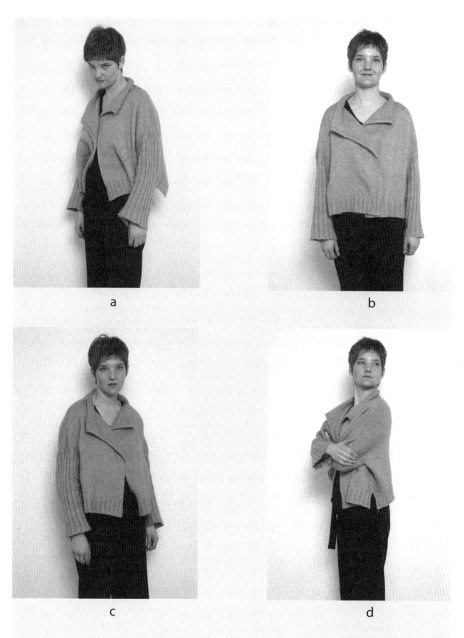

Figuur 5.3. Houding van de spreker: (a) verlegen, (b) open, (c) lusteloos, (d) dominant

stuk 4 *Stemtechniek* stapsgewijs te integreren in onze gewoontes. Maar houding heeft natuurlijk ook te maken met de beleving van het moment. Als die niet optimaal is dan is dit het eerste werkpunt. Onze innerlijke houding bepaalt namelijk de uiterlijke houding. We bespreken dit grondiger in Hoofdstuk 9 *De balans in evenwicht*.

Beweging

Je kunt van geen mens verwachten dat hij al sprekend stokstijf blijft staan. Dit komt onnatuurlijk over en wijst erop dat men te gespannen is of zeer sterk geconcentreerd. Na de spreektaak kan hij dan stijfheid voelen in de overspande spieren of in gewrichten. Vaak komt deze rigiditeit enkel voor in die bepaalde situatie. Je observeert de spreker in familiekring, bij collega's en vrienden en je ziet een vlotte persoon die veel de handen gebruikt en soepel beweegt. Diezelfde persoon verroert echter geen vin als hij een spreekopdracht uitvoert.

Op de open houding die we in de vorige paragraaf hebben besproken, kun je rustig variëren als je de gerichtheid naar het publiek maar niet vergeet of er snel naar terugkeert als een andere beweging deze gerichtheid tijdelijk hinderde. Je kunt zeker de verdeling van het lichaamsgewicht veranderen of bewegen binnen de vrijheid van de voorziene ruimte. Dit rondstappen mag echter niet stereotiep worden. Na een eerder theoretische uitleg kom je dan bijvoorbeeld van achter je plaats om dichter bij het publiek te staan als je met een concrete toepassing de theorie wil illustreren. Dat lijkt een goed idee. Maar daarover denkt het publiek anders als je dit voor de tiende keer doet en je bewegingsrepertorium geen andere variaties kent. Hierop moet je werken want zo ben je een inspiratiebron voor een spotprent bij het verslag van jouw bijdrage. En dit zegt duidelijk waarop je de aandacht hebt getrokken.

Spanning kan ook zorgen voor ongecontroleerde kleine herhaalde bewegingen: je blijft krabben aan een vinger, je draait je pen zonder stoppen tussen de vingers, je stroopt diezelfde mouw steeds weer op, je trekt een das recht die niet eens is verschoven, je maakt bij elke zin dezelfde betekenisloze handbeweging. De luisteraar met een beetje inlevingsvermogen voelt zo de zenuwachtigheid en krijgt het moeilijk om te blijven luisteren.

Aandacht kun je echter op een positieve manier naar je boodschap trekken door selectief te bewegen, vooral via mimiek. Mimiek bestaat uit de handbewegingen en de gelaatsuitdrukking. Handbewegingen die we gebruiken bij de spraak kun je opdelen in verschillende soorten. Vooreerst zijn er de bewegingen die op zich al een mededeling inhouden. Je houdt bijvoorbeeld je hand horizontaal op een afstand boven de grond terwijl je zegt 'het was *zo* groot'. Het beeld van je handbeweging is nodig om te begrijpen hoe groot het wel is. Je kunt ook een gebaar gebruiken dat de inhoud van wat je zegt omzet in een beeld. Als je bedoelt dat iets 'altijd maar door en door bleef gaan', maak je enkele keren na elkaar een draaiende beweging met de hand alsof het om een rollende golf of een eindeloze spiraal gaat. Nog een ander soort beweging situeert de inhoud van woorden in de ruimte. Als je spreekt over 'enerzijds' en 'anderzijds' dan koppel je dit aan een gebaar naar links en naar rechts. Je kunt ook een kenmerk van een actie of een voorwerp dat je beschrijft illustreren met een handgebaar. Kun je je voorstellen welk gebaar je dan maakt bij 'de deur was potdicht'? Je zou hierbij een draaibeweging kunnen maken met de vuist om te tonen dat de sleutel werd gebruikt of de vuist van de ene hand in de handpalm van de andere hand leggen en nog eens stevig aandrukken. Zo beeld je uit dat de deur niet open te krijgen is. Er zijn ook gebaren die de klemtonen ondersteunen. Je maakt bij de uitspraak 'Dit is absoluut niet mogelijk' dan een afwijzend gebaar op de drie beklemtoonde lettergrepen. In een gewoon gesprek gebruiken we deze gebaren afwisselend en eerder onbewust. Maar als we een geplande toespraak voorbereiden, is het nuttig enkele gebaren te selecteren om de inhoud op het juiste moment in de verf te zetten.

Veel sprekers vergeten tijdens het spreken dat het gezicht vol spieren zit die ze functioneel kunnen gebruiken. Luisteraars zien te vaak een strak gezicht dat streng overkomt en dat geen taak vervult. Nochtans kun je met een levendige mimiek de gevoelswaarde van de inhoud versterken. Of je kunt met je gezicht duidelijk maken hoe de inhoud kan begrepen worden. Dan leest de luisteraar bijvoorbeeld op je gezicht af dat hij de boodschap met een korreltje zout mag nemen, of dat de inhoud ironisch bedoeld is. Je kunt zelfs woorden vervangen door een alleszeggende gelaatsuitdrukking. Laat het spel met gelaatsuitdrukkingen niet weg als je spreekt voor een grote groep mensen in de mening dat de meesten toch te veraf zitten om je te kunnen zien. Je expressie dwingt hen zowel te luisteren als te kijken. Het is zoals een goed geïllustreerd kinderboek: als de tekst en de tekeningen identiek hetzelfde zeggen dan leest men ofwel enkel de tekst of kijkt men enkel naar de plaatjes. Maar als de informatie van tekst en tekeningen elkaar aanvullen dan heb je elk woord gelezen en elke afbeelding nauwkeurig bekeken.

In dagelijkse situaties gebruiken we onze mimiek heel vaak en zeer functioneel. Als je kritisch opnames bekijkt van eigen spreekopdrachten en je merkt dat je die vorm van expressie achterwege laat, oefen dan daarop, zelfs voor de spiegel. Je geeft je optreden een natuurlijke flair, alsof spreken voor publiek een tweede natuur is.

Naast handgebaren en gelaatsuitdrukking, maken we ook, terwijl we spreken, bewegingen met het hoofd en het lichaam om te ondersteunen wat we zeggen. Een deel daarvan is onbewust en gericht op contact met de luisteraar. Dat weet men door de bewegingen te observeren van mensen die in een studio het beste van zichzelf geven voor een professionele opname en die te vergelijken met de bewegingen tijdens een voorstelling met levend publiek. Zelfs een pianist die in beide situaties naar zijn piano gericht is en de afstand tot een publiek niet kan wijzigen, maakt bijkomende bewegingen om de expressie aan de aanwezigen te communiceren.

Kijkgedrag
Als je spreekt in een kleine ruimte, dan sta je meestal dichter bij het publiek dan in een grote zaal. Gun elke luisteraar in de loop van je praatje je blik, dan heb je al kijkend uitgedrukt dat je iedereen wil betrekken. De medewerkende luisteraar voelt dit en laat zijn aandacht minder vaak afdwalen. Een grote zaal is op een andere manier uitdagend. Het is dan onmogelijk om iedereen aan te kijken. Toch moet je duidelijk maken dat je mensen hebt gezien. Als er sterke belichting is, dan kijk je in een zwart gat. Blijf in hun richting kijken. Zij begrijpen namelijk het contact vanuit hun standpunt en zij vangen je signalen op. Sommige sprekers zijn kampioenen in het ontwijken van visueel contact met de luisteraars: ze kijken naar hun fiches waarop de structuur van hun praatje staat en blijven ernaar staren, ook al kennen ze de inhoud uit het hoofd. Ooit draaide een spreker al zijn fiches in één keer om toen hij besefte dat hij aan zijn besluit was gekomen en ononderbroken naar de eerste fiche was blijven staren. En zo zijn er verschillende punten waarop sprekers, die het moeilijk hebben met oogcontact, zich fixeren: het scherm van hun computer, de projectie achter zich, een onbepaald punt boven de hoofden van het publiek. Dat dergelijke punten een soort vluchtpunten zijn, is duidelijk als je een spreker voortdurend van zijn papieren naar het bord of scherm achter zich ziet kijken, al staat daar (nog) niets op. Luisteraars vinden het ook vervelend als de spreker één deel van de zaal negeert door enkel links of rechts het publiek aan te kijken. Nog storender is het als mensen merken dat één persoon de volle aandacht krijgt en zij het gevoel hebben niet meer te zijn dan de lucht in de zaal. Voor de persoon in kwestie is het niet minder gênant.
Zowel voor grote als kleine groepen hebben we de neiging de mensen die in een hoek vlak voor ons zitten vaker aan te kijken dan de personen erbuiten. We moeten hiervoor extra alert zijn.

Visuele ondersteuning

Als we spreken tot een publiek dan houden we graag rekening met verschillende leerstijlen. De één kan auditief veel informatie verwerken, de ander ziet liever de inhoud duidelijk gestructureerd afgebeeld, nog een ander neemt de essentie van wat je zegt beter op door trefwoorden neer te schrijven. In die zin zijn we als spreker gul: we vertellen, bieden samenvattingen aan op papier of documenteren de inhoud met luistervoorbeelden en goed opgebouwde visuele presentaties. Nu ook de technische middelen om dit alles te realiseren gebruiksvriendelijk zijn hebben we echter de neiging om daarin te weinig selectief te zijn. We denken vooral dat visuele informatie op breed beeldscherm nooit mag ontbreken en op die manier minder goede spreekvaardigheden kan compenseren. Laten we het scherp stellen: je zou in bepaalde gevallen zelfs de informatie aan de luisteraars kunnen meegeven zonder dat ze iets hebben gemist. Want hoe vaak is spreken voor publiek niet gereduceerd tot het aflezen van het computerscherm?

Laten we dus de rol van spreker ten volle waarmaken door op een persoonlijke, unieke manier met het publiek te communiceren en de visuele middelen als ondersteuning te gebruiken, niet als hoofdrolspelers. Binnen vernieuwende onderwijsvormen waarin de interactie tussen spreker en luisteraars een groter aandeel krijgt, kun je je als spreker volledig bewijzen. Voel je je daartoe (nog) niet echt competent, dan kan dit een oorzaak zijn van het trage tempo waarmee sprekers overstappen van de ex cathedra lessen naar de interactieve leergesprekken.

5.2.2 Auditief

Een goede spreker zorgt ervoor dat de luisteraars alle betekenisvolle geluiden kunnen opvangen, dat de geluiden aangenaam zijn en dat ze de aandacht vasthouden. Dat realiseert hij hoofdzakelijk met de stem. Mits een goede selectie kan hij ook andere functionele geluiden maken als een soort earcatcher die de aandacht verscherpt. We wijzen ook op het belang van het luistergedrag van de spreker zelf en koppelen enkele voorwaarden aan het gebruik van geluidsvoorbeelden.

Positie

Als de ruimte het toelaat, zorg er dan ook voor dat de luisteraars goed geplaatst zijn ten opzichte van jou als spreker. Het gebeurt wel eens dat ze tegen je rug moeten aankijken of dat ze over de hele ruimte verspreid zitten.

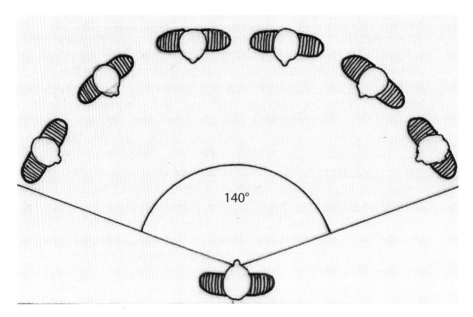

Figuur 5.4. Opstelling van het publiek: binnen 140° rond de spreekrichting

De rechtstreekse klank van spreker tot luisteraar moet zo direct mogelijk zijn en tussen de mond van de spreker en de oren van de luisteraar mogen geen hindernissen staan. Dus de gemiddelde afstand tot de luisteraar is best zo klein mogelijk. Daarbij komt nog dat spraak directioneel is. Dat betekent dat de geluidsgolven die de spreker produceert zich niet even goed in alle richtingen voortplanten, maar hoofdzakelijk bij voorkeur in de richting waarin hij spreekt. De klank die de spreker produceert bevat zowel hoge als lage frequenties (Hoofdstuk 4 *Stemtechniek*), maar de sterkte van de hoge frequenties neemt af buiten een hoek van 140° rond de spreekrichting (Figuur 5.4. *Opstelling van het publiek*). Dat is in het nadeel van de verstaanbaarheid dus. Luisteraars verstaan de spreker dus moeilijker als ze naast of achter hem zitten.

Net zoals geldt voor het visueel beeld, moet de luisteraar ook ten volle in het 'klankbeeld' van de spreker zitten zonder hindernissen door pilaren, installaties of andere luisteraars, zoals in Figuur 5.5. *Geen hindernissen voor het klankbeeld.*
De situatie kun je nog verbeteren door op een klein verhoog plaats te nemen of de rijen stoelen van de toehoorders steeds een trede van ongeveer 10 cm. hoger te plaatsen (Figuur 5.6. *Oplossingen voor een beter klankbeeld*)

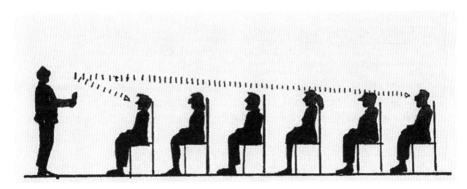

Figuur 5.5. Geen hindernissen voor het klankbeeld

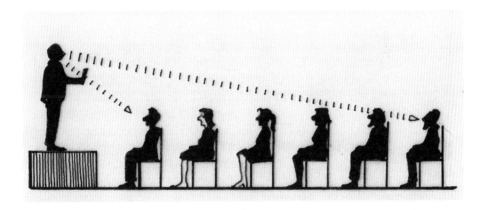

a

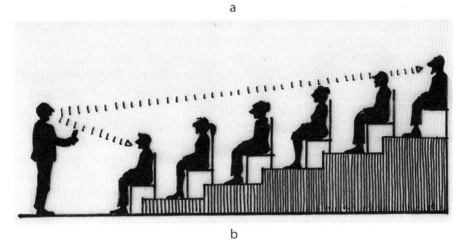

b

Figuur 5.6. Oplossingen voor een beter klankbeeld: (a) spreker staat hoger (b) publiek zit per rij hoger

Stem
Stemkenmerken
In Hoofdstuk 3 *Wat hoor je?* beschreven we de stem in termen van haar kenmerken (toonhoogte, luidheid, kwaliteit, timbre en draagkracht) en van het gebruik van deze kenmerken binnen de communicatie (talig of emotioneel). We kunnen de stemmen van de beroepssprekers niet over een zelfde kam scheren. Sommigen spreken lang op conversatieluidheid, anderen spreken eerder luid of roepen, al dan niet met geluidsversterking. Zelfs voor eenzelfde spreker is de situatie vaak anders naargelang de opdracht. Wat ook de situatie is, de stemklank moet alle luisteraars bereiken en ze moeten de boodschap kunnen verstaan.
In Hoofdstuk 4 *Stemtechniek* leerden we hoe de verschillende stemkenmerken te realiseren. Nu moeten we deze vaardigheden combineren in functie van de spreekopdracht. Laten we enkele valkuilen bekijken.

Een typisch probleem van een spreker is dat hij geen rekening houdt met de auditieve feedback van zijn stem. Dat betekent dat hij niet luistert naar de klank die hij zelf produceert om zijn stem aan te passen. Wie gewoon is om met een microfoon te spreken blijft bijvoorbeeld op conversatieluidheid spreken, ook in een grotere zaal waar geen geluidsversterking beschikbaar is. Een ander extreem is dat iemand zeer luid praat hoewel hij een microfoon gebruikt. De gedachte dat spreken voor een publiek automatisch luid spreken betekent, kan zo hardnekkig zijn of zo tot de vooropgestelde planning behoren dat men er niet van kan afwijken. Het hele gedragspatroon is dan als het ware voorgeprogrammeerd en staat geen variatie toe. Een reactie uit de zaal kan de spreker helpen om dit patroon te doorbreken. Dan zie je hem met een verbaasde blik plots even uit zijn concentratie stappen. Meestal is hij dankbaar voor deze feedback en past hij zijn spreekluidheid aan. Maar soms valt hij na een tijdje terug in het oude patroon. Daarom is het nuttig om stemtraining uit te breiden tot reële spreeksituaties met een analyse van het stemgedrag tijdens langere spreektaken.
Wie de spreker niet kan horen en verstaan krijgt de indruk zijn tijd te verliezen. Maar evenzeer mist hij de inhoud als een te luide stem zijn aandacht afleidt.

Om te weten welke indruk verschillende stemmen maken op luisteraars, vragen onderzoekers hen om die stemmen te beschrijven of een score te geven op bepaalde kenmerken. En wat blijkt? In onze westerse cultuur waarderen we lage stemmen. Men koppelt er een gevoel aan van rust, warmte, vertrouwen en deskundigheid. Gaan we dus met zijn allen laag spreken? In geen geval! Laag spreken kan alleen voor sprekers die daarvoor zijn uitgerust op het vlak van anatomie en bijgevolg in de lage tonen ontspannen en natuurlijk klinken. Voor alle anderen lokt lager spreken spanning op in het strottenhoofd met een risico op problemen. We kennen ook al het verband tussen toonhoogte en luidheid: als we luider praten is het normaal dat de stem hoger klinkt. Dus hoeven we een hogere stem niet uit alle macht te onderdrukken. De luisteraar hoort ook deze geforceerde spanning. Luister even naar fragment 🔊 5.1. Je hoort een mannenstem en een vrouwenstem telkens drie keer: willekeurig in de volgorde 'te laag', 'natuurlijke toonhoogte' en 'te hoog'. Welke poging klinkt het meest natuurlijk? Door deze 'natuurlijkheid' lukt het ook beter om de stem gevarieerd te gebruiken. Uit dit voorbeeld blijkt ook dat de stem te hoog kan klinken. In een spreeksituatie kan dit te maken hebben met zenuwachtigheid, tijdsdruk, onzekerheid, een gebrek aan zelfvertrouwen e.d. In het Hoofdstuk 9 *De balans in evenwicht* gaan we hier dieper op in. Luisteraars die voortdurend de indruk krijgen dat de stem onnatuurlijk klinkt kunnen hierdoor afgeleid zijn van de boodschap van de spreker.

Een andere valkuil is het gebruik van een geknepen stem. We leggen even de link met muziekinstrumenten. In een klassiek orkest geeft de hobo de toon aan waarop alle andere muzikanten hun instrument stemmen. Waarom de hobo? Omdat dit instrument toonvast is en dus een vlakke, gelijke toon kan produceren en omdat de klank een geknepen timbre heeft. Dat zorgt voor een doordringende klank die ver draagt. Alle muzikanten kunnen deze toon duidelijk horen, waar ze ook zitten in het orkest. Deze klank is typisch voor alle instrumenten die de klank op een zelfde manier vormen (via een dubbel riet): de doedelzak, de kromhoorn, de bombarde, de cornamuse, de schalmei. Veel van deze dubbelrietinstrumenten of hun voorlopers dienden oorspronkelijk om buiten te bespelen omdat ze zo'n doordringende klank hebben. Met de stem kun je ook een geknepen klank maken. Dat doe je door de spieren van de achterkeelwand en de tongrug op een bepaalde manier samen te trekken. Deze klank is heel efficiënt als je iemand doorheen omgevingslawaai of op een grote afstand wil roepen of verwittigen. Als de spanning waarmee je die klank produceert niet te hoog is, is deze klank niet schadelijk voor de stem. Je maakt hem immers in de mondholte en niet ter hoogte van de stemplooien. Sommige sprekers nemen echter hun toevlucht tot deze geknepen stem als ze zich onzeker voelen over hun stemvaardigheden. In fragment 🔊 5.2 hoor je iemand spreken met een geknepen stem. De combinatie van luid en geknepen zorgt voor een onaangename klank. Er is een grote kans dat men je herinnert als de spreker met de irritante stem en niet met de interessante boodschap.

Stemgebruik

Stel dat een spreker een goede stem heeft op het gebied van basiskenmerken (toonhoogte, luidheid, kwaliteit, timbre en draagkracht) dan kan er toch nog één en ander verkeerd lopen. Laten we dit illustreren met het voorbeeld van Wim.

Wim is een werktuigkundig ingenieur met een rijke ervaring in de elektrotechnische industrie. Na twintig jaar creatief verantwoordelijke binnen de productvernieuwing evolueerde zijn taak naar ingenieur-manager. Hij maakt telefonisch een afspraak voor een logopedisch consult omdat hij ten einde raad is. Hij twijfelt of hij kan geholpen worden. Zijn stem klinkt sonoor en zuiver. Bij het eerste contact geeft hij een rustige, zelfverzekerde indruk. Hij beheerst de kunst van het luisteren even goed als die van het spreken. De stemklank biedt geen aanknopingspunt voor verder klinisch logopedisch of medisch onderzoek. Als ontwerper vroeger en manager binnen zijn huidige taak moet Wim heel vaak mensen kunnen overtuigen. 'En daar loopt het totaal verkeerd,' zegt hij. 'Formuleer ik mijn voorstellen op papier, dan worden ze bijna altijd aangenomen. Licht ik ze mondeling toe, dan krijg ik niet de helft van mijn ideeën gerealiseerd. Ik probeerde alles al: ik kijk mijn publiek één voor één aan, ik zoek een evenwicht tussen spreektaal en vakjargon, ik zeg het soms zoals ik het zou schrijven. Maar niemand kan ik winnen voor mijn ideeën. Integendeel: mijn publiek lijkt zelfs verveeld, sommigen zitten verholen te geeuwen. Ze lijken mijn boodschap wel begrepen te hebben maar schuiven ze meestal nogal onverschillig opzij.' De hele situatie en de beleving worden bevraagd, geanalyseerd en gesimuleerd. Wat blijkt? Wim gebruikt een uiterst monotone intonatie, varieert niet in luidheid, alle zinnen plakken achter elkaar, hij zet zijn inwendige metronoom op adagio en wijkt daar niet van af. Hij kleurt de inhoud niet met levendige klemtonen. Toch klinkt zijn stem vol, en is zijn uitspraak pittig en juist.

Wim heeft een goede, zuivere stem maar heeft problemen om die stem in functie van de communicatie efficiënt te gebruiken. Zijn stem ondersteunt noch kleurt de inhoud van zijn boodschap. Hij zal dus eerder moeten oefenen op een gevarieerd stemgebruik binnen een talige en expressieve context. Omdat hij het daarmee zo moeilijk heeft doet hij dit het best onder begeleiding. Merkt de trainer dat de oorzaak eerder gebonden is aan de persoonlijkheid van Wim, dan vormt dit het eerste werkdomein (zie Hoofdstuk 9 *De balans in evenwicht*).

Terwijl je de inhoud van de spreektaak opbouwt, kun je ook plannen hoe het stemgebruik daarbij kan helpen. Meestal gaat het erom het juiste argument op het juiste moment, de juiste woorden, de juiste vraagstelling in de verf te zetten. Dan speel je met alle facetten van de prosodie (zie ook Hoofdstuk 3 *Wat hoor je?*). Een woord isoleren tussen twee pauzes trekt de volle aandacht. Een zin trager uitspreken, beklemtoont het belang ervan. Het is een stemspel dat heel veel variatie en nuances mogelijk maakt.

Belangrijk hierbij is te weten dat een luisteraar het gemakkelijker heeft om de aandacht erbij te houden als hij regelmatig geprikkeld wordt. De hersencellen die de indrukken van buitenaf verwerken worden namelijk minder actief als een prikkel zich te lang herhaalt. Ze raken dan als het ware in een waaktoestand tot de prikkel weer verandert. De monotone spreekstem en het constante tempo van Wim vormt dus een ware uitdaging voor de luisteraar. Variatie is dus het sleutelwoord.

Als je aan je eigen stemgebruik denkt, kom je misschien tot het besluit dat dit je sterke punt is. Je bent er bijvoorbeeld van overtuigd dat je levendige klemtonen gebruikt op de juiste plaats en op het juiste moment. Dat is al een hele stap, maar misschien kun je daarin nog beter worden. Dan ontleden we de wijze van beklemtonen: doe je het door de luidheid te variëren, klinkt je stem hoger bij een klemtoon, wacht je even voor je het beklemtoonde woord uitspreekt of spreek je het trager uit? Veel sprekers hebben hierin een voorkeur en beklemtonen altijd op dezelfde manier. Op een andere manier beklemtonen kan bijzonder moeilijk zijn. Dan ontdekken we dat onze gewoonte een stereotiep trekje heeft gekregen. We beschikken over nog meer nuances als we accenten zowel luider als stiller, zowel hoger als lager, zowel sneller als trager kunnen realiseren.

Fragment 🔊 5.3 laat een stem horen die de belangrijke woorden beklemtoont. Heb je het stereotype trekje herkend? Inderdaad de stem klinkt bij een klemtoon altijd hoger. In het volgend stukje (🔊 5.4) varieert de spreker door hoger of lager te spreken bij een klemtoon. Ten slotte horen we nogmaals dezelfde tekst met een rijke variatie aan klemtonen (🔊 5.5).

Als we spreken over variatie in prosodie dan moet ze voldoen aan twee voorwaarden. Ze moet uiteraard de inhoud dienen. Stemvariatie die niet functioneel is, leidt de aandacht af. De meest gemaakte fout hoor je in fragment 🔊 5.6. De stijgende intonatie aan het einde van elke zin is niet functioneel. Kun je je voorstellen dat de luisteraar het melodietje inwendig meedreunt? Het is zelfs mogelijk dat de luisteraar de inhoud verkeerd begrijpt als de spreker zijn prosodie niet juist gebruikt. Dat kun je horen in fragment 🔊 5.7. Wat is er in dit voorbeeld fout gegaan? Hoe-

wel we weten dat 'bekeurd' worden en 'een bon krijgen' hetzelfde betekent, zet het accent op het woord 'bon' ons op het verkeerde spoor: die
klemtoon suggereert dat alleen de bestuurder beboet werd. Als de
klemtoon op 'de bestuurder' had gelegen, dan begrepen we beter dat
de bestuurder om een andere reden dan de drie passagiers een boete
kreeg.

Ten tweede mag de variatie in prosodie niet stereotiep worden. Studenten in de lerarenopleiding bijvoorbeeld krijgen feedback over hun oefeningen aan de hand van videoanalyses. Als ze zichzelf beoordelen, zijn
ze vaak behoorlijk tevreden over hun prosodie, want ze varieerden bijvoorbeeld heel levendig hun intonatie. En toch krijgen ze de opmerking
om beter te doen. We stellen dan samen vast dat ze hun toonhoogte
duidelijk afwisselen, maar dat hun afwisseling stereotiep is. Een voorbeeld van een stereotype variatie hoor je in fragment 🔊 5.8. Dit voorbeeld maakt ook duidelijk dat een stereotype prosodie kan uitgelokt
zijn door een stereotype zinsstructuur en spreekstijl. Als je hierin varieert, kun je gemakkelijker de stem variëren en trek je weer de aandacht.
We zien bijvoorbeeld alle studenten verbaasd opkijken als ze, midden
een theoretische uitleg, de lesgever op een zachtere toon horen vragen:
'Jullie kennen toch allemaal het verhaal van….'. De aandacht is plots weer
heel scherp, ze luisteren geboeid naar het verhaal en achteraf hebben ze
alle informatie opgepikt die nodig is om de analogie met de theorie vlot
te begrijpen. De beste variatie kun je inderdaad bekomen als je alle onderdelen van de gesproken communicatie (stem, spraak, taal) goed op
elkaar afstemt. Als een spreker daarin vaardig is, kan hij de aandacht van
de luisteraar verscherpen bij belangrijke inhouden, en wat ruimte laten
voor rust op overgangsmomenten in de spreekbeurt.

Effecten en geluiden
Kan een spreker de stem nog op een andere manier gebruiken dan als
drager van spraak en taal? Jazeker, maar bij voorkeur selectief en functioneel. De verhalenverteller is daarin een meester. Met zijn stem creëert
hij een sfeer, bootst hij geluiden na en typeert personen.

De inhoud van wat je wil zeggen, het publiek en de situatie bepalen natuurlijk in welke mate dit kan. We verwachten geen stemmenacrobatie
bij een wetenschappelijke uiteenzetting. Maar bij een toelichting over
het vroeger dorpsleven in een archeologische site kan je wel informatie
en verbeelding laten samensmelten door stemeffecten en stemgelui-
den. Voor elke spreekopdracht kun je afwegen op welk moment welk
stemeffect het doel kan versterken, zelfs bij een louter informatieve le-
zing, bij instructies of afspraken. Probeer het gerust uit, ook al klinkt het
nieuw, en probeer feedback over het effect bij de luisteraar op te van-

gen. Stilaan ontwikkel je de stem dan als een gereedschapskoffer vol precisiemateriaal dat je gedifferentieerd kunt inzetten.

Ook andere geluiden gebruik je even zuinig en selectief. Als je bijvoorbeeld uitlegt hoe je stap voor stap tot de oplossing van een probleem bent gekomen dan kan een vingerknip bij de woorden 'en toen…' meteen duidelijk maken dat eindelijk de oplossing werd gevonden. Het geluid van de vingerknip contrasteert met de stroom van woorden en vangt weer alle aandacht.

Hoewel hij er zich niet altijd van bewust is, kan een spreker ook storend geluid maken. Je herkent zeker enkele voorbeelden: bij elk belangrijk woord op de tafel kloppen, balpen aan- en uitduwen, met slepende voeten heen en weer lopen, wriemelen aan papieren, overdreven veel kuchgeluiden of stopwoorden, … Luisteraars identificeren zelfs de spreker met zijn storend geluid. Zozeer heeft dit hun aandacht getrokken.

Luistergedrag

Een spreker spreekt niet alleen, hij luistert ook goed. Of hij aandacht heeft voor wat er in de omgeving gebeurt en voor de signalen van de luisteraars heeft veel te maken met zijn betrokkenheid op de omgeving. Daarover hebben we het in Hoofdstuk 9 *De balans in evenwicht*. Hier leggen we vooral het verband met een verslapte aandacht of zelfs afhaken van de luisteraars. Dit gebeurt als de spreker niet merkt uit de reacties van het publiek dat men het niet eens is, de uitleg onduidelijk is of het tempo te hoog. In extreme gevallen blijft men praten boven het rumoer van de luisteraars die, in gedachten of onder elkaar, al met andere dingen bezig zijn. De oorzaak van het probleem leg je bij de desinteresse van het publiek en om hen toch tot enige aandacht te dwingen ga je steeds luider praten en verliest men het gevoel voor een fijne positieve interactie. In Hoofdstuk 9 *De balans in evenwicht* gaan we dieper in op deze interactie.

Auditieve ondersteuning

Als een spreker besluit om de inhoud van zijn praatje te illustreren met geluidsvoorbeelden dan moet hij goed overwegen wat daarvan de meerwaarde is. Het mag geen tijdsvulling worden, het mag de luisteraars niet in de war brengen, het moet een functie hebben, het moet duidelijk zijn en een verband hebben met de inhoud. Je kunt door deze selectie de luisteraar helpen zich te richten op de essentie van het geluidsvoorbeeld. Let ook op het medium en de vorm waarin je het geluid aanbiedt. Laten we het voorbeeld nemen van Martin Luther King en zijn toespraak die gekend is als 'I have a dream'. Laat je de hele toespraak horen of maak je een weloverwogen selectie? Wil je de luisteraar onderdompelen in de geschiedenis en de stem van King laten horen inclusief de historische kwaliteit van de opname? Gaat het om de opbouw van de redevoering en onderbreek je de opnames om duiding te geven? Of lees je de toespraak zelf voor zodat je op het gewenste moment kunt wijzen op specifieke aspecten? Ga je on line om via internet de speech te beluisteren of breng je een CD mee met historische toespraken? Neem zeker al de besluiten rond deze vragen op in de voorbereiding. Want de auditieve illustraties moeten een vloeiend onderdeel vormen van je bijdrage zonder overbodige technische onderbrekingen. Beschik je over de vaardigheden, overweeg dan ook eens of je misschien zelf een 'geluidsvoorbeeld' kunt demonstreren. Iemand die uitlegt hoe een buikspreker te werk gaat laat een onvergetelijke indruk na als hij alles zelf kan demonstreren. En ook hier snijdt het mes aan twee kanten. Het komt erop aan je grenzen te kennen, zelfs met een zekere marge, want een publiek kan hierin zeer streng zijn.

Laat je ook zonder enig gevoel van onvermogen bijstaan voor technische ondersteuning en vraag jezelf in geen geval luidop af 'of de techniek je ook vandaag weer in de steek zal laten'. Vanaf dan zit het publiek te wachten op een technische hapering.

Auditieve ondersteuning staat dus door de duidelijkheid volledig in dienst van de luisteraar en tegelijk ten dienste van de spreker die hierdoor de volle aandacht krijgt.

5.2.3 Comfort

Of een publiek in staat is om alle aandacht op de spreker te richten en elkaars aandacht niet af te leiden hangt ook af van hun comfort. Eens je als spreker ergens aankomt heb je vast meer oog en oor voor het goed verloop van de eigen taak, maar je kunt er ook op letten of een kleine verandering het comfort van de luisteraars kan verhogen.

Luisteraars kun je niet in de kou laten zitten. Maar is het te warm, dan krijgen ze het moeilijk om aandachtig te blijven. Wees dan niet beledigd als er iemand in slaap dommelt. Vraag gerust of iemand toegang heeft tot en weet hoe de thermostaat te bedienen.

Luisteraars zijn soms ook behoorlijk bepakt en bezakt. Steeds vaker zie je mensen in het publiek hun draagbare computer gebruiken. Ze brengen een flesje water mee, een cursus, boeken, een tussendoortje. Kunnen ze op een veilige plaats hun tassen en jassen kwijt? Of moeten ze er een gevecht mee aangaan tussen de rijen stoelen?

Ruimte is een ander aspect. Luisteraars hebben beenruimte en bewegingsruimte nodig. Met vaste zitjes is er weinig variatie mogelijk. Losse stoelen hoeven niet per se tegen elkaar te staan. Gebruik zo weinig mogelijk het kliksysteem waardoor losse stoelen in een rij in elkaar kunnen haken. Het is een ideale oplossing om rechte rijen te vormen of rijen in hun geheel te verschuiven, maar het stoort de luisteraar die af en toe wat beweging nodig heeft. De mensen op dezelfde rij bewegen dan ongewenst mee. Gun de luisteraars ook voldoende gelegenheid om te noteren door tafels te plaatsen of conferentiestoelen met opklapbaar tafelblad. Als dat niet mogelijk is, zorg dan dat ze via kopies of vlot toegankelijke informatie over de essentie van de inhoud kunnen beschikken.

Meestal is het publiek goed geïnformeerd over het verloop van een les, een toespraak, een voorstelling via een uurrooster of programma. Theaterzalen afficheren aan de ingang zelfs of er een pauze voorzien is, wanneer precies en hoe lang de voorstelling duurt.

Begin op tijd. Toehoorders geven je minder krediet als je op het aanvangsuur nog zoekt naar de sleutel van het lokaal of audiovisuele apparatuur moet testen.

Houd iedereen goed op de hoogte over een programmawijziging en houd je aan de definitieve planning. Naargelang spreekbeurten uitlopen verslapt de aandacht. In congressen of symposia gebeurt het maar al te vaak dat de laatste spreker moet beginnen als hij volgens het programma al had moeten afronden. Luisteraars die zich hierin niet opwinden zijn uitzonderingen. En wees maar zeker dat het merendeel dreigt een afspraak die gepland is na de spreekbeurt te missen. De zekerheid dat men binnen de voorziene tijd de beloofde informatie krijgt maakt een deel uit van het comfort.

Ten slotte vraagt elke organisatie een reeks praktische afspraken. Neem daar de tijd voor. We zijn al lang gewoon aan de oproep om onze mobiele telefoon af te zetten. Maar geef het publiek ook de informatie waarover jij als spreker beschikt als dit de rust in de spreekruimte ten goede komt. Vertel hen dat enkele deelnemers laattijdig zullen binnenkomen, dat mensen in de zaal kunnen opgeroepen worden, dat iemand iets vroeger zal vertrekken. Deze informatie nemen luisteraars op in hun verwachtingspatroon en reageren dan minder verrast of omstandig als de deur opengaat, een zoemer biept of iemand rechtstaat en vertrekt.

Al deze kleine comfortelementen creëren een rust die de volle aandacht voor de spreker mogelijk maakt.

5.3   Een stemvriendelijke ruimte

Het gedrag van de spreker hangt sterk samen met de ruimte waarin hij spreekt. Om de maximale aandacht van het publiek te trekken houden we in ons spreekgedrag rekening met de kenmerken van de ruimte en we stellen onze spreektaak en de ruimte zo goed mogelijk op elkaar af.

Tot hoever kunnen we gaan in de aanpassing van ons stemgedrag? Dit hangt af van elke individuele spreker met zijn eigen stemvaardigheden. Het is leerrijk om te observeren welke ruimtes je meer of minder vermoeien. Misschien dacht je altijd dat je inspanning samenhangt met het publiek, de tijdsdruk of de inhoud van je spreektaak. Neem zeker het element 'ruimte' op in de beoordeling van de taak. Dit kan je helpen om de juiste aanpassingen te maken.

Een algemene tip is: gebruik de ruimte waarvoor ze ontworpen is. Elke ruimte heeft een doel. Een gang is een sluis die een vlotte toegang mogelijk maakt tot andere lokalen, een studielandschap biedt ruimte aan veel personen die individueel of in kleine groepen intens werken, in een auditorium of aula spreek je een grote groep mensen toe, in praktijkruimtes staat de handeling van de lerende centraal. Als je dus uitgenodigd wordt om mensen toe te spreken in een inkomhal of foyer laat dan onmiddellijk een belletje rinkelen: in dergelijke ruimtes gaat de stemklank verloren doordat de nagalm te groot is. Je kunt vragen hiervoor een ander lokaal te voorzien. Is dit niet mogelijk dan dring je best aan op technische ondersteuning en een goed gekozen opstelling.

Er zijn allerlei redenen om lokalen op een bepaalde manier te schikken. Denk maar aan een computerlokaal waar alles georganiseerd is rond de goede werking van de computers: korte afstand tot de aansluitingen met het stroomnet, mogelijkheid om met meerderen op een monitor te volgen, overzichtelijke bekabeling, toegankelijkheid voor technische ondersteuning. Als daartoe gekozen is om alle computers rondom tegen de muren van het lokaal te plaatsen, dan spreekt de lesgever tegen een zee van ruggen. Je kunt de lijst met redenen voor een suboptimale opstelling in functie van de stem zonder moeite aanvullen: men moet materialen vlot kunnen aan- en afvoeren, evacuatiedoorgangen zijn nodig voor de veiligheid, een team moet goed kunnen samenwerken. De belangen van de spreker kunnen niet eindeloos wijken voor de structuur en organisatie van de omgeving. Je kunt natuurlijk overwegen om je bijdrage voor de hele groep te beperken tot een korte inleiding of toelichting, een herhaling van de afspraken of een bondige samenvatting van de opdracht. Verwacht men dat je spreekopdracht langer duurt en iedereen bereikt, dan leg je de argumenten voor je stemgezondheid mee in de schaal zodat ze een hoge prioriteit krijgen bij beslissingen rond de ruimteorganisatie.

De vorm en grootte, de constructiematerialen, de aankleding en de organisatie bepalen voor een groot deel de akoestische kwaliteit van een ruimte. In functie van een spreekopdracht stellen we hieraan specifieke eisen. Als we spreken is het de bedoeling dat zo veel mogelijk stem- en spraakenergie als verstaanbaar signaal tot bij de luisteraars komt. Harde wanden weerkaatsen het geluidssignaal (reflectie). Gaat het om parallelle wanden (bv. plafond en vloer, of tegenoverstaande muren) dan loopt de teruggekaatste golf in de tegenovergestelde richting als de geluidsgolf afkomstig van de spreker. Gaat het om niet parallelle wanden dan kaatst de geluidsgolf terug in de ruimte met een hoek gelijk aan de invalshoek van het signaal op het oppervlak. Dat betekent dat het geluid van de spreker rechtstreeks en onrechtstreeks (via reflectie tegen wanden en plafond) tot bij de luisteraars komt.

Fijn, kun je opmerken, dan klinkt mijn stem des te luider en ben ik goed verstaanbaar.

Maar dat is niet altijd zo. Als het teruggekaatst signaal de spreker bereikt binnen de 50 milliseconden nadat het direct signaal bij de luisteraar aankwam, dan is de spraakklank versterkt (zie Figuur 5.7. *Teruggekaatst signaal kan verstaanbaarheid verhogen*).

Hoe lang de geluidsgolf er over doet om een wand te bereiken en via reflectie terug te lopen, hangt af van de grootte van het lokaal. Is de afstand tussen de spreker en de wand voor hem (dus de achterwand voor de luisteraars) 8.5 m. of groter, dan is het tijdsverschil tussen het spreeksignaal en het gereflecteerd signaal zo lang, dat deze twee elkaar storen in plaats van versterken. De spraak wordt dan onverstaanbaar als men het spreektempo niet drastisch verlaagt. Datzelfde gebeurt ook bij ho-

Figuur 5.7. Teruggekaatst geluid kan verstaanbaarheid verhogen. Het tijdsverschil met het direct geluid moet kleiner zijn dan 50 milliseconden

ge, harde plafonds. Het geluid dat de spreker produceert kaatst terug op het plafond en komt later via reflectie bij de luisteraars aan. Als het plafond zo hoog is dat de weg die deze zogenaamde reflectiegolf (van spreker via plafond naar luisteraar) meer dan 17 meter langer is dan de directe geluidsgolf van spreker naar luisteraar, en deze reflexiegolf niet voldoende verzwakt is, dan wordt de spreker onverstaanbaar (zie Figuur 5.8. *Teruggekaatst geluid kan verstaanbaarheid verminderen*). In kleine lokalen stelt zich dit probleem dus niet.

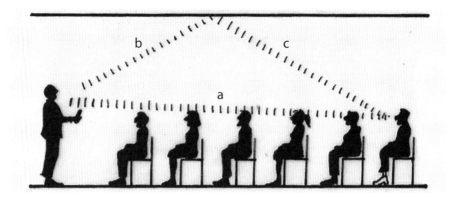

Figuur 5.8. Teruggekaatst geluid kan verstaanbaarheid verminderen. Dit gebeurt als het verschil in afstand tussen het teruggekaatst geluid (b+c) en het direct geluid (a) groter is dan 17 meter.

Het komt er dus op aan om meer snelle en minder trage reflecties te creëren en dit in die mate toe te passen dat de verstaanbaarheid verhoogt zonder overmatige steminspanning van de spreker. Een goede positie van absorberend en reflecterend materiaal zorgt voor de beste resultaten (Figuur 5.9. *Gebruik van absorberend en reflecterend materiaal*).

Als de reflecties te veel tijd nemen door de afmetingen van het lokaal, dan moeten we aanpassingen doen. Eén mogelijke oplossing is dit soort reflecties voorkomen. Dat kan op twee manieren. Ofwel maakt men de wanden van geluidsabsorberend materiaal. Hiertegen kaatst de geluidsgolf veel minder terug, want het materiaal neemt de geluidsgolf gedeeltelijk op en zet dat deel om in warmte. Zomaar wanden vervangen is niet altijd mogelijk. Men lost dit op door panelen van geluidsabsorberend materiaal te gebruiken op de goede plaats en afstand. Een

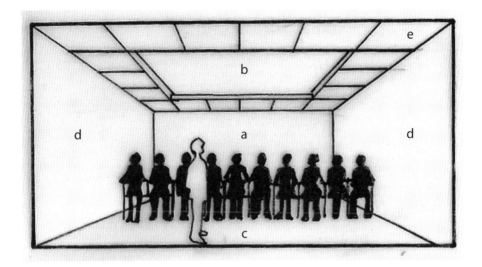

Figuur 5.9. Gebruik van absorberend en reflecterend materiaal: (a) absorberend of verspreidend, (b) reflecterend, (c) absorberend, (d) reflecterend, (e) absorberend

andere mogelijkheid is om de reflectie in een andere richting te sturen. De harde glazen wand van de regiekamer achteraan een aula kan dan naar beneden gericht worden om het probleem op te lossen. Een bolle wand verspreidt dan weer de reflectiegolven zodat ze niet meer de directe geluidsgolven storen. Een holle wand daarentegen zorgt dan weer voor een ander neveneffect: in plaats van de reflectiegolven te ver-

125

strooien, zijn de teruggekaatste golven naar hetzelfde punt gericht. Hetzelfde gebeurt bij koepelvormige plafonds en tongewelven. Dit zogenaamde focusseren van de geluidsgolven (zie Figuur 5.10 *Focusseren van geluidsgolven*) zorgt voor onaangename bijgeluiden.

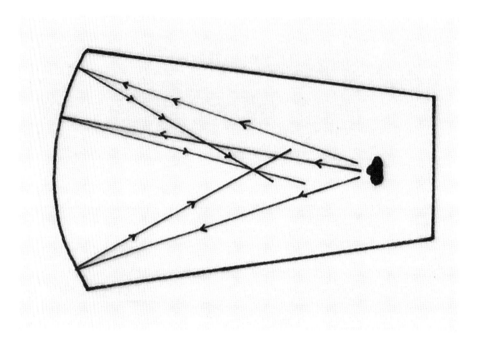

Figuur 5.10. Focusseren van geluidsgolven.

Ten slotte speelt ook de ruimtelijke organisatie en het ruimtegebruik een rol als men de aandacht wil wekken en vasthouden. Een spreker die op plaats A moet staan om de microfoon te kunnen gebruiken, maar telkens weer naar B moet stappen om zijn presentatie op computer te bedienen, stoort zichzelf en de luisteraars. Veel sprekers pakken dit rustig aan en bewegen zo natuurlijk mogelijk naar de twee plaatsen. Toch vormt dit heen en weer geloop een soort achtergrond waartegen een zinvol gebaar, houding of beweging minder duidelijk opvalt. Eens luisteraars hierdoor afgeleid zijn, begint het betekenisloos letten op details: in hoeveel stappen geraakt men op de andere plaats, welke voet zet de spreker eerst, wanneer zal hij over die kabel struikelen? De inhoud is dan bijzaak geworden en de boodschap volledig verloren.

Zowel organisatoren, ontwerpers als sprekers zouden de ruimte dus zo moeten bedenken, realiseren en gebruiken dat alles in dienst staat van een goede communicatie.

Sprekers zijn echter ook actief in historische gebouwen, archeologische sites, parken. De ruimte waarin je spreekt is telkens anders doordat je er doorheen loopt. Omdat er in deze situatie geen sprake is van optimalisering zal het publiek noodzakelijkerwijze uit minder personen moeten bestaan, zal men hen pas aanspreken als ze dicht bij jou en bij elkaar staan en zal de uitleg liefst gebeuren vóór iedereen afzonderlijk uitwaaiert naar de bezienswaardigheden.

Als de maatregelen voor geluidsoptimalisering niet mogelijk zijn, te weinig flexibel of ontoereikend zijn of als de spreker te weinig draagkracht heeft in de stem is een extra mogelijkheid versterkingsapparatuur te gebruiken.

5.4 Geluidsversterking

In een goed akoestisch ontworpen ruimte kunnen goede sprekers met een draagkrachtige stem zich verstaanbaar maken voor een groot publiek. Meestal zijn ze daartoe getraind of zeer ervaren. Als je minder ervaring hebt of een minder krachtige stem, is dit een lastige opdracht. Geluidsversterking kan je daarbij helpen.

Toch willen we hier pleiten voor microfoongebruik, ook door ervaren goede sprekers, vooral als ze lang en vaak moeten praten. De bedoeling is de directe geluidsgolf tussen spreker en luisteraar te versterken tot en met de laatste rij toehoorders, met behoud van de natuurlijke stem. En wat verstaan we hieronder? Een rustige, ontspannen stem met voldoende nuances en variatie rond de natuurlijke toonhoogte. Als we op de toppen van de tenen op de grens van onze stemmogelijkheden praten, zij het door te beperkte vaardigheden of door vermoeidheid, is de kans groot dat we de stem geweld aan doen. Bovendien klinkt zo'n klank gespannen en onaangenaam voor het publiek. De luide stem schept ook een afstand: hoe verder men zit van de spreker hoe minder men zich betrokken voelt. De stemklank geeft eerder de indruk dat men zich richt tot een massa. De impact is nochtans groter als luisteraars zich persoonlijk aangesproken voelen. Door enkel maar luid te praten schakelen we veel registers in toonhoogte en luidheid uit (luid is meestal ook hoger)

a: Standaard opstelling

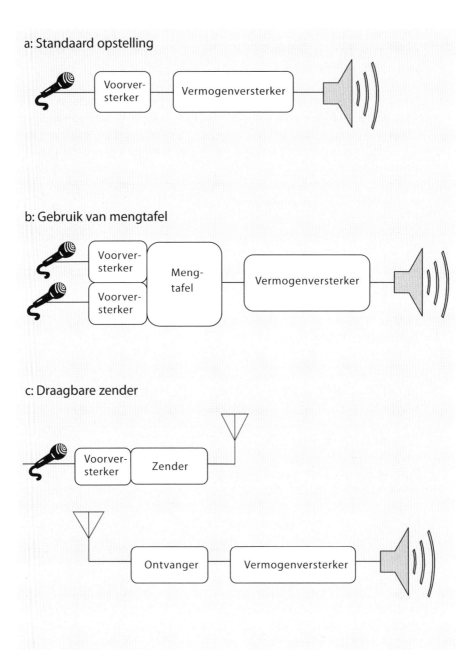

b: Gebruik van mengtafel

c: Draagbare zender

Figuur 5.11. Schema van PA-systemen: (a) standaardopstelling, (b) gebruik van mengtafel, (c) draagbare zender, (d) compacte zendermicrofoon, (e) individuele hoofdtelefoonontvangers, (f) stemversterker

d: Compacte zendermicrofoon

```
┌────────┬────────┬────────┐
│ Micro- │Voorver-│        │
│ foon   │sterker │ Zender │
└────────┴────────┴────────┘

┌──────────┐      ┌──────────────────┐
│ Ontvanger│      │ Vermogenversterker│
└──────────┘      └──────────────────┘
```

e: Individuele hoofdtelefoonontvangers

```
┌────────┬────────┐
│Voorver-│        │
│sterker │ Zender │
└────────┴────────┘

┌────────────┐
│ Draagbare  │
│ ontvanger  │
└────────────┘

┌────────────┐
│ Draagbare  │
│ ontvanger  │
└────────────┘

┌────────────┐
│ Draagbare  │
│ ontvanger  │
└────────────┘
```

f: Stemversterker

```
┌────────┬──────────────────┐
│Voorver-│                  │
│sterker │ Vermogenversterker│
└────────┴──────────────────┘
```

die we eigenlijk allemaal gevarieerd en betekenisvol zouden kunnen inzetten.

Nog steeds staat microfoongebruik voor een aantal sprekers gelijk aan toegeven dat ze eigenlijk geen goede spreker zijn of dat hun stem niet geschikt is voor hun opdracht. En dat is jammer. Want door microfoongebruik kun je de aandacht en energie anders verdelen waardoor je vaak sneller positieve spreekervaringen opbouwt. Het klopt dat minder mobiele microfoontypes de bewegingsvrijheid kunnen beperken. Voor sommige sprekers is dit een oplossing voor de ongecontroleerde arm- en handbewegingen. Anderen willen daar zo snel mogelijk vanaf en vragen dan aan het begin van de spreekbeurt: 'Kunnen jullie me achteraan goed verstaan?' Doe dit nooit! Die vraag stelt de spreker altijd op een luidheid ver boven de gemiddelde luidheid van de rest van zijn toespraak. Het is bijna beloven aan het publiek: 'Straks versta je van mijn uitleg geen jota meer.' De behoefte om zich luidkeels te laten horen onder het mom van voldoende stemcompetentie en recht op bewegingsvrijheid is het resultaat van een visie op de situatie vanuit het eigen standpunt. Draai die om en je weet onmiddellijk hoe je beter aan de wensen van de toehoorders kunt tegemoetkomen.

De hoofdbedoeling van geluidsversterking is de luidheid van het directe geluid (door de spreker geproduceerd) te versterken terwijl de klank zo natuurlijk mogelijk blijft, met andere woorden zonder vervorming.
Om te kunnen beslissen over de aanschaf van de meest geschikte installatie is het goed te weten hoe geluidsversterking werkt. In vaktermen spreekt men over Public Adress-systemen (PA-systeem).
Zo'n PA-systeem (Figuur 5.11. *Schema van PA-systemen*) bestaat altijd uit een microfoon, een voorversterker (soms in de vorm van een mengtafel), een vermogenversterker (ook hoofd- of eindversterker genoemd) en één of meerdere luidsprekers (Figuur 5.11.a).

Er zijn drie types microfoon: de handmicrofoon die je kunt vasthouden of op een stand plaatsen, de rever- of dasspeldmicrofoon (lavelier) en de hoofdtelefoon die aan het hoofd van de spreker kan bevestigd worden. Voor sprekers die zelf veel bewegen, zoals dansleraren of fitnessbegeleiders, moet de hoofdbeugel van een hoofdmicrofoon goed aansluiten rond het hoofd en aanpasbaar zijn als meerdere mensen de microfoon gebruiken.
Als het stem- en spraakgeluid de mond verlaat, plant het geluid zich als luchtdrukverdichtingen en -verdunningen voort. De microfoon vangt deze mechanische bewegingen op en zet ze om in een zwak elektrisch

signaal. De bedoeling is om de stemklank zo getrouw mogelijk door te geven. Gezien menselijke spraak frequenties kan bevatten van 100 Hz tot 8000 Hz (8 kHz) moet de microfoon de hele frequentiezone tussen deze waarden kunnen omzetten in een elektrisch signaal zonder frequenties te benadelen of te bevoordelen. Een goede spraakmicrofoon heeft dus best een vlakke weergavecurve voor al deze frequenties.

De richtingskarakteristiek is een ander kenmerk. Een microfoon vangt geluiden uit zijn omgeving en versterkt deze geluiden. Het geluidsveld van een specifieke microfoon laat zien tot op welke afstand en binnen welke hoek de microfoon geluid kan opvangen en versterken. Een microfoon met omnidirectioneel geluidsveld, versterkt het geluid vanuit alle richtingen. Binnen een PA-systeem is dit niet gunstig, vooral als het geluid van de luidsprekers binnen het veld van de microfoon komt. Dan vangt de microfoon dit versterkte geluid nog eens op en blijft het PA-systeem het steeds opnieuw versterken (zie voor de versterkingsketen ook verder). Dat veroorzaakt de gekende luide fluittoon. De microfoon met een geluidsveld in de vorm van een nier (cardioid) is de meest gebruikte microfoon om spraak te versterken. Er is in dit geval een gevoeligheid voor geluiden vóór de microfoon (waar de spreker staat) en niet achter de microfoon (waar het publiek zit en de luisprekers staan). De gevoeligheid mag niet te eng zijn anders vangt de microfoon enkel het geluid op dat recht naar de microfoon gericht is. Als de spreker daarvan afwijkt door bijvoorbeeld het hoofd iets te draaien dan blijft wat hij op dat moment zegt onversterkt.

Bij hoofdmicrofoons is de situatie anders: daar staat de microfoon niet in de richting van de mond van de spreker. Daarom gebruikt men hierbij meestal een omnidirectionele richtingskarakteristiek.

De microfoon is meestal via een draad verbonden met de voorversterker.

De voorversterker versterkt het microfoonsignaal tot een bruikbaar signaal voor de vermogenversterker. Hij moet het signaal daarvoor vergroten (spanning doen toenemen). Gebruik je een voorversterker in de vorm van een mengtafel, dan kun je ervoor kiezen om het hele signaal gelijkmatig te versterken of, met behulp van de toonregeling (schuivers) bepaalde frequenties meer te versterken dan andere. Waarom zou je dat doen? Ten eerste kun je daarmee bijsturen als het geluid wat vervormd is door het gebruik van een minder goede microfoon. Ten tweede kun je het signaal bijregelen om te compenseren voor een slechte akoestiek van de ruimte waarin je spreekt. Ten derde kun je de stemklank bijregelen als je het timbre van de stemklank wil veranderen. In Hoofdstuk 4 *Stemtechniek* zagen we dat het stemtimbre bepaald wordt door het aantal aanwezige boventonen en hun verhouding qua geluidsniveau. Vind je dat een stem te schel of te dof klinkt dan kun je dit door selectieve versterking bijregelen. Dit is een subjectieve zaak, maar voor sommige opdrachten toch wenselijk. Als je bijvoorbeeld spreekt voor een radiozender, dan zou men kunnen kiezen om je stem wat meer warmte te geven door de lagere frequenties meer te versterken. Een mengtafel laat ook toe meerdere microfoons aan te sluiten (Figuur 5.11.b).

Het elektrische signaal is nu klaar om naar de vermogenversterker gestuurd te worden. In sommige gevallen vormt deze één enkel toestel samen met de voorversterker. Soms zijn het ook twee afzonderlijke toestellen zoals bij het gebruik van een mentafel.

Als het signaal de voorversterker verlaat is het nog niet in staat om de onderdelen van de luidspreker in beweging te zetten. Daarom gaat het signaal naar de vermogenversterker die aan het signaal vermogen toevoegt (watt). De vermogenversterker moet aangepast zijn aan de grootte van de ruimte, het geluidsniveau dat men wil bereiken en de luidsprekers.

De luidsprekers worden in beweging gebracht door de elektrische stroom van de vermogenversterker. De stroom gaat door de spoel van de luidspreker waardoor een magnetische aantrekking en afstoting ontstaat tussen de spoel en de luidsprekermagneet. Daar de conus (een trechtervormig soepel opgehangen karton) van de luidspreker bevestigd is aan de spoel, beweegt de conus op hetzelfde ritme van het elektrisch signaal mee, dus ook van de spraak. Door die versterking en de grootte van de conus zet de luidspreker echter meer lucht in beweging dan bij het trillen van de stemplooien en is het geluid ook sterker. Een luidspreker kan geschikt zijn voor het volledige frequentiespectrum (fullrange) of kan opgesplitst zijn in een afzonderlijk toestel voor de hoge tonen (tweeter) en een voor de lage tonen (woofer).

Het vermogen dat aangeduid is op de luidspreker in aantal watt is het maximum dat hij aankan. Zorg ervoor dat je, via de volumeregeling van de versterkingsapparaten (voorversterker of vermogenversterker) het vermogen van de luidspreker niet overstuurt. Houd er ook rekening mee dat luidsprekers opwarmen bij langdurig gebruik. In dit geval is het veiliger de luidspreker aan te sturen met minder vermogen dan zijn maximale capaciteit.

Bij een draadloos microfoonsysteem is de microfoon verbonden met een zendertje dat al een voorversterkertje bevat. De spreker draagt dan het zendertje mee op zijn lichaam. Dit stuurt via radiogolven het signaal naar een ontvanger die verbonden is met de vermogenversterker. In veel gevallen plaatst men er een mengpaneel tussen om het signaal selectief te kunnen versterken of meerdere microfoons te kunnen aansluiten (Figuur 5.11.c).

Bij sommige microfoonsystemen, de zogenaamde zendermicrofoons, zit het voorversterkertje en het zendertje in dezelfde behuizing als de microfoon (Figuur 5.11. d). Deze microfoons kun je bijvoorbeeld tijdens een optreden gemakkelijk naar de andere kant van het podium brengen of op een ander statief plaatsen zonder enig probleem met kabels.

Men ontwikkelt steeds flexibeler systemen. Stel je voor dat je een gids bent in een museum met grote zalen waar dagelijks verschillende groepen rondleidingen krijgen. Vooral als het om kinderen gaat, kan het omgevingslawaai sterk zijn. Je moet dan voortdurend een luide stem gebruiken om hoorbaar te zijn voor de hele groep die je is toegewezen. Een oplossing is hier een microfoonsysteem met individuele ontvangers. Aan de kant van de gids werkt het systeem zoals het draadloos microfoonsysteem voorgesteld in Figuur 5.11.c. Maar nu heeft elk lid van de groep een ontvangertje dat hij bij zich draagt waarin een versterkertje zit dat aangepast is aan de koptelefoon waarmee hij met een draadje is verbonden (Figuur 5.11.e). Hoe groot de zaal of hoe luid het omgevingslawaai ook is, hoe sterk gespreid de groepsleden zijn, iedereen kan de eigen gids horen en hij kan de dag door op een gewone conversatieluidheid praten. Groepen mogen zelfs door elkaar rondlopen en iedereen kan kijken naar het voorwerp waarover men uitleg krijgt. Zo'n systeem is ook perfect bruikbaar in ruimtes waar een groep mensen uitleg moet krijgen boven het lawaai van machines, zoals bij rondleidingen in productieketens of instructies van leerlingen in werkateliers.

Wie van plan is een nieuw PA-systeem aan te kopen kan vertrouwen op de deskundigheid van de firma die alle apparaten op elkaar afstemt. Als je willekeurige onderdelen van een PA-systeem met elkaar verbindt dan is een minimum aan technische kennis nodig. Vraag daarvoor dan zeker technische ondersteuning om de apparatuur niet te beschadigen of om problemen te kunnen oplossen.

Geluidsversterking kan op twee niveaus: je kunt kiezen voor zaalversterking of voor individuele versterking.
Zaalversterking betekent dat de geluidsinstallatie behoort tot de ruimte waarin men spreekt en voor alle sprekers beschikbaar is. Het ontwerp van zaalversterking is een specialisatie op zich. Daarom is het aanbevolen om advies in te winnen bij specialisten die een ontwerp op maat kunnen maken. Toch zijn er enkele richtlijnen die we kunnen volgen om de aandacht op de spreker gericht te houden.

Zaalversterking is vooral bedoeld voor de luisteraars die ver van de spreker zitten. De mensen op de eerste rij zitten meestal dicht genoeg om het niet versterkt geluid van de spreker op te vangen. In Figuur 5.12. *Opstelling van de luidspreker(s) in een grote ruimte* toont hoe dit kan gerealiseerd worden.

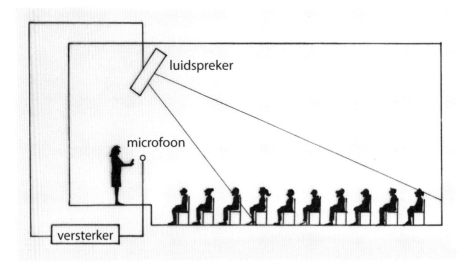

Figuur 5.12. Opstelling van de luidspreker(s) in een grote ruimte

Als de luidspreker hard moet staan om het versterkt geluid tot bij de verste sprekers te brengen, kan dit voor de luisteraars die dichter bij de luidsprekers zitten onaangenaam luid klinken. In dat geval gebruik je beter extra luidsprekers die halfweg de zaal opgehangen worden. Je kunt dan de geluidsversterking wat zachter zetten tot ieders tevredenheid.

Luisteraars zijn ook sterker geneigd om naar de spreker te blijven kijken, als het versterkt geluid uit de richting van de spreker komt, ook al horen ze zijn stem uit een andere bron. Luidsprekers plaats je dus best voor hen. Geluid dat van achter komt versnippert de aandacht tussen het geluid dat van achter hen komt en wat er vooraan te zien is.

Aan elke ruimte en elk gebruik dienen we de opstelling van de geluidsversterking aan te passen.

Met individuele versterking bedoelen we een compacte stemversterker die de spreker kan meedragen naar de verschillende spreekruimtes. Een stemversterker kan ook ter beschikking staan voor verschillende sprekers. Het is een goede oplossing om te spreken in grotere ruimtes zonder PA-systeem (zie hoger). Toch schaft men meestal een stemversterker aan als ondersteuning van iemand die dat apparaat dan als zijn persoonlijk werkinstrument gebruikt.

Er bestaan verschillende versies. Bij de eerste versie spreekt men door een microfoon die verbonden is met een luidspreker die men op het lichaam draagt (Figuur 5.11.f). Bij een tweede versie werkt men met een zendertje waardoor de spreker vrijer kan bewegen. Sommige van deze apparaten hebben een luidspreker die op batterijen werkt, andere uitvoeringen werken met een luidspreker die stroom van het elektriciteitsnet gebruikt. Zowel in Vlaanderen als in Nederland zijn verschillende types van deze toestellen verkrijgbaar. Voor meer informatie verwijzen we naar de brochure over stemversterkers, uitgegeven door Modem, Antwerpen, in de bronnenlijst achteraan dit boek.

Investeren in zaalversterking of in individuele stemversterking loont voor veel mensen. Het kan stemvermoeidheid verminderen, de loopbaan verlengen, stemproblemen voorkomen en meer jobvoldoening bieden. Maar het is geen wondermiddel. Stemversterking versterkt enkel de klank. Ze kan niet een slechte werking van het stemorgaan compenseren of problemen in het stemgedrag oplossen. Daarvoor heb je stemtechniek en stemvaardigheden nodig die je verder moet optimaliseren.

Op een rijtje heb je bij de aanschaf van versterkingsapparatuur voor de spreekstem oog voor de volgende kenmerken:
- Weergavecurve van de microfoon: die moet zo vlak mogelijk zijn tussen 100 Hz en 8 kHz.
- Richtingskarakteristiek van de microfoon: bij voorkeur cardioïd (behalve voor hoofdmicrofoon, zie hoger).
- Versterkingscapaciteit: aangepast aan de zaalgrootte en alle onderdelen van het PA-systeem aangepast aan elkaar.
- Bewegingsvrijheid: hoofd- of handmicrofoon, kabelverbinding of zendersysteem
- Bij een hoofdmicrofoon: stevigheid en aanpasbaarheid van de hoofdbeugel
- Bij onderdelen die op batterijen werken: batterijduur
- Bij draagbare elementen: robuustheid (kan het tegen een stootje?) en gewicht.

Besluit

De spreker kan door zijn gedrag en zijn gebruik van de ruimte de spreeksituatie in die mate optimaliseren dat zijn stem goed en voldoende ver klinkt zonder overmatige inspanning. Hij kan dit doen door de volle aandacht van de luisteraars op te eisen, door de spreekruimte zo mogelijk aan te passen en door technische hulpmiddelen te gebruiken. Zowel sprekers met een goede als met een minder goede stem ervaren dit als een duwtje in de rug dat hen toelaat lang en intensief hun opdracht te blijven uitvoeren.

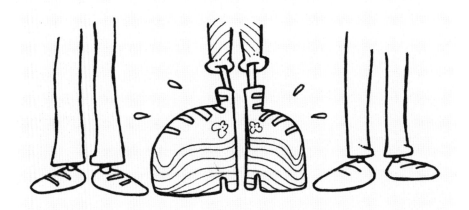

6. Roepen als beroep

Heb je het ooit meegemaakt? Je ontvlucht de drukte van alledag en gaat op natuur-vakantie bij de boer. Je steekt de handen uit de mouwen om een klein grasveldje ach-ter de stallingen te helpen maaien. Binnen het half uur heb je kanjers van blaren op beide handen, duizel je van de inspanning en is je T-shirt druipnat … En de boer … hij maaide voort! Geen blaren, geen rugpijn, geen uitputting en vijfendertig jaar ou-der dan jijzelf! Hoe kan dat? Heel eenvoudig: naast een vlijmscherpe zeis gebruikt de boer ook een feilloze maaitechniek. Deze lastige klus weet hij te klaren dankzij geper-fectioneerde bewegingen die hem een minimum aan inspanning kosten.

Roepen is, net als maaien, een piekbelasting en is met geen andere vorm van stemgeving te vergelijken. Zonder extra voorzorgsmaatregelen of geperfectioneerde techniek merkt de doorsneestem onmiddellijk het verschil. In vergelijking met de spreekstem, heb je voor de roepstem extra vaardigheden nodig op vele domeinen van de stemgeving: meer uitademingskracht, een snellere coördinatie tussen ademhaling, stemgeving en resonantie, vooral bij de aanzet van de roepstem en meer vermogen tot luidheidontwikkeling. Lukt dit niet, dan proberen andere spieren soms, onterecht, deze kracht over te nemen. Deze massale inzet van spieren werkt de stem tegen en vormt de voedingsbodem voor pijn, ongemak en stemproblemen in een moeilijk te doorbreken vicieuze cirkel.

Roepen uit de activiteiten schrappen is voor velen onmogelijk. Hierbij denken we vooral aan sportbegeleiders in alle mogelijke variaties (monitoren, instructoren, coaches, …). Ook het stemgebruik van de reisleider, de gids, de opleider in open lucht, de praktijkleerkracht die leerlingen begeleidt bij het lawaai van draaiende machines, benadert soms de luidheid van de roeper. Vaak moeten zij in slechte akoestische ruimtes of over grote afstanden grote groepen bereiken. Ook de uitvoering van bepaalde sportdisciplines brengt roepen met zich mee.

We noemen hen die de roepstem binnen het beroep nodig hebben in het vervolg 'beroepsroepers', maar we richten ons meteen ook naar hen die vaak en lang roepen binnen de vrije tijd. Uiteraard gelden alle tips en technieken die we in vorige hoofdstukken beschreven ook voor de roepers. Maar deze groep bieden we in dit hoofdstuk extra hulpmiddelen en oplossingsstrategieën aan die het stemcomfort kunnen verhogen.

In functie van dit stemcomfort kun je als beroepsroeper extra aandacht schenken aan afspraken en groepsmanagement (6.1) en aan de manier waarop je snel de volle aandacht trekt (6.2). Als je de roepstem oefent, kies je best een goede roepomgeving. Die bespreken we in punt 6.3. Op de werkvloer zelf zijn er enkele mogelijkheden om de infrastructuur wat stemvriendelijker te maken (6.4). En ook de versterkingsapparatuur moet aan bepaalde voorwaarden voldoen (6.5). Ten slotte bespreken we enkele roepproblemen en hun mogelijke oplossing (6.6).

6.1 Afspraken en management

Als stemontlasting de hoofdbedoeling is en de stem zwaar belast is door de grote afstanden waarover je moet roepen of de grootte van de ruimte waarin je roept, dan proberen we in elk geval de roepafstand te verkleinen. Zorg ervoor dat een verspreide groep zich dichter bij elkaar verzamelt, op een kleinere afstand staat en zelf niet te veel lawaai maakt. Dat kan door de deelnemers dichterbij te halen of zelf naar de groep toe te gaan. Dit vraagt een resoluut tijds- en groepsmanagement waarin je niet kordaat genoeg kunt zijn. Men kan toestaan plezier in de sport te beleven, vindingrijk te zijn in de organisatie van een spel, maar op het gebied van de afspraken voor een veilig verloop, duidelijke instructies en efficiënt energiegebruik van de lesgever mag je geen duimbreed wijken. Hoe kordater je hierin bent, hoe meer ruimte er is voor variatie en creativiteit op andere gebieden zoals de relatie met de deelnemers en je interactiestijl. Ben je dit niet gewoon, begin er dan morgen mee! Je merkt onmiddellijk het positief effect: jij moet minder vaak herhalen, de stem is niet overwerkt, de toehoorders weten precies wat hen te doen staat, kunnen snel de activiteit beginnen, ronden deze zoals afgesproken af. De essentie van de activiteit krijgt dus de volle aandacht.

Spreek de groep niet toe midden in een grote zaal. Te veel van de geluidsenergie gaat dan verloren in de ruimte. Je creëert een kleinere ruimte door de groep te laten verzamelen in een hoek gevormd door muren, scheidingswanden of materiaal waar iedereen met de rug naartoe gericht is. Jij spreekt hen aan met het gezicht naar de wanden, zij kijken naar jou in de richting van de zaal. Spreken in deze kleinere ruimte haalt de nadelen van grote ruimtes weg doordat de nagalmtijd sterk vermindert en daardoor de spraakverstaanbaarheid verhoogt (zie ook 6.4 *Infrastructuur* en Hoofdstuk 5 *Een duwtje in de rug*).

6.2   Snel de volle aandacht

Aandacht trekken kun je met behulp van tekens en signalen, waarover je duidelijke afspraken maakt. Probeer die zo weinig mogelijk met de stem te realiseren. Het gebruik van een fluitje is het meest voor de hand liggend, maar vraagt wel ademinspanning. Het verbaast ons echter telkens weer hoe hevig de discussie oplaait als we studenten van de lerarenopleidingen lichamelijke opvoeding dit voorstel doen. Men vindt het te autoritair, het past niet bij de eigen stijl, het lijkt hen geen goed idee om pedagogisch-didactische principes fluitgewijs te realiseren. Opmerkelijk is dat lesgevers die navormingen stem volgen en dus minstens enkele jaren praktijkervaring hebben, daar meestal genuanceerder over denken. Datzelfde fluitje leverde hen immers al heel wat stemvoordeel op. Iedereen lijkt het wel op een eigen manier te gebruiken. Om er de meeste voordelen uit te halen gebruik je het fluitje best selectief, duidelijk en éénduidig. Selectief betekent dat je niet voor elke vorm van communicatie het fluitje kunt inschakelen. Je kunt gerust bepaalde signalen fluiten, andere klappen met de handen of een ander hulpmiddel gebruiken (toeter, gong, ratel,…). Duidelijk betekent dat de codes goed herkenbaar zijn. Een kort signaal is duidelijk kort en goed te onderscheiden van een lang signaal. Met éénduidig bedoelen we dat één signaal slechts één betekenis kan hebben. Het is niet nodig om aan elk signaal een fluitcode te koppelen. Een voorbeeld: je spreekt een fluitsignaal af dat betekent 'stoppen met de activiteit en onmiddellijk kijken naar de lesgever'. Daarna kun je een kijkwijzer gebruiken. We kennen kijkwijzers als hulpmiddelen om de uitvoering van een oefening of beweging stapsgewijs te leren en de aandachtspunten duidelijk te maken (Figuur 6.1. *Kijkwijzer binnen de les lichamelijke opvoeding)*. Maar een kijkwijzer kan ook een afbeelding zijn van een volgende actie of afspraak. Na het fluitsignaal steek je dan de kijkwijzer omhoog van de afbeelding of het symbool dat aanzet om in groepjes te verzamelen, in rijen te staan, activiteiten te wisselen, bij de lesgever te komen enzovoort (Figuur 6.2. *Een kijkwijzer ontlast de stem*). Vooral in ruimtes waar verschillende groepen werken, zijn duidelijke afspraken nodig.

Overweeg ook of een handfluit een bruikbaar alternatief is. Dit is een klassiek fluitje dat gemonteerd is op een PVC peertje dat voldoende

Figuur 6.1. Kijkwijzer binnen de lichamelijke opvoeding. De verschillende stappen in de oefening zijn van links naar rechts visueel voorgesteld. Beweging en plaats van spanning in het lichaam zijn aangeduid met symbolen.

Figuur 6.2. Een kijkwijzer ontlast de stem. Deze kijkwijzer betekent: verzamel en luister.

lucht bevat om het signaal te genereren. De fluit kun je met de hand bedienen door erin te knijpen en heeft het grote voordeel hygiënisch te zijn, zeker als ze ter beschikking staat van verschillende personen. Ze klinkt nagenoeg even luid als een klassiek scheidsrechterfluitje, maar door ze niet in de mond te hoeven steken om het geluid te produceren, blijf je met het schelle geluid ook verder van de eigen oren af. Ook voor gehoorbescherming willen we het gebruik dus aanbevelen. Lange signalen is wat moeilijk met dit type fluit door het beperkt luchtvolume in het peertje.

We stellen wel eens de vraag aan een groep cursisten wat ze vinden van fluiten op de vingers. De opvattingen gaan van helemaal voor tot helemaal tegen. Sommigen kunnen het niet, anderen vinden het onbetamelijk en koppelen er andere betekenissen aan. Enkelingen zouden het wel willen kunnen als ze merken hoe werkbaar het is (luid en de vingers heb je altijd bij de hand). Weer anderen gebruiken het dagelijks, vooral in open lucht, sommigen zien het als een noodoplossing. En sommigen vinden dat dit een vaardigheid is die men graag in de opleiding had geleerd. Het is belangrijk om alle hulpmiddelen, die je als roeper kunnen ondersteunen, te leren kennen en te leren gebruiken in verschillende situaties (handen klappen, ratel, klepper, muziekfragment, …). Volgens eigen stijl en aangepast aan de situatie kun je dan je eigen keuze maken.

6.3 Roepomgeving

Als we de roepstem individueel trainen, doen we dit meestal niet in dezelfde ruimtes als die waarin we gewoonlijk de roepstem gebruiken. We sommen enkele problemen op die het oefenen in kleine ruimtes met zich meebrengt. Wie dit kan opmerken (horen of zien) kan beter bijsturen.

- De roepstem is minder luid dan in de normale roepsituatie. Daardoor is het mogelijk dat het stemtechnisch probleem dat zich normaal voordoet nauwelijks te zien of te horen is. De reden daarvan kan zijn dat je er niet in slaagt om in je voorstellingsvermogen de ruimte groter te denken dan ze in werkelijkheid is. De roepstem die je dan produceert is eerder een zeer luide spreekstem.
- Alleen grote ruimtes lokken de verkeerde roeptechniek uit. Je kunt dan in een klein lokaal niet te overhalen zijn om echt voluit te gaan.
- Je bent bereid om in volle luidheid de stem te oefenen, maar vlak nadat je de luide stem hebt ingezet, blokkeer je de klank die je produceert (6.1).

Niet alleen de ruimte maakt dat oefenen op de roepstem moeilijk is. Ook de beleving kan totaal anders zijn. Vooral het ontbreken van het gevoelsaspect dat gepaard gaat met gezag willen uitstralen, aansporen tot activiteit, bijsturen van het verloop van een opdracht, e.d. maakt de roepoefening tot een technische prestatie met beperkte bruikbaarheid.

De beste ruimte om de roeptechniek te oefenen is de vertrouwde roepomgeving. Je merkt dan onmiddellijk het effect van je verbeterde techniek en je kunt de techniek zelf aanpassen aan de eigenschappen van de ruimte. Op het eerste gezicht lijkt dit een utopische oplossing, maar met enkele creatieve aanpassingen wordt het misschien toch haalbaar. Laten we de meest ideale situatie als volgt omschrijven: zowel de roeper als de deskundige hebben vlot toegang tot de ruimtes waarin je moet roepen. Je kunt die ruimte reserveren voor stemtechnische roeptraining en je krijgt de toestemming de infrastructuur te wijzigen en materialen te verplaatsen en te herschikken in functie van de oefeningen. Dit kan bijvoorbeeld in grote sportcentra waar de roeper een werknemer is en er (contractuele) afspraken zijn met een vaste stemdeskundige. In minder optimale situaties komt er flexibiliteit aan te pas om zo'n situatie te creëren. Misschien kun je afspreken met de uitbater van de sportinfrastructuur (gemeente, scholengemeenschap, sportvereniging) om de ruimtes op dalmomenten te gebruiken. Moet je toch een huurprijs voor de ruimte betalen, dan kun je natuurlijk ook oefenen in groep, wat een paar extra voordelen biedt (bv. ervaringen uitwisselen, feedback, leren van elkaar). Ben je al wat gevorderd in de roeptraining, dan hoeven die ruimtes zelfs niet ongebruikt te zijn. Tijdens de uren voor recreatieve zwemmers kun je gerust oefenen in het zwembad met een behoorlijk niveau aan omgevingslawaai. Tussen de kreten van joelend spelende zwemmers zal je roepoefening niet storen. Zijn de ruimtes voor de dagelijkse roepopdrachten niet beschikbaar, denk dan even aan mogelijke alternatieven: de gemeentelijke feestzaal, het park, de dansstudio, de veilingzaal, het binnen- of buitenspeelplein, het containerpark, opslagplaatsen, e.d. uit de buurt. De uitbater zal je verzoek misschien met verbazing aanhoren maar er, met duidelijke afspraken, wellicht graag op ingaan. Natuurlijk zijn deze ruimtes niet identiek aan de vertrouwde werkruimtes. Daarom is het belangrijk het effect op verschillende plaatsen bewust te leren ervaren en te beschrijven, zodat je samen met de deskundige bij de volgende oefenbeurt weer een stap verder kunt. Is dat alles niet mogelijk dan oefen je in kleinere ruimtes thuis of bij de stemdeskundige. Hij of zij kan je dan eventueel eenmalig komen observeren tijdens je bezigheden. Kan ook dit niet, probeer dan eventueel jezelf tijdens je activiteiten voldoende lang te filmen en samen de opname te analyseren. De problemen en uitdagingen waarvoor je staat zijn dan heel concreet, en vormen een aanzet om samen strategieën ter verbetering uit te werken.

6.4 Infrastructuur

Soms hebben de ruimtes waarin men werkt zo'n slechte akoestiek dat ze een fysiek obstakel vormen voor het leren van de deelnemers/leerlingen en voor de gezondheid van de coach/lesgever. Daarbij komt nog het geluid van de activiteiten zelf (botsende ballen, springen, lopen, werkende machines), van geroep tussen deelnemers, van de instructie van de lesgever en van de bijhorende apparatuur (verwarming, ventilatie, stofafzuiging) en van het lawaai uit de aanpalende ruimtes (straat, andere lokalen of zalen). De concentratie vermindert, de lesgever is na het werk doodmoe of er duiken tijdelijke of permanente problemen op zoals gehoorschade of stemproblemen. Helemaal gevaarlijk wordt het als, binnen deze lawaaisoep, de veiligheid niet meer gegarandeerd is doordat men signalen niet meer kan onderscheiden.

Sportzalen en polyvalente ruimtes hebben net die eigenschappen die zorgen voor een slechte akoestiek: de ruimte is groot, de wanden (muren, vloer, plafond) staan parallel, de bekleding is hard omwille van hygiëne en stootbestendigheid. Dit resulteert in een hinderlijke verspreiding en versterking van geluid, in een hoge nagalmtijd en weinig geluidabsorptie. Om je in staat te stellen je eigen werksituatie te verbeteren, lichten we hier enkele sleutelbegrippen toe.

De intensiteit van een geluid kun je meten en uitdrukken in aantal decibel (dB). De tijd die het geluid erover doet om 60 dB stiller te klinken is de nagalmtijd. De nagalmtijd is langer in grote ruimtes met harde, parallelle wanden die het geluid sterk weerkaatsen. Spraak is daardoor minder goed verstaanbaar door de concurrentie met het omgevingslawaai.

In veel gevallen kun je de grootte van de ruimte niet aanpassen. Ateliers of werkplaatsen zijn ontworpen om grote machines in te plaatsen en om een goed overzicht te hebben op de vele werkposten. Ze moeten voldoen aan de eisen voor een vlotte evacuatie bij gevaar. Ook ruimtes als zwembaden zijn moeilijk aan te passen. In het beste geval zijn de verschillende baden (ploeterbad, glijbaanbad, zwembad) ruimtelijk wat van elkaar gescheiden door muurtjes of schuifwanden. Wie bijvoorbeeld zwemles geeft terwijl de andere baden niet toegankelijk zijn kan met deze schuifwanden de werkruimte verkleinen. De wanden blijven echter hard (glas, tegels) en reflecteren alle geluid. Goed uitgeruste sporthallen of polyvalente zalen beschikken wel over ophaalbare of verschuifbare scheidingswanden. Het neemt wat tijd om ze in te schakelen of ze op de plaats te krijgen, maar dit nadeel weegt niet op tegen een betere verstaanbaarheid en minder vermoeidheid. Werk je in twee groepen in een zaal met twee scheidingswanden, gebruik dan de middelste ruimte bij voorkeur niet. Ze kan dienst doen als akoestische buffer.

De vorm van de ruimte ligt meestal vast van bij het ontwerp door de architect. Heb je inspraak in het beleid, dan kun je hier pleiten voor een hellend, zigzag of zaagtand dak. Tegenoverliggende vlakken die niet parallel staan verspreiden het geluid in een andere richting dan de geluidsbron. En dat vermindert de tegenwerking van de stemklank door het teruggekaatste geluid. Terwijl de speelvlakken voor verschillende sportdisciplines vastliggen qua afmetingen en vorm (meestal rechthoeken), hoeven de muren van de zaal deze vorm niet perfect te volgen.

De nagalmtijd kun je ook verminderen door ervoor te zorgen dat een deel van het geluid niet weerkaatst, maar geabsorbeerd wordt. Hoe meer mensen in de ruimte, hoe meer absorptie. Je merkt dit verschil overduidelijk als je een ruimte voor een spreekopdracht akoestisch verkent en je even later, als het publiek de zaal vult, op dezelfde manier gaat spreken. Een belangrijk aspect bij geluidsabsorptie zijn ook de eigenschappen van de wanden. Als je roept, dan botst deze energie tegen de wand (inkomende energie). Deze wand reflecteert een deel van die energie terug in de ruimte (gereflecteerde energie). Een deel van de energie gaat door de wand en kun je in het lokaal ernaast horen (doorgevoerde energie). Nog een ander deel blijft in de wand hangen waar het absorberend materiaal de energie omzet in warmte (omgezette energie). Wanden met een absorptiecoëfficiënt (α) met waarde 0 reflecteren alle geluid terug in de ruimte, bij waarde 1 is alle akoestische energie omgezet in warmte en is er dus volledige absorptie. Sporthallen met een geluidsabsorberend plafond, vloer of wanden zijn een verademing voor de lesgevers. Het totale akoestisch comfort voor de instructeur, coach, lesgever hangt dus van verschillende elementen af en komt neer op de verhouding in geluidsniveau tussen zijn eigen stem en al het ander geluid in de zaal.

In Nederland heeft een projectgroep binnen de Koninklijke Vereniging voor leraren Lichamelijk Opvoeding (KVLO) in 2005 normen opgesteld in verband met de akoestische eigenschappen van 'gymnastieklokalen en sportzalen/delen van sportzalen met schoolgebruik'. In de discussiebladzijde van dit hoofdstuk 'Wettelijke normen voor sportruimtes' geven we de geldende normen voor Nederland. Ze vormen een aanknopingspunt voor discussie en overleg rond investeringen om een akoestisch gezondere werkplek te creëren.

6.5 Technische ondersteuning

Zoals bij sprekers bestaat ook bij roepers de meest efficiënte technische ondersteuning uit versterkingsapparatuur. Omdat de stem ver moet dragen, gebruikt de beroepsroeper eerder zaalversterking dan een individuele versterking. Wie beschikt of beslist over een budget moet op de hoogte zijn van de kwaliteitseisen. Het beste werkt het systeem draadloos met een lichte maar sterke en flexibele hoofdmicrofoon met verstelbare hoofdbeugel. De bediening van de apparatuur gebeurt met een afstandsbediening. Het volume van de af te spelen muziek en van de stem van de lesgever kun je afzonderlijk regelen. De microfoon kun je ook in- en uitschakelen naar wens. In de zaal staan rondom voldoende luidsprekers opgesteld, zodat iedereen alle informatie even luid ontvangt en het volume een streepje lager mag staan. Het heeft geen zin om te besparen op deze investering, ook al zou de apparatuur maar voor één ongelukkige lesgever met een zwakke stem bedoeld zijn. Als de collega's eenmaal het stemgemak hebben ontdekt zullen steeds meer mensen er gebruik van maken. En heb je bespaard op een essentieel onderdeel, dan ligt de dure investering ongebruikt in de kast, zoals in het geval van Erika.

Erika is lerares klassieke dans en heeft de afgelopen jaren in een huurzaaltje haar eigen dansschool opgestart. Ze geeft de meeste lessen zelf en is telkens op het einde van de week behoorlijk hees. Ze komt op de raadpleging foniatrie en krijgt de raad de stem vaker te ontlasten door versterkingsapparatuur te gebruiken en te overwegen om tijdelijk minder uren per week les te geven terwijl ze bij een logopediste haar stem beter leert gebruiken. Minder les geven zit er niet in want nu moet ze maandelijks haar nieuw danscentrum afbetalen. Om dezelfde financiële redenen heeft ze versterkingsapparatuur gekocht van het standaard type. 'Ik gebruik ze maar af en toe,' zegt ze, 'want er is een groot nadeel aan verbonden. Als ik rondloop en een kind uitleg hoe het de beweging kan verbeteren hoort de hele groep dit via de luidsprekers. Dat is helemaal niet de bedoeling en voor het kind in kwestie zeer vervelend.' De apparatuur was dus onbruikbaar voor Erika vanwege die ene regelfunctie die eraan ontbrak.

Voor meer technische informatie over versterkingsapparatuur verwijzen we naar Hoofdstuk 5 *Een duwtje in de rug*.

6.6 Roepproblemen

Een slechte roeptechniek kun je herkennen aan verschillende elementen:
- De roeper steekt de kin heel ver naar voor zodat er een duidelijke knik te zien is tussen de bovenrug en het hoofd. Daardoor staan de halsspieren strak gespannen en is het soepele ophangsysteem van het strottenhoofd (Hoofdstuk 4 *Stemtechniek*) geblokkeerd (Figuur 6.3. *Verkeerde hoofdhouding bij het roepen*).
- Het gezicht loopt rood aan. Alle mimische spieren trekken samen tot een grimas. De aderen in de hals zwellen op.
- De roeper zet een stap vooruit alsof men de afstand tot de toehoorder wil verkleinen. Het hele lichaam neigt naar voor.
- Verschillende grote lichaamsspieren in ledematen en romp trekken samen in een poging tot nog meer krachtontwikkeling.
- De idee van luid roepen lokt een zeer hoge en gespannen ademhaling op en 'infecteert' alle stemgevingsspieren met zoveel spanning dat ze elkaar en een goede stemfunctie hinderen.
- De steminzet is hard en gebeurt met te veel spanning in de hals.
- Na het roepen heeft de roeper pijn in de keel.
- Hoe langer de roeper roept, hoe heser hij wordt.
Meestal gaat het over een combinatie van deze fouten of problemen.

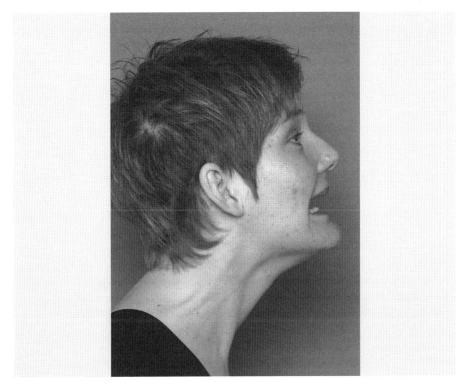

Figuur 6.3. Verkeerde hoofdhouding bij het roepen

Als oplossing van deze problemen moet vooral de roeptechniek verbeteren. Gecombineerd met een lage ademhaling en een goede houding,
is de roepstem gericht op het ontwikkelen van luidheid en draagkracht
gedurende enkele seconden. De buikspieren moeten krachtiger samen-
trekken bij roepen dan bij spreken om voldoende ademkracht te ontwikkelen. Die ademkracht heb je nodig voor meer luidheid in de roepstem. Na het roepen moet je ook de spanning in de buikspieren kunnen
loslaten (Hoofdstuk 4 *Stemtechniek)*. Deze krachtige roepoefeningen gebeuren het best onder begeleiding van een stemdeskundige die goed
analyseert wat de specifieke 'oplossingsstrategieën' zijn om een tekort
aan stemkracht te compenseren.
Het probleem van de steminzet kan de roeper oplossen op verschillende manieren. We illustreren dit met het voorbeeld van Jef.

Jef is moe: hij gaf net twee uur basketballes aan een groep levendige
pubers en had maar weinig vat op hen. Voor het verlaten van de sport-

hal wil hij toch nog de les afsluiten zoals het hoort: het materiaal moet op zijn plaats, leerlingen verlaten ordentelijk de zaal. Hij zuigt zijn longen vol lucht en schreeuwt met dwingende stem heel uitdrukkelijk: 'Alles opruimen en iedereen achter elkaar!' Jef zucht opgelucht, maar heeft de middagpauze nodig om weer 'op stem' te komen.

Jef heeft, moe van het intensieve lesgeven, zijn krachten gebundeld om zijn laatste instructie het nodige gezag mee te geven. Kort en krachtig heeft hij elk woord geroepen in de hoop indruk te maken. En daarmee gaf hij de genadeslag aan zijn stem: hij gebruikte keiharde inzetten bij elk woordbegin. Hoe kan hij dit vermijden?

Zijn stemvermoeidheid verraadt dat hij de techniek van de vaste steminzet nog niet beheerst bij het roepen (Hoofdstuk 4 *Stemtechniek*). Daarop moet hij zeker verder werken. In de tussentijd kan hij dit probleem voorlopig oplossen door elke klinker aan het begin van een woord in te zetten met een lichte /h/-klank. Eerder noemden we dit een aangeblazen of zachte steminzet. Tijdens het gewone spreken op conversatieluidheid is deze /h/-klank storend en enkel een tussenstap naar de goede vaste steminzet. Maar bij het roepen klinkt de /h/ in verhouding tot de roepstem zachter en draagt die helemaal niet zo ver. Met de toehoorders op een verre afstand is er een goede kans dat zij de /h/ helemaal niet gehoord hebben.

Een tweede oplossing is om meer woorden met elkaar te verbinden. Jef kan dezelfde dwingende boodschap laten horen door te spelen met intonatie en luidheid terwijl hij minder steminzetten gebruikt. Dan luidt de opdracht: 'Allesopruimen (korte pauze) eniedereenachterelkaar.' Hierbij hoeft hij slechts twee keer een goede steminzet te gebruiken. De leerlingen zullen hem niet verkeerd begrijpen ('alle sop ruimen' bijvoorbeeld) want iedereen begrijpt zijn taal (behalve een anderstalige die in de woordenstroom enkele woorden als 'nacht' en 'rel' meent te begrijpen) en ze zijn op de hoogte van de context (einde opdracht = opruimen).

Woorden vervangen is een derde mogelijkheid. Sommige woorden zijn zo eigen aan een bepaalde activiteit dat je ze niet kunt vervangen: sporttermen voor een specifieke sporttak of voor een beroep. Voor die woorden met een beginklinker die wél vervangbaar zijn zonder betekenisverschil proberen we een alternatief te vinden dat met een medeklinker begint. Jef zou dan bijvoorbeeld kunnen roepen: 'Toestellen wegzetten en twee rijen maken.'

In de oefening bij dit hoofdstuk 'Stemvriendelijke roeptermen', geven we een aanzet om je roepactiviteiten in kaart te brengen vanuit het standpunt van de steminzet. Maak ook een onderscheid tussen de woorden die men roept en alle andere situaties en begrippen. Wat bijvoorbeeld de umpire van de tennismatch op een conversatieluidheid meedeelt door een microfoon hoeft niet op de lijst van 'gevaarwoorden'. Gebruik gerust alle voorgestelde technieken om de harde steminzet te vermijden. Glipt er op een onbewaakt moment dan toch eentje van tussen je stemplooien, dan is de impact minder groot.

In de lijst van vastgestelde fouten bij het roepen hebben we eerder vermeld 'Verschillende grote lichaamsspieren in ledematen en romp trekken samen in een poging tot nog meer krachtontwikkeling'. Dit vraagt extra uitleg. Op sportterreinen horen we speerwerpers en kogelstoters hartverscheurende kreten slaken. Toch stellen we bij deze sporttakken geen hoger percentage stemproblemen vast. Tennissterren zoals Sharapova of Nadal staan de reporters met een goede spreekstem te woord na een match vol luide kreten. Hoe is dit te verklaren? Bij een verkeerde roepstem zet men alle kracht op de stem en hoopt door bijkomend spiergeweld nog extra klank uit het strottenhoofd te persen. Alle energie is dus op de keel gericht. Bij de gooi-, spring-, of slabewegingen van sporters is alle lichaamskracht gericht op het bereiken van snelheid, hoogte en precisie of om zich uit onmogelijke situaties te redden. De intense krachtbundeling zit in de sterke skeletspieren van ledematen en romp. In de kracht van de uitademingstroom trillen de stemplooien mee in een luide kreet. Beluister als je kunt dergelijke kreten en je zal vaststellen dat die niet met een harde steminzet beginnen, omdat de ademkracht onder de stemplooien niet blokkeert tot ze ongecontroleerd uit elkaar vliegen. Stemgeven op beweging is dus veel minder schadelijk dan krachtontwikkeling op de stem.

Laten we ten slotte een misverstand uit de weg ruimen: roepen is per se **niet** schadelijk voor de stem. En weer halen we onze mosterd bij de observatie van kinderen. De meeste kinderen vullen dag na dag gillend en schreeuwend de vrije tijd en hebben toch geen stemproblemen. Wie technisch goed roept kan dat jarenlang volhouden. Velen van ons koppelen daar echter onmiddellijk de gedachte aan: als ik weet hoe ik het moet doen, dan kan roepen geen kwaad. Maar zeker bij roepen is er tussen weten en doen de belangrijke intensieve periode van trainen. En die is vaak te kort. Mensen die al eerder een vorming voor de roepstem volgden komen regelmatig terug. De opfrisbeurt op zich en de nieuwe oplossingen die de groep voor elkaar zoekt hernieuwen de aandacht voor de stem en de bereidheid om verder te trainen. In het beste geval krijgt de beroepsroeper de gelegenheid om onder deskundige begeleiding te oefenen tot gezond roepen een tweede natuur is.

Wie lesgeeft, coacht, begeleidt heeft met mensen te maken, heel vaak kinderen en jongeren. Hier past een pleidooi voor de stemzorg van de jonge roepende sportbeoefenaars zelf. Ze groeien en ontwikkelen, nemen gewoontes aan, bootsen modellen na, zoeken een evenwicht in fysische, psychische en sociale groei en zijn in dit alles enorm beïnvloedbaar. We nodigen alle sportbegeleiders uit om de aandacht en inspanningen voor de eigen stemzorg ook door te geven aan de sportende jongelui zelf. Jong aangeleerde gewoontes vormen een goede basis voor complexere vaardigheden.

Stemvriendelijke roeptermen.
Hieronder zie je een tabel met judotermen die gebruikt worden bij wedstrijden en hun betekenis. Voor de bescherming van de roepstem zijn vooral de beginklanken belangrijk. We zien dat slechts drie termen (Ippon, awaseta-ippon en Osae-ko mi) met een klinker beginnen. De judoroeptermen zijn dus overwegend stemvriendelijk.

Er zijn nog andere begrippen die wel met een klinker beginnen, zoals ude-kansetsu-waza, (armklemtechnieken), maar die je tijdens een wedstrijdverloop niet hoeft te roepen. Deze kun je gerust met een normale spreekstem gebruiken zonder gevaar voor de stem.

term	betekenis
1. Hajime	Beginnen
2. Mate	Stop
3. Jikan	Tijd
4. Sore-made	Einde wedstrijd
5. Sono-mama	Niet bewegen
6. Yo-shi	Doorgaan
7. Ippon	Vol punt. 10 punten
8. Waza-ari	7 punten voor techniek
9. 'awaseta-ippon	2x waza-ari=ippon
10.Yugo	5 punten voor techniek
11.Koka	3 punten voor techniek
12.Shido	Berisping / vermaning
13.Chui	Waarschuwing
14.Keikoku	Ernstige waarschuwing
15.Hansok u-make	Verliezer door overtreding judoregels
16.Osae-ko mi	Houdgreep
17.Toketa	Houdgreep verbroken

18.Hantei	Beslissing
19.Hiki-wak e	Wedstrijd onbeslist
20.Maitta	Ik geef op

Iedereen die een sport aanleert, zelf beoefent, coacht of als scheidsrechter optreedt e.d., heeft er baat bij eens een paar lijstjes te maken.

Een eerste lijst bevat de roeptermen die bij je beroep, sport, activiteit horen en die je onmogelijk door andere kunt vervangen. Hoeveel termen beginnen met een klinker? Voor deze woorden zal je extra aandacht besteden aan de steminzet. Hoe vaak gebruik je de verschillende termen? Gebruik je de 'gevaarlijke' woorden maar sporadisch, of hangen ze voortdurend in de lucht als je je werk goed wil doen? Je krijgt al een behoorlijk volledige lijst als je gewoon je activiteit van begin tot einde overloopt.

Een tweede lijst bevat roepwoorden die je gebruikt om de activiteit vlot te laten verlopen, om aandacht te trekken, om interesse te wekken e.d. maar die niet als term 'verplicht' zijn. Hoeveel woorden beginnen met een klinker en hoe vaak gebruik je ze? Misschien ben je je niet eens bewust van de veel gebruikte roepwoorden. Vraag die informatie aan de mensen rondom je of beluister videobeelden van jezelf. Wees creatief en maak een lijst met termen die met een medeklinker beginnen. Neem er desnoods het synoniemenwoordenboek bij. Luister ook naar collega's en laat je inspireren. Voor velen zal een levendige afwisseling in woordgebruik al een ontlasting voor de stem betekenen.

Kun je bijvoorbeeld voor de volgende woorden een bruikbaar alternatief bedenken? Iedereen, aandacht, achter, overnemen, aanbieding, interessant, actie, opruimen, …

Wettelijke normen voor sportruimtes

In de onderstaande tabel staat de aanbevolen nagalmtijd voor verschillende afmetingen van lokalen, zalen of hallen bij een absorptiecoëfficiënt van 0,25. Deze normen zijn opgesteld door de Koninklijke Vereniging van Leraren Lichamelijke Opvoeding (KVLO), Nederland.
Zijn de geluidskenmerken van de ruimtes waarin jij werkt ooit gemeten? Verschillen ze veel van de voorgestelde normen? Zijn er plannen om aanpassingen door te voeren? Gaat het om de aanpassing van oude gebouwen? Zijn er plannen voor nieuwbouw en heeft men bij het ont-

werp rekening gehouden met de akoestische eigenschappen? Hoe ervaar jij de akoestiek van de ruimtes waarin je roept? Komt je ervaring overeen met die van collega's? Is er een mogelijkheid om afwisselend gebruik te maken van ruimtes met een betere akoestiek?

	Soort ruimte	Maatvoering (m)	Nagalmtijd (s)
A.1	gymnastieklokaal	tot 14 x 22 m x 5.5	≤ 1,0
A.2	sportzaal	13 x 22 m x 7	≤ 1,1
A.3	1/3 sportzaal/sporthal	14 x 24 m x 7	≤ 1,2
B.1	sportzaal	16 x 28 m x 7	≤ 1,3
B.2	sportzaal	22 x 28 m	≤ 1,4
B.3	2/3 sporthal	32 x 28 m	≤ 1,5
C.1	sporthal	24 x 44 m	≤ 1,6
C.2	sporthal	28 x 48 m x 9	≤ 1,7
C.3	sporthal	28 x 48 m x 9	≤ 1,9
D.1	sporthal	28 x 88 m x 7	≤ 2,0
D.2	sporthal	35 x 80 m x 10	≤ 2,3

Besluit

De roepstem vraagt een bijzondere stemtechniek en voldoende training.

Naast een goede roeptechniek kun je de stem nog op vele manieren ontlasten. Je kunt goede afspraken maken, hulpmiddelen gebruiken ter vervanging van de stem of technische ondersteuning voor de stem inschakelen. Ten slotte kun je ook de akoestiek van de werkruimte verbeteren. Maatregelen en afspraken komen niet alleen de beroepsroeper ten goede, maar ook de roepers binnen de doelgroep. Als aan alle aspecten van stemtechnische en pedagogisch-didactische vaardigheden is gewerkt, als degelijke technische ondersteuning beschikbaar is en de werkruimte goede akoestisch kwaliteiten heeft, is roepen een veilige activiteit.

7. Steeds beter, steeds langer, steeds luider?

'Citius, altius, fortius - Vlugger, hoger, sterker': DE olympische gedachte waar elke top-sporter naar streeft. Met discipline en doorzetting als leidraad, telkens weer bewijzen dat je kunt wedijveren met de wereldtop. De norm ligt steeds hoger, de beste pres-teerder is je directe rivaal, chronometer en meetlat zijn je permanente uitdagers. Je doet jezelf soms geweld aan, het doel heiligt immers de middelen. En dan eindelijk behoor je tot de besten, denk je, … , droom je … , tijdelijk … of toch niet … ?

Stemprestaties van beroepssprekers kun je vergelijken met topsport: de eisen zijn hoog en je geeft het beste van jezelf. Maar er is een groot verschil: de norm is niet de stemprestatie van een ander en niemand is dus je rivaal. Daardoor kun je beter rekening houden met je eigen mogelijkheden. Deze leren je dat je tot veel in staat bent binnen bepaalde grenzen.

Zodra je om je heen luistert, hoor je stemmen als klokken maar ook ijle, zachte stemmen. Er zijn stemmen die elke uitdaging probleemloos aankunnen, andere stemmen zijn veel kwetsbaarder. Deze zogenaamde vulnerabiliteit is heel individueel en is verschillend voor mannen en vrouwen. Verder groeit en ontwikkelt elke stem tijdens een mensenleven verschillend. In deze natuurlijke ontwikkeling kunnen we enkele mijlpalen herkennen. Beroepsprekers zijn in dit verband vaak bezorgd: houdt intens stemgebruik ook in dat een stem op lange termijn sneller versleten is?

Welke eisen je kunt stellen aan de stem en hoever je hierin kunt gaan, hangt af van veel factoren die we in dit hoofdstuk bespreken.

Je kunt daarin te ver gaan of niet ver genoeg. 'Te ver' betekent te snel, onnodig of te extreem hoge eisen stellen aan de stem zonder geleidelijke opbouw of zonder rekening te houden met mogelijke grenzen. Wie niet ver genoeg gaat legt zich neer bij een minder goede ervaring, vindt de inspanning te groot om te werken aan de stem of is niet overtuigd van een eigen positief leervermogen. Om reële eisen te stellen aan onszelf zodat onze stemkracht alle kansen krijgt om maximaal te ontplooien, is het belangrijk om een inzicht te hebben in verschillende factoren die een invloed hebben op de stem.

Achtereenvolgens bespreken we het belang van een positieve leerhouding (7.1), we beschrijven hoe kennis, opvattingen en attitudes de omgang met onze stem kunnen bepalen (7.2), welke invloed we van de leeftijd kunnen verwachten binnen de beroepsloopbaan (7.3), hoe mannen en vrouwen van elkaar verschillen (7.4) en in welke mate we rekening moeten houden met een genetisch aspect (7.5). Ten slotte bespreken we welke medische aspecten een rol kunnen spelen in onze stemeisen (7.6).

7.1 Leren

Vooraleer we denken aan stemvorming en -optimalisering is het nuttig om na te denken over onze houding tegenover leren. Laten we dit illustreren met de casus van de zevenjarige Lies.

Lies wil leren rolschaatsen. Ze wil graag een stel voor haar verjaardag, maar in afwachting sporen haar ouders haar aan eerst te proberen met het oude paar dat papa uit zijn kindertijd heeft bewaard. Lies kan niet wachten en start haar eerste oefensessie. Met vallen en opstaan. Letterlijk. Ze kan niet snel genoeg weer op de benen staan om op het kleine terras van hun stadstuintje telkens ietsje meer vooruit te komen. Tot ze uiteindelijk de drie meter naar de muur overbrugt en er met een smak tegenaan vliegt. En zo gaat ze uren onverstoord door. Tegen het eind van de middag valt ze nog zelden, lijken haar bewegingen vloeiender en kost het spel haar duidelijk minder moeite. En de volgende dag? Dan gaat Lies onverminderd door. De blauwe plekken van de vorige dag houden haar niet tegen.

Lies vliegt erin. Ze heeft geen enkele weerstand tegen leren. Het leren zelf neemt haar volledig in beslag en ze lijkt er nog plezier in te hebben ook. Ze houdt stevig vol en laat zich niet ontmoedigen als het (nog) niet lukt. Zelfs als jong kind lijkt ze te beseffen dat het leerproces nodig is om uiteindelijk te kunnen rolschaatsen.
En hoe leren wij als volwassenen? Eerst en vooral willen we zo snel mogelijk resultaat. Lukt dat niet, dan raken we gefrustreerd en vinden we een te lange leertijd eerder vervelend. Daarbij komt nog dat we fouten ervaren als een afgang waarop meestal bestraffing volgt. We ervaren een sterke groepsdruk van al wie ons met argusogen beloert en in onze beleving gretig staat te wachten op een mislukking. Plezier is dan ver te zoeken. Deze ervaringen zorgen ervoor dat we soms wel willen leren, maar uitstellen om eraan te beginnen. Klopt deze beschrijving met jouw leerwijze? Als we werken aan de stem kan een kinderlijke manier van leren ons enorm vooruithelpen.

7.2   Invloed van kennis, inzicht en attitudes

Het lijkt logisch dat iemand zijn werkinstrumenten kent. Uit de praktijk blijkt dat deze logica niet zo duidelijk is als het gaat om beroepssprekers met hun stem als instrument. Toch kunnen we beter met de stem omgaan als we weten hoe ze functioneert, wat haar gevoeligheden en haar sterktes zijn. Daarom gaven we in Hoofdstuk 4 *Stemtechniek* een pakket informatie met inzichten en kennis. Zo verdwijnt het vleugje mystiek als was de stem een ontoegankelijke black box.

Naast onvolledige of onjuiste kennis of inzichten, kun je ook gehinderd zijn door onterechte overtuigingen. Enkele voorbeelden: 'Ik moet wel hoog spreken. Hoe kunnen mijn kleuters mij anders horen als ik niet boven hun hoge stemmetjes uit kom?', of 'Mijn luisteraars dwingen mij om steeds luider te praten, door zelf steeds rumoeriger te worden'. Een overtuiging laat je niet graag los. Een poging om je te overhalen tot een andere of tegengestelde mening, kan dan ook op stevige weerstand botsen. Maar als je ervaart dat net die andere overtuiging meer voordelen biedt, dan volgt de gedragsverandering soms heel snel en vooral, soms definitief. Een strategie die vaak werkt, is om mensen uit te nodigen tot het tegenovergestelde van wat ze gewoonlijk doen: maken de toehoorders het te bont? Begin dan heel zacht te spreken en observeer het resultaat. Wedden dat het publiek ook zelf minder lawaai gaat maken. Dergelijke experimenten vragen inzicht. Om te kunnen vertellen wat er gaande is, moet je de situatie al goed geobserveerd hebben. Het verband tussen je stemgedrag en wat er in de omgeving gebeurt, dringt soms maar door als je er de aandacht op richt, als je na een tijd opnieuw in diezelfde situatie terugkomt of als problemen elders niet voorkomen, maar wel in die ene context. Het is een boeiende oefening om regelmatig die interacties uit te pluizen.

Van overtuiging veranderen en daardoor ook van stemgedrag veranderen getuigt ook van openheid. Indirect laat je weten: ik geef toe dat mijn oplossing niet de meest ideale is en ik ben bereid de jouwe te volgen, of toch minstens uit te proberen. Je kunt gerust eens nagaan in welke situaties het mogelijk is om dergelijke ervaringen met elkaar te delen. Lukt het beter onder collega's of vrienden, tijdens cursussen, in gesprek met stemdeskundigen, laat je je overtuigen via lectuur of probeer je de manier waarop anderen slagen in hun opdracht zelf ook toe te passen?

Houd er in de praktijk rekening mee dat een overtuiging heilzaam kan zijn voor de een, maar niet voor de ander. Laat je kritisch oor, je fijne blik, goede kennis van zaken, en zelfkennis hierbij de leidraad zijn.

Wees echter voorzichtig met algemene raadgevingen, alom verkondigde waarheden en opgestoken vingers. Ze bevatten meestal een waarheid, maar houden geen rekening met individuele verschillen. Pas je deze raadgevingen te rigoureus toe, dan kun je wel eens de lat te hoog leggen. We illustreren dit met de casus van Eva:

Mevr. F komt met haar achtjarige dochter Eva bij de foniater op consult met de vraag de logopedische stemtherapie van haar dochter te willen verlengen. 'Want er is nog niet veel verbetering!' merkt ze op. Een half jaar eerder vernam ze dat een slecht klinkende stem een beperking kan inhouden voor de latere beroepskeuze van haar dochter. En dat wil ze haar niet aandoen. Toen werd wat zwelling van het slijmvlies vastgesteld vermoedelijk als gevolg van overmatig stemgebruik. De arts had toen al een asymmetrie van het strottenhoofd vastgesteld waardoor zuiver stemgeven nooit tot de mogelijkheden zou behoren. Nu is de zwelling verdwenen en lijkt het stemgebruik geoptimaliseerd. Maar de stem klinkt inderdaad niet zuiver. Eva functioneert goed en maakt zich geen zorgen. De mama des te meer. De arts legt nog eens het verband uit tussen de bouw van het strottenhoofd en de stemklank. Maar het is niet de stemklank op zich die de moeder stoort. Het is de steeds beklemmender gedachte aan de kansen van haar dochter. Ze is niet te overtuigen om de druk van de ketel te halen. Ze eist een voorschrift. Desnoods gaat ze hiervoor naar een andere arts.

Natuurlijk klopt het dat een goede stem een extra troef is. Op dit moment laat de moeder zich beangstigen door het contrast tussen het gedroomde ideaalbeeld (mijn dochter moet alle kansen krijgen) en Eva's huidige stemmogelijkheden. De angst is zo groot dat het vervullen van de wens belangrijker wordt dan de goede ontwikkeling van Eva. Er dreigt een periode van onbeantwoorde verwachtingen, frustraties en nutteloze druk op de schouders van het meisje. Deze situatie is even uitzichtloos als een kind met hoge koorts de tuin insturen uit overtuiging dat opgroeiende kinderen baat hebben bij beweging in de buitenlucht.

In deze casus leidt een algemene overtuiging tot onrealistische verwachtingen. Maar we kunnen ook de lat te laag leggen en berusten in een probleem dat er niet hoeft te zijn. Een typisch voorbeeld hiervan is de overtuiging dat het ouder worden een ongunstig effect heeft op onze stemkwaliteit.

7.3 Leeftijd

In veel boeken staat leeftijd opgesomd in een lijstje van 'vijanden van de natuurlijke stem'. Deze gedachte willen we definitief de wereld uithelpen. Wat is er natuurlijker dan verouderen? En wat zou er verkeerd zijn aan een stem die mee verandert met de leeftijd? Toon een pratende tachtigjarige op een videobeeld, zet er een stemklank van een twintigjarige onder en al wie dat hoort en ziet schiet in de lach. Er klopt iets niet. We vergeten soms dat verouderen ook groeien is. De Engelse uitdrukking 'growing old' drukt dit beter uit. En via onze klank (per sona) laten we horen wat die groei vanuit onze persoon betekent.
Beroepssprekers willen uiteraard weten of dit natuurlijk proces van stemveroudering tijdens de loopbaan gevolgen kan hebben voor de

uitoefening van het beroep. Hierin kunnen we hen geruststellen: van stemproblemen ten gevolge van veroudering spreken we enkel als men geen andere oorzaak voor het stemprobleem kan vinden dan de veroudering zelf. Vóór de leeftijd van 65 jaar is daarvan zelden sprake in die mate dat het de beroepsstem belemmert. Door verkeerde opvattingen zijn we wel soms van het tegendeel overtuigd. Wat doen we met een uitspraak als 'Ik ben net op tijd met pensioen gegaan. Op mijn leeftijd **kun** je gewoonweg niet meer met een goede stem voor een groep staan.'

Laten we het van bij het begin duidelijk stellen: als een beroepsspreker een gezonde stem goed gebruikt, verzorgt en een stemvriendelijke levensstijl aanhoudt, dan hoeft die stem niet te verslechteren tegen het einde van de loopbaan. Bij leerkrachten heeft men zelfs vastgesteld dat de stem bij toenemende leeftijd een minder sterke impact heeft op hun psychosociaal welbevinden. De uitspraak hierboven doet dan ook vermoeden dat één van die aspecten niet optimaal is tijdens de loopbaan. Het klopt dat in dit geval de tijd een rol speelt, maar dat heeft meer te maken met de frequentie of de duur van de probleemsituatie dan met de vorderende leeftijd op zich. Je stem lang en vaak verkeerd gebruiken kan namelijk nadelige gevolgen hebben. Als we dit niet inzien, krijgt 'leeftijd' wel eens de schuld van alle ongemak.

Is er dan geen verband tussen stem en leeftijd? Toch wel. We hebben allemaal de groei van onze stem meegemaakt volgens bepaalde mijlpalen, gekoppeld aan onze lichamelijke groei en ontwikkeling. In wat volgt bespreken we eerst de veranderingen in de stem die gekoppeld zijn aan vorderende leeftijd. Dit verloopt anders voor mannen en vrouwen. Daarnaast kijken we wat de oorzaak is van de grote verschillen tussen mensen. Ook variaties bij één en dezelfde persoon helpen ons een stem juist in te schatten.

Stem en vorderende leeftijd.
Tijdens de eerste jaren van beroepsactiviteit is de stem jongvolwassen. In deze periode groeit ze door haar volle klankrijkdom te ontwikkelen tot haar individuele uitdrukkingsvorm. De toenemende leeftijd laat ook in de volle volwassenheid geen sporen na: de stemkwaliteit blijft goed, de stem klinkt vrij en is flexibel, zowel bij mannen als bij vrouwen. Dat betekent niet dat vorderende leeftijd geen effect heeft op de stem, maar de functionaliteit blijft prima behouden en de veranderingen zijn geen aanleiding tot stoornissen of beperkingen. Naarmate de leeftijd vordert leert men ook beter omgaan met stemveranderingen (betere copingstrategieën).

Als vrouwen werken tot de pensioengerechtigde leeftijd, maken ze tijdens hun loopbaan de menopauze door. Deze fysiologische verandering is onlosmakelijk verbonden met de leeftijd. De wijzigingen in de hormonale werking tijdens de menopauze kan de stem beïnvloeden. Omdat dit een essentieel verschil is tussen mannen en vrouwen, behandelen we dit thema in paragraaf 7.4 *Man-vrouwverschillen*. Goed geïnformeerde vrouwen, die erin slagen de stemveranderingen juist in te schatten, blijven ook op latere leeftijd hun stemvertrouwen behouden. In de periode waarin vrouwen de menopauze beleven, kunnen de mannen probleemloos verder hun stem gebruiken zoals ze altijd deden. Tot op hun laatste werkdag is de stem hun trouwe bondgenoot.

'Ben ik dan de ongelukkige uitzondering,' zullen sommigen zich afvragen, 'Mijn stem verslechtert wel degelijk jaar na jaar!' Als dit zo is, dan moeten we denken aan de invloed van overbelasting, suboptimale stemtechniek, spanningen, minder goede gewoontes, omgevingselementen die de stem niet ondersteunen enzovoort. Oplossingen voor deze problemen komen elders in dit boek uitgebreid aan bod. Ze zorgen ervoor dat de beroepsspreker zich minder zorgen hoeft te maken om zijn verouderende stem. Tegelijk mogen we ons niet blindstaren op een te rigide beschrijving van de stemontwikkeling. Er zijn enkele bronnen van variatie die ons leren dat een stem enerzijds wel ontwikkelingslijnen volgt, maar dit anderzijds doet op een individuele manier.

Variaties in de stemontwikkeling en -veroudering
Leeftijden juist schatten op basis van stemgeluid is moeilijk. Toch slagen we erin veel stemmen in de juiste leeftijdsgroep in te delen, tenminste als de leeftijdsgroepen voldoende breed omschreven zijn. We beluisteren dan de stem en vergelijken de klank met onze auditieve stemervaring uit jarenlange dagelijkse omgang. Zo hebben we ons een idee gevormd van welke kenmerken eerder bij jonge of bij oudere stemmen horen. Ook al zeggen we dat de meeste mensen een stem hebben die bij hun leeftijd hoort, tegelijk stellen we vast dat we allemaal ook uitzonderingen kennen: tachtigjarigen met een uitzonderlijk heldere, flexibele en draagkrachtige stem, veertigers die klinken als leefden ze al driekwart eeuw. Naast de invloed van leefwijze, stemtechniek, stembelasting e.d. kan ook de individuele variatie in veroudering een rol spelen. Deze veroudering start bij sommigen vroeger dan bij anderen, verloopt met een andere snelheid, in een andere graad, met een andere volgorde tussen de verschillende deelaspecten (zie volgende paragraaf) en met andere effecten. Daarmee bedoelen we dat dezelfde verouderingseffec-

ten zich bij verschillende personen anders kunnen uiten, onder andere door een verschil in compensatievaardigheden en copingstrategieën.

Chronologische leeftijd versus biologische leeftijd
We zijn gewoon om onze leeftijd uit te drukken in aantal jaren, maanden en dagen sinds onze geboorte, de chronologische leeftijd. Daardoor zijn we geneigd om mensen van dezelfde leeftijd met elkaar te vergelijken. En meteen merken we gigantische verschillen, zelfs onder normale stemmen. Voor een aantal lichaamskenmerken en functies heeft men op grote schaal proberen vast te stellen wat een leeftijdsaangepaste ontwikkeling betekent. Met behulp van normen, richtlijnen of grenswaarden kan men dan een uitspraak doen over al dan niet normale ontwikkeling. Zo kun je een profiel beschrijven per leeftijdsgroep van de optimale werking van lichaamsfuncties en systemen (bloedsomloop en hart, ademhaling, gehoor, gezicht, reactievermogen, spijsvertering, botstructuur, enz.). Je kunt dan door vergelijking vaststellen hoe en in welke mate een individu hiervan afwijkt. Omgekeerd te werk gaan is ook mogelijk: dan stelt men van een persoon de functionaliteit vast en kijkt op welke leeftijd de waarden normaal zijn. Zo bepalen we per systeem de biologische leeftijd. En dit kan behoorlijk onderling verschillen. Je bent bijvoorbeeld 50 jaar (chronologische leeftijd), maar de bloedvaten hebben de elasticiteit van een 40-jarige, je gezicht weerspiegelt de chronologische leeftijd en je gehoor werkt als dat van een hoogbejaarde. Het is meteen duidelijk dat deze variatie bij één en dezelfde persoon effect kan hebben op de stemgeving omdat hierin zoveel systemen be trokken zijn: bezenuwing, spieren, ademhaling, gehoor, … Op veel vlakken kun je een goede fysieke conditie behouden of een minder goede verbeteren (zie Hoofdstuk 2 *Wellness voor de stem* en verder in dit hoofdstuk *gewoontegedragingen*). Andere aspecten zijn moeilijker te beïnvloeden of onomkeerbaar.
Ook dit inzicht in variatie tussen en bij mensen helpt ons beslissen hoe ver we kunnen gaan in onze stemeisen.

7.4 Man-vrouwverschillen

De stem en stemfunctie bij mannen en vrouwen is in grote lijnen gelijk. De verschillen liggen vooral in afmetingen en verhoudingen van kraakbeen, holtes, spieren en in het slijmvlies dat hormonaal beïnvloed is. We schetsten al de belangrijkste verschillen als achtergrond bij het hoofdstuk 'Stemtechniek'. Hier zoomen we in op die man-vrouw verschillen die ons helpen bij de beslissing om stemprestaties steeds verder uit te breiden of eerder te beperken. Het gaat vooral om verschillen die een effect hebben op de biomechaniek en functionaliteit van het strottenhoofd en de stemplooien.

De ophanging van de stemplooien.
De voorste tweederden van de stemplooien zijn opgehangen tussen de kraakbeentjes (membraneus deel), het achterste derde is ondersteund door de bekerkraakbeentjes (cartilagineus deel). Dankzij de soepelheid waarmee die bekerkraakbeentjes op het ringkraakbeen bewegen, en de vele verbonden spiertjes kunnen zij onder andere de stemspleet (glottis) doen sluiten. Maar de verhouding tussen het ophangen en het ondersteunde deel is bij mannen en vrouwen verschillend. Het resultaat is dat, met een vergelijkbare spierinspanning en coördinatie de stemplooien bij de meeste vrouwen niet kunnen sluiten. Achteraan blijft er dan een driehoekje open staan waarlangs lucht kan ontsnappen, ook als de voorste delen van de stemplooien elkaar raken. Is die opening klein, dan klinkt de stem nog zuiver. Maar bij een grotere opening klinkt de stem hees.
Omdat de stemgezondheid en de belastbaarheid primeert, heeft het geen zin om maandenlang te oefenen op zuiverheid. Dit brengt enkel frustraties met zich mee. We blijven wel hoge eisen stellen aan alle andere stemaspecten: de stemzorg, de stemtechniek, het stemmanagement. Vooral een betere stemtechniek kan verlichting brengen, want soms probeert men te compenseren voor de hese stem door spieren in en rond de keel te hard te laten werken. Haal die overbodige spanning weg en je ervaart het comfort van minder stemvermoeidheid, minder irritatie, minder pijn. Zelfs de luisteraar kan meer genieten omdat de stem minder geforceerd klinkt.
De boodschap hier is om bij heesheid een NKO-/KNO-arts te raadplegen. De informatie over een structurele beperking speelt zeker een rol als we willen bepalen welke doelen haalbaar zijn voor stemtraining of -therapie.

Het trillingspatroon van de stemplooien
De stemplooien nemen tijdens het stemgeven meer tijd om te openen (van elkaar weg te bewegen) dan om te sluiten. We kunnen die verhouding uitdrukken door het open quotiënt: de tijd nodig voor de opening in verhouding tot de hele cyclus van één volledige sluiting en opening. Hoe hoger de toon waarop we spreken, hoe groter dat open quotiënt is, omdat bij stijgende toonhoogte de gesloten fase steeds korter wordt. We weten dat vrouwen op een hogere toonhoogte spreken. Dus is bij

163

vrouwen de stemspleet minder lang dicht in verhouding tot de mannenstem die lager klinkt.
Naast toonhoogte is ook de luidheid van de stem (gemeten als intensiteit) belangrijk. Hoe luider we spreken, hoe korter de tijd om de glottis
te sluiten in verhouding tot de tijd om weer te openen. Die versnelling
zorgt ervoor dat de gesloten fase langer duurt. Omdat die gesloten fase
bij de mannenstem al langer is dan bij een hogere vrouwenstem (vanwege de lage frequentie van de stemplooitrilling), hoeft een man minder moeite te doen om het verschil te maken tussen comfortabele en
sterke luidheid. Vrouwen hoeven dan weer minder moeite te doen om
van comfortabele naar zachte stemgeving over te gaan. Dus binnen de
groep beroepssprekers die eerder luid praten, moeten vrouwen een
grotere krachtinspanning leveren om even luid te klinken als hun mannelijke collega's.

De soepelheid van de stemplooien

De diepste laag van de stemplooien is de stemspier (musculus vocalis).
Daarboven liggen nog verschillende lagen. Die lagen beschrijven we in
Hoofdstuk 4 *Stemtechniek*. Bindweefsel houdt al deze lagen goed bij elkaar. In elk lichaamsweefsel zorgt een bepaalde molecule, hyaluronzuur,
voor de binding van water. Daardoor krijgt het weefsel veerkracht en
soepelheid. In bindweefsel is de concentratie het hoogst. In de stemplooien lijkt de verdeling van deze molecule over de verschillende lagen
anders bij mannen dan bij vrouwen. Het mannelijk patroon is eerder gelijkmatig verdeeld over de lagen van de stemplooien. Bij vrouwen is de
molecule minder aanwezig in de bovenste laag dan in de diepere lagen.
De oppervlakkige laag is dus minder soepel. Dat maakt de stem gevoeliger voor de impact van intens stemgebruik (irritatie, beschadiging). De
stemplooien van vrouwen zijn dus minder goed beschermd dan die van
mannen.

Spierkracht

Vrouwen en mannen verschillen in kracht. Dat komt vooral doordat
mannen een grotere spiermassa hebben. Mannen ontwikkelen hun
kracht dan ook door meer spiervezels aan te spreken die absoluut ook
groter zijn. Maar per eenheid van spiervezel zijn mannen en vrouwen
even sterk. Bij training neemt die spiermassa bij mannen onder hormonale invloed (testosteron) meer toe dan bij vrouwen. Maar bekijken we
de spiervezels afzonderlijk, dan kunnen vrouwen relatief gezien even-
veel krachtwinst boeken door training. Spieren in en rond het strottenhoofd zijn ook skeletspieren die we onder willekeurige controle hebben
(in tegenstelling tot de spieren van bijvoorbeeld het maag-darmstelsel,

de bloedvaten, luchtwegen, …). We mogen dan ook verwachten dat zowel mannen als vrouwen stemkracht kunnen winnen als men de principes van een juist gedoseerde stemtraining toepast. Het onderzoek op dit gebied is nog in volle ontwikkeling.

Hormonale veranderingen
Hormonen zijn chemische stoffen die in verschillende klieren in ons lichaam worden geproduceerd en via de bloedbanen de werking van cellen en daardoor organen beïnvloeden. Eén van de doelorganen van verschillende hormonen is het stemapparaat. Omdat dit stemapparaat bij spreken en zingen een fijn staaltje moet kunnen leveren van coördinatie tussen beweging, spanning en positie van spieren, gewrichtjes, pezen en holtes is het goed om te weten hoe hormonen invloed kunnen hebben op de werking van de stem, meer specifiek op het slijmvlies over de stemplooien. Gelukkig hoeven we daarvoor geen ingrijpende, zware onderzoeken te ondergaan, want het stemapparaat is relatief goed toegankelijk.

We beperken ons tot de volwassen gezonde persoon en de invloed van een wisselende hormoonspiegel op de stem. Het is vooral het slijmvlies dat gevoelig is voor deze wisselingen, zowel het slijmvlies in de longen, de luchtpijp, het strottenhoofd, de keel-, mond- en neusholte als in de neusbijholten (sinussen).

Als we bij gezonde volwassenen spreken over hormoonschommelingen, dan gaat het vooral over de menstruele cyclus van de vrouw. Voor en tijdens de menstruatie kunnen een aantal klachten optreden: emotionele labiliteit, verminderde aandachtsconcentratie, duizeligheid, een opgeblazen gevoel in de buik, pijn. De stem kan sneller vermoeid geraken of klinkt wat schor. Spreken of zingen verloopt moeilijker. Het stembereik (verschil tussen hoogst en laagst mogelijke tonen) is beperkter omdat het moeilijker is hoge tonen te vormen. Soms kan de arts wat zwelling van het slijmvlies (oedeem) vaststellen, zijn de bloedvaatjes wat opgezet (hyperemie) of is er minder spanning in de stemplooien. Deze mogelijke veranderingen zijn op zich ook niet zo stabiel: de kenmerken komen niet in elke menstruatieperiode voor, verschillen ook tussen periodes en zijn niet aan een bepaalde volgorde of dag gebonden.

Sommige vrouwen kunnen deze ervaringen volmondig bevestigen, voor anderen is dit allemaal ongekend. Dit betekent dat lang niet iedereen deze symptomen heeft. Dat komt onder andere doordat de symptomen ook in verschillende mate aanwezig kunnen zijn: van niet aanwezig tot storend in de spreekstem. Vrouwen die hoge eisen stellen aan hun stem, zoals klassiek geschoolde zangeressen, merken soms veranderingen alleen tijdens het zingen. Deze veranderingen zijn zo klein dat anderen dit niet kunnen horen. Soms zijn ze zelfs niet meetbaar. Hun fijn ontwikkeld gevoel zegt hen dat de coördinatie en efficiëntie anders is dan normaal.

Vrouwen die merken dat de stem verandert vlak voor en/of tijdens de menstruatie, doen er goed aan om de stemeisen tijdelijk te verminderen. In die periode is de stem kwetsbaarder en is de normale stembalans even uit evenwicht. De belasting verminderen is hier de boodschap.

Gezinsuitbreiding gebeurt meestal tijdens de actieve loopbaan. Zwangere vrouwen leggen hun stem dan best weer even in de balans. Wat gebeurt er op hormonaal gebied? De concentratie oestrogeen en progesteron in het bloed stijgt. In het strottenhoofd kan wat zwelling optreden of is het slijmvlies wat droger. Net zoals bij de menstruatie is het moeilijker om de hoge tonen te halen en werkt de stemgeving niet zo efficiënt.

De toenemende druk vanuit de buikholte heeft ook enkele gevolgen: het is moeilijker om een sterke ademkracht te ontwikkelen en de stem goed vanuit de ademhaling te ondersteunen. De hogere druk in de buik kan ook zure oprispingen (reflux) veroorzaken. Sommige vrouwen hebben helemaal geen last, anderen slechts tegen het einde van de zwangerschap. Maar het kan ook gebeuren dat de zwangerschap al vanaf de vierde maand de stemgeving bemoeilijkt. Wie veel eist van zijn ademhaling (zoals bij zingen) doet er dan goed aan tijdelijk maximale prestaties te beperken.

Rond 50 jaar komt bij vrouwen de menopauze voor: het moment dat de menstruatie stopt. In de periode daarrond, de overgang (climacterium), treden hormonale veranderingen op: in de bijnieren verhoogt de productie van de mannelijke hormonen en in de eierstokken neemt de productie van de vrouwelijke hormonen af. Dit kan zorgen voor wat verdikking van het slijmvlies. Verdikking betekent meer massa, meer massa betekent meer gewicht zodat de snelheid in stemplooitrilling afneemt. Dan merken we soms dat de zangstem de hoogte van voordien niet meer haalt of dat de spreekstem lichtjes daalt. Als de verdikking niet symmetrisch is qua volume of plaats, dan kan de stem ook wat schor of hees klinken. Het stemtimbre geeft de indruk iets minder vrouwelijk te zijn. De klank lijkt breekbaarder, wat onstabieler en minder krachtig. Het hele stemsysteem is wat stugger. Dat komt niet alleen door de verdikking van het slijmvlies, maar ook door minder ademkracht, minder stemspiervezels, gewrichtjes die stroever bewegen, minder elastisch bindweefsel en veranderingen in de aansturing vanuit de hersenen via de zenuwen. Net zoals bij de (pre)menstruatie kunnen ook nu de veranderingen miniem of juist ingrijpend zijn. In tegenstelling tot de effecten van de hormonenschommelingen tijdens de menstruele cyclus, zijn de veranderingen tijdens de menopauze blijvend. Vrouwen hoeven hier dan ook niet tegen te vechten, maar ze moeten er wel leren aan wennen en de activiteiten aanpassen. Want de stem klinkt minder vertrouwd, de zone van het grootste spreekgemak kan verschoven zijn naar andere toonhoogtes of je moet een ander spreekevenwicht vinden om de stem de draagkracht van vroeger te geven. Onzekerheid en bezorgdheid kan het resultaat zijn. Omdat de veranderde stemklank niet meer samenvalt met de vertrouwde klank en minder goed de persoonlijkheid en het zelfbeeld vertaalt (Hoofdstuk 9 *De balans in evenwicht*) is het soms net iets moeilijker met dit aspect om te gaan dan met de stemklank zelf. En als vrouwen dan niet goed op de hoogte zijn van de mogelijke gevolgen van de menopauze op de stem, leggen ze de reden vaak heel berustend bij de veroudering en zien ze de toekomst somber in. Werken om de stem van vroeger terug te krijgen is echter een weinig realistische ambitie. Een enkele activiteit schrappen van de agenda of enkele dagen het stemgebruik beperken is geen definitieve oplossing. Het komt erop aan om heel de balans belasting-belastbaarheid weer eens gedetailleerd in kaart te brengen en te bedenken hoe je bepaalde gewoontes kunt aanpassen.

7.5 Genetisch aspect

Je neemt de telefoon op en de persoon aan de andere kant van de lijn neemt je voor je moeder, zus, dochter/vader, broer, zoon. Velen van ons herkennen deze situatie. Dit laat vermoeden dat er een kans bestaat dat leden van een zelfde gezin vergelijkbaar zijn op het gebied van de klank die ze produceren. Hieruit zou je kunnen afleiden dat stemklank genetisch bepaald is. Personen met een sterke stem zouden dan levenslang vrij stemspel krijgen en een zwakke stem zou dan een dagelijkse last op de schouders kunnen betekenen.

Dat stem gedeeltelijk genetisch bepaald is, weten we vanuit tweelingenstudies. De stemgelijkenissen zijn namelijk steeds groter naarmate de genetische verwantschap toeneemt zoals bij zussen en broers, tweeëige en ten slotte eeneiige tweelingen. Deze gelijkenis schrijft men toe aan de overgeërfde bouw en werking van ademhaling, stemgeving en resonantie.

Maar voor we overhaast besluiten dat gelijkenissen in de klank genetisch bepaald zijn en dat de klank daardoor onveranderbaar is, nemen we het best nog twee ideeën in overweging.

Ten eerste: wat we beoordelen is een combinatie van stem, spraak en taal (Hoofdstuk3 *Wat hoor je?*) en, ten tweede, er is een duidelijk verschil tussen genetische aanleg en stemgedrag.

In Hoofdstuk 3 hebben we een onderscheid leren maken tussen aspecten van de gesproken communicatie die we horen in taal, spraak en stem. Ook bij de beoordeling van verwante stemmen kunnen we dit toepassen. Komen we tot de vaststelling dat de gelijkenis tussen gezinsleden te maken heeft met het soort zinnen of de woordenschat die ze gebruiken, dan is het duidelijk dat ze dezelfde taal gebruiken. Maar het kan ook gaan om spraakelementen zoals een duidelijk herkenbare rollende huig-R, een scherpe /s/, een pittige uitspraak, kelige klanken. Op stemvlak luisteren we naar de kwaliteit, de toonhoogte en de luidheid. We herkennen dan een zelfde ijle stemklank, een zelfde ruisje of we ontmoeten gezinnen waar iedereen de sterren van de hemel zingt. Binnen de communicatie gebruiken we stem ook als drager van taal en spraak. Dan stellen we gelijkenissen vast in spreektempo, intonatiepatronen, klemtoongebruik en dergelijke. Zelfs de manier waarop we gevoelens uitdrukken kun je als 'gezinstrekje' herkennen.

Als we de mondelinge communicatie van gezinsleden vergelijken, moeten we eerst het onderscheid maken tussen stem, spraak of taal. Meestal gaat het om een combinatie van de drie.

Een tweede overweging heeft te maken met de omgeving. Mensen die in eenzelfde omgeving zijn opgevoed, hebben ook meestal vergelijkbare stimuli gekregen of invloeden ondergaan. Omdat we taal-, spraak- en stemgebruik grotendeels leren van 'modellen' uit de omgeving en door nabootsing, kan de gelijkenis tussen gezinsleden groter zijn dan tussen een gezinslid en een leeftijdsgenoot in de vriendenkring of werkomgeving.

De stemklank is dus meestal het resultaat van zowel genetische invloeden als van nabootsing. Het eerste kunnen we moeilijker beïnvloeden of veranderen dan het tweede. Omdat nabootsing een gedrag is, kunnen we de resulterende stemklank gemakkelijker beïnvloeden door dat gedrag te veranderen. Toegegeven: stemgedrag is vaak hardnekkig omdat het al jaren geautomatiseerd is. Daardoor denken we soms dat we er niets aan kunnen veranderen. Soms laten we ons ook beperken door het 'familieverhaal': in je familie komt bijvoorbeeld algemeen een zwakke, slecht belastbare stem voor. Deze vaststelling spoort je aan om geen hoge eisen te stellen aan je stem. Vermoedelijk heb je deels gelijk. Veel problemen ontstaan immers door de aanleg niet in overweging te nemen in de stembalans. Een ander risico is dat je in deze beperking berust zodat je je echte stempotentieel nooit echt ontdekt. Misschien heb je een goed potentieel en kun je stapsgewijs een betere stem ontwikkelen dan je ooit had durven dromen.

Een stemdeskundige kan je helpen om een juist onderscheid te maken tussen genetische aanleg of bagage en aangeleerd gedrag. Dit inzicht biedt het voordeel doelen realistischer te kunnen formuleren: je legt bijvoorbeeld jezelf intense stemtraining op terwijl je stem eigenlijk al de grensmogelijkheden heeft bereikt. Of je besliste te stoppen met stemtraining uit overtuiging dat je niet bij de 'happy few' behoort die aanleg hebben terwijl functie, structuur en vaardigheden de rode loper uitrollen voor een meer dan gemiddelde stem.

7.6 Medisch aspect

Als de gezondheid voor klachten zorgt, dan moet je als beroepsspreker weten hoe daarmee om te gaan.

Bij tijdelijke problemen zoals een verkoudheid hoeven we niet onmiddellijk onze stemambities op te geven. Omgekeerd moeten we ook niet met man en macht de stem willen forceren of alle middelen inzetten om de symptomen te onderdrukken. Ons lichaam zal ons dankbaar zijn als we het de tijd en de rust gunnen om te genezen. Maar soms is die tijd er niet, denk je dat die er niet is of heb je andere prioriteiten. Er staat geen vervanger te wachten tot je stem het begeeft en we kunnen onze dagelijkse activiteiten niet zo maar in één twee drie omgooien. Minder lang, minder luid en minder vaak praten is in dit geval al een zegen voor de stem. Verzorg je goed zodat je niet te lang hoestend, kuchend, schrapend, niezend en snuitend rondloopt. Er bestaat namelijk een kans dat je je stemgebruik iets hebt veranderd om doorheen de slijmpropjes, ondanks de kriebel en met een verstopte neus te kunnen spreken. Als we die 'oplossing' te lang gebruiken zijn we goed op weg om daarvan een gewoonte te maken, die niet aangepast is aan ons natuurlijk stemorgaan.

Een meer chronisch probleem voor het stemapparaat vormen allergieën van de bovenste luchtwegen. Allergieën bestaan in vele vormen en intensiteiten. Heb je regelmatig ademlast, laat de arts dan je gevoeligheid bepalen voor verschillende stoffen die allergische reacties kunnen uitlokken (allergenen). Permanente allergieën belasten je stem anders dan allergieën die periodegebonden zijn. Je leert hoe je lichaam reageert op

169

het contact met bepaalde stoffen en producten. Je past de omgeving zo goed mogelijk aan door het gebruik van producten en materialen te vermijden en andere intenser te gebruiken, of je beperkt zoveel mogelijk contact met bepaalde dieren. Op die manier kun je in een spreeksituatie de stemvaardigheden ten volle inzetten.

Is de allergie seizoengebonden, dan kan je stem op korte tijd minder belastbaar zijn. Wees daarop voorbereid. Via de media kun je regelmatig horen wanneer men hoge concentraties pollen in de lucht verwacht. Ook de arts kan je die informatie geven. In die weken pas je je 'balansvaardigheden' nog beter toe om je stem geen geweld aan te doen.

Astma is een chronische aandoening van de luchtwegen, die gepaard gaat met een vernauwing en met een verhoogde prikkelbaarheid van de luchtwegen. De symptomen (verhoogde productie van slijm, benauwdheid, kortademigheid, …) zorgen voor klachten die kunnen variëren van licht tot zeer zwaar. Astma en allergie gaan vaak samen. Als astmapatiënt bespreek je het best met de behandelende arts wat de impact van de ziekte is op je fysieke mogelijkheden en hoe zwaar de gevolgen doorwegen in de stembalans. Het bewaken van dit evenwicht is een topprioriteit.

Pijn in het lichaam kan een optimaal stemgebruik verhinderen. In Hoofdstuk 4 *Stemtechniek* leerden we de meest optimale houding om stem te ondersteunen en de techniek hoe we een natuurlijke stemklank kunnen laten klinken. Je herinnert je vast dat het hele lichaam daarin meehelpt. Waar ook in het lichaam, pijn vraagt energie en concentreert spanning rondom de plaats van de pijn of compenserende spanning elders in het lichaam. Voet verstuikt? Lage rugpijn? Darmproblemen? Wees ervan overtuigd dat we ons lichaam anders gebruiken. Met verschillende graden van pijn op verschillende plaatsen leren we ook verschillend omgaan. De grens tussen stoppen en doorgaan, tussen hinderend en storend, tussen ingrijpen en laten genezen is in elk geval zeer persoonlijk. Het is raadzaam om niet te stoer te doen en snel genoeg stemsparende oplossingen te zoeken. Eventjes licht buigen is beter dan breken.

Reflux kwam al even aan bod in Hoofdstuk 2 *Wellness voor de stem* en in paragraaf 7.4 *Man-vrouwverschillen* van dit hoofdstuk in verband met zwangerschap. Deze zure oprispingen vanuit de maag zijn soms echte spelbrekers. Het zuur dat via de slokarm naar boven komt veroorzaakt een typische roodheid van het slijmvlies in het achterste deel van de stemplooien. Daardoor vermoedt een NKO-/KNO-arts dat het om een refluxprobleem gaat. Als de arts de spijsvertering bevraagt melden verschillende mensen dat dit bij hen geen probleem is. Reflux kan namelijk aan de aandacht ontsnappen. Een 24-uur zuurtegraadregistratie van de slokdarm kan dit probleem vaststellen of uitsluiten. Bij nachtelijke reflux voelt de keel 's ochtends rauwig en soms wat branderig en heeft ze wat meer tijd nodig om op te warmen. De arts beslist het best welke maatregelen nodig zijn. Een eerste is de voedingsgewoontes aanpassen (niet te kruidig, niet te laat op de avond, niet te vettig eten). Gaat het om nachtelijke reflux dan verhoogt men de poten aan het hoofdeinde van het bed om de terugvloei van zuur uit de maag tegen te houden. Een laatste stap bestaat erin de zuurproductie in de maag met medicatie te remmen. Daarmee raken we het volgend punt aan: het effect van medicatie.

Laten we vooral duidelijk zijn over het gebruik van medicatie: bijna elke vorm van medicatie kan neveneffecten hebben op de stem. Noem ze maar op: pijnstillers, bloedverdunners of bloeddrukregelaars, vochtafdrijvers, stemmingsregelaars, allergieonderdrukkers, infectiebestrijders, prestatieverhogers, slijmoplossers, hormonale behandeling, altijd kun je een effect op de stem verwachten. Deze middelen werken in op de spierfunctie, het bindweefsel, het slijmvlies of op de aansturing van de spieren via de zenuwen. Mocht je in de periode waarin je medicatie neemt dus veranderingen in de stemwerking merken, panikeer dan niet. Het gaat niet om een bijkomend probleem of een extra tegenslag. Het is vermoedelijk een neveneffect dat meestal verdwijnt als de medicatie uitgewerkt is, tenzij het onderliggend probleem ook aan de basis ligt van het stemprobleem. Het kan je geruststellen als je hierover uitsluitsel krijgt van de arts.
Ook al heeft de stem het moeilijk, soms moet je kiezen tussen twee kwalen. Dit is het geval bij allergiemedicatie. Die kan hoogstnoodzakelijk zijn voor je algemene gezondheid, maar slecht voor je stem. Vooral als de medicatie corticoïden bevat en je probleem een langdurige behandeling vraagt, is het mogelijk dat de stemspieren dunner worden en minder kracht kunnen ontwikkelen (atrofiëren).

Het gebruik van orale anticonceptiva (de pil) vraagt een woordje toelichting. Het tijdperk van nadelige neveneffecten is achter de rug. De hormonenbalans is zo fijn afgesteld, dat de pil meestal haar taak volbrengt: beschermen tegen zwangerschap, zonder meer. De kans op slijmvliesverdikking en steminstabiliteit is dus klein. Recente pilootstudies lijken zelfs aan te tonen dat de hedendaagse pil een stabiliserende invloed kan hebben op de stem tijdens de verschillende fasen van de menstruele cyclus. Onderzoek in de toekomst zal uitwijzen of deze resultaten algemeen geldig zijn en hoe sterk de variatie tussen vrouwen is.

Ten slotte halen we nog kort even de problemen aan die rechtstreeks het gevolg zijn van een medische ingreep of behandeling (iatrogene problemen). Het zijn niet noodzakelijk fouten of vergissingen. Het kan ook gaan om de gevolgen van noodzakelijke handelingen. We bespraken in de voorgaande paragrafen al het effect op de stem van verschillende soorten medicatie. Een andere mogelijkheid is dat de arts voor een ingreep iemand wil verdoven via een buisje in de luchtpijp. Dat buisje steekt hij dan tussen de stemplooien. Dit kan irritatie van het slijmvlies meebrengen zodat je uit de verdoving wakker wordt met een hese stem. Als hierbij een bekerkraakbeentje uit het gewricht is geschoten, dan is er snel hulp nodig.

Een extreme situatie is die van de patiënt bij wie een openhartoperatie noodzakelijk is. De manipulatie van organen, spieren, botten en zenuwen rond het hart kan voor een tijdelijke of blijvende stemplooiverlamming zorgen. Hoe dat mogelijk is? De bezenuwing van onze linkerstemplooi komt vanuit de hersenen en loopt door de hals, in de borstkas en draait onder de aortaboog door naar boven naar de stemplooi. Te veel druk of beschadiging van de zenuw in deze regio kan een goede stemgeving hinderen. Dit is uiteraard een uitzonderlijke situatie.

Besluit

De stem kan wat ze kan. Dat betekent dat we haar niet onnodig hoeven te sparen maar ook dat we haar niet buiten de mogelijkheden mogen opeisen. Daarvoor hebben we een totaalbeeld van de stem nodig en dat is voor iedereen verschillend. Naast de bouw en de werking van het stemapparaat en het stemgedrag, houden we ook rekening met de leeftijd, het geslacht, de aanleg en de gezondheid. Met de juiste informatie en een duidelijk inzicht weet elke beroepsspreker hoe de stem ten volle tot haar recht kan komen.

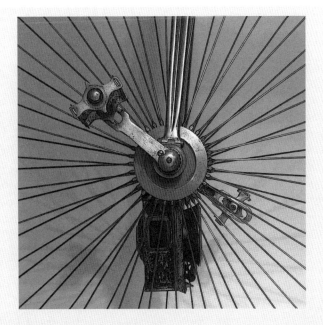

- Pieter wordt groot, dus weg met de driewieler! Wat is de volgende stap? We geven Pieter een kinderfiets met steunwieltjes.
- Oma wil blijven fietsen hoewel de fysieke uithouding wat achterop geraakt. Ze verkoopt haar fiets en schaft zich een hippe e-bike aan met hulpmotor.
- Je plant een fietsvakantie. Met de handige zadel-, stuur-, voor- en achtertassen vergeet je met hoeveel kilo bagage je op tocht bent.
- Eéntje kan erin liggen, zittend kunnen er twee mee. Net goed voor het jonge gezin van Bas en Saskia dat zich met de kinderkar gezwind een weg door het stadsverkeer fietst.
- Het is zover: Noor slaagde erin twee rondjes op haar éénwieler te blijven zitten. Een ware overwinning.
- Trappen en niet vooruitkomen doe je met plezier als je op de hometrainer dat laatste pondje teveel wil wegfietsen.

Deze 'fietsvoorbeelden' tonen aan dat we zeer vindingrijk omgaan met onze hulpmiddelen en omgeving. Ook al doen we dit niet altijd bewust, toch getuigt dit van een groot inzicht: we houden rekening met de mogelijkheden en beperkingen van de gebruiker, we passen ons hulpmiddel aan naargelang het doel dat we willen bereiken, we proberen risico's te beperken, we blijven het hulpmiddel verder ontwikkelen, we kennen, exploreren en verleggen grenzen en ontplooien de eigen vaardigheden. Deze expertise passen we toe zowel binnen onze woon- en werkomgeving als in de vrije tijd en ze is van alle leeftijden.

Een sleutelwoord in deze omgang van de mens met zijn omgeving is interactie. Steeds weer ervaren we hoe wij een invloed kunnen uitoefenen op de omgeving en hoe de omgeving mee bepaalt hoe we denken, voelen en doen. Deze ervaring zet ons aan tot optimalisering. Daarom gebruiken we verhuisliften, automatiseren we de rolluiken en kopen we gebruiksvriendelijk gereedschap.

De onderlinge afstemming van mens en omgeving brengt ons bij het begrip 'ergonomie'.

In punt 8.1 omschrijven we het begrip 'ergonomie' en 'ergonoom' binnen de huidige maatschappelijke en economische context. Hierbij rijst de vraag welke aanknopingspunten we vinden binnen het werkdomein van de ergonoom die ons kunnen helpen binnen de stemzorg. Daartoe proberen we in punt 8.2 de verschillende aspecten van ergonomie toe te passen op de stem. Kunnen we in functie van de stem de principes van de ergonomie ook uitbreiden buiten de beroepsbezigheden? In punt 8.3 trachten we deze vraag te beantwoorden. In welke mate moet men geschoold zijn op het vlak van de stem om de principes van de ergonomie op de stem toe te passen? In punt 8.4 leren we hoe stemergonomie in ieders bereik ligt. Vervolgens beschrijven we in punt 8.5 hoe de invalshoek van de stemergonoom aanzet tot een doelgerichte aanpak gebaseerd op een brede visie. Ten slotte belichten we drie centrale begrippen als leidraad voor stemergonomie: interactie, creativiteit en strategie (8.6).

8.1 Ergonomie

In België en Nederland vormde zich recent een erkende groep specialisten die zich beroepsmatig richten op de interactie tussen mens en werkomgeving en die interactie, meestal vraaggestuurd, op punt stellen: de ergonomen. De beroepsverenigingen voor ergonomen van beide landen gebruiken de omschrijvingen voor 'ergonomie' en 'ergonoom' van de International Ergonomics Association (IEA):

- *'Ergonomie* is de wetenschappelijke discipline die er zich op toelegt de interactie te begrijpen tussen mensen en andere elementen van een systeem en het beroep waarbinnen men theorie, principes, gegevens en methodes toepast met het doel het menselijk welbevinden en de totale systeem performantie te optimaliseren.'

- 'De *ergonoom* draagt bij tot het ontwerp en de evaluatie van taken, jobs, producten, omgevingen met het doel ze compatibel te maken met de noden, vaardigheden en beperkingen van mensen.'

De ergonomie bestaat uit drie deeldomeinen.
- De **fysieke ergonomie** bestudeert de relatie tussen de anatomie, fysiologie, antropometrie (studie van afmetingen en verhoudingen van het menselijk lichaam) en biomechanica (studie van bewegingen van levende wezens) enerzijds en de fysieke activiteit anderzijds. In dit studiegebied herkennen we onderwerpen als werkhoudingen, het manueel hanteren van lasten, repetitieve bewegingen, werkgerelateerde klachten van spieren en skelet, werkplekinrichting, veiligheid en gezondheid.
- De **cognitieve ergonomie** bestudeert de interactie tussen mens en systemen op het domein van perceptie, geheugen, denken en motorische reacties. Concreet gaat het om de mentale werkbelasting, het nemen van beslissingen, mens-computerinteractie, menselijke betrouwbaarheid, stress en training.
- Binnen de **organisatorische ergonomie** probeert men de organisatiestructuren en –processen te optimaliseren. Dit pakket bevat communicatie, ontwerpen van werkplek en –tijden, teamwerk, participatieve ergonomie, telewerken en kwaliteitszorg.

Naargelang de beroepssector waarbinnen men verbeteringen wil realiseren heeft de betrokken ergonoom een andere specialisatie. De ergonoom kan een gevarieerde vooropleiding hebben gaande van gezondheidszorg, ingenieurswetenschappen, psychologie tot computerwetenschappen.

Duiken ergonomen niet wat laat op in de eeuwen geschiedenis van noest werkende mannen en vrouwen? Ze zijn er vermoedelijk steeds informeel geweest, maar bepaalde maatschappelijke en economische ontwikkelingen hebben hun formeel bestaansrecht bewezen.

- In onze landen is meestal aan de basisvoorwaarden rond hygiëne, veiligheid, preventie en gezondheidscontrole voldaan. Dit vormt een goede basis voor een nog fijnere afstemming van de mens op de werkomgeving.
- Beroepsziekten willen we zo sterk mogelijk beperken en nog het liefst vermijden. Daartoe moeten we mens en omgeving zo gedifferentieerd mogelijk afstemmen op elkaar.
- Er groeien voortdurend nieuwe noden parallel aan nieuwe maatschappelijke en professionele ontwikkelingen.
- Steeds grotere groepen dragen levenskwaliteit hoog in het vaandel onder het motto 'we werken om te leven'. De werknemer zelf is dus ook in toenemende mate vragende partij.
- Resultaten van toegepast en fundamenteel onderzoek leren ons de positieve effecten van ergonomische maatregelen. Dit is een stimulans tot verdere ontwikkeling.

Deze ontwikkelingen rechtvaardigen de aandacht van de ergonomie voor de beroepssituatie, waarin werknemers veel uren per jaar vertoeven. En dat geldt uiteraard ook voor de beroepssprekers omwille van hun stemgebruik en hun context. De ergonoom die zich verdiept in hun stemgebruik binnen hun professionele context noemen we de stemergonoom.

8.2 Van ergonoom naar stemergonoom

De stemergonoom is een stemdeskundige (logopedist, stemcoach, stempedagoog) die zijn kennis, inzicht, vaardigheden en attitudes toespitst op de interactie tussen spreker of zanger en zijn omgeving. Hierdoor kan hij interacties nauwkeurig ontleden en optimaliseren. Ook kan hij door zijn brede kennis bepaalde groepen sprekers gerichte adviezen geven. Hij hanteert in zijn werk strenge criteria ten gunste van het spreekgemak en het welbevinden van zijn doelgroep of cliënt/patiënt.

Op het domein van de *fysieke stemergonomie* behoort het inzicht in de anatomie en fysiologie van de stemgevende persoon tot de basiskennis van de stemergonoom. Hij integreert de nieuwste biomechanische inzichten over de bewegingen en bewegingsveranderingen die gepaard gaan met ademhaling, stem, resonantie en houding bij het spreken. Hij kent de impact van stembelasting op het functioneren, kent er de risico's van, weet hoe klachten zich kunnen uiten. Hij heeft een wetenschappelijke visie op de inrichting van ruimtes en omgevingen waarin beroepssprekers aan het werk zijn. Hoe al deze factoren verband houden met algemene gezondheid is voor hem duidelijk.

Op het domein van de *cognitieve stemergonomie* is de stemergonoom vooral bezig met stressmanagement en training van vocale vaardigheden in uiteenlopende situaties en met verschillende eisen. Hij biedt nauwkeurig geselecteerde informatie zodat de stemgebruiker de link leert zien tussen een veelheid aan gedragingen en omstandigheden.

Op het vlak van de *organisatorische stemergonomie* werkt de stemergonoom aan de optimalisering van uurroosters en opdrachten, helpt hij meedenken in termen van loopbaanplanning en helpt hij binnen de werksituatie alternatieven ontwerpen voor een stemvriendelijke communicatie. Hij analyseert ruimtes waarin stemgebruikers moeilijkheden ervaren en stelt, voor de organisatie haalbare oplossingen voor. Hij verdiept zich in de kenmerken van ruimte, hulpmiddelen en apparatuur. Hij onderzoekt welke van deze elementen het best worden geoptimaliseerd, aangepast, vervangen of ondersteund. Hij kent de mogelijkheden en de grenzen van elk element in de onderlinge interactie.

Aan de klassieke triade van ergonomiedomeinen willen we een vierde domein toevoegen dat in het bijzonder intense stemgebruikers oplossingen kan aanreiken: de *didactische stemergonomie*. Hierin bestuderen we vooral de interactie van de spreker met het publiek als deel van de omgeving. In combinatie met spreek-, stem- en presentatievaardigheden kunnen bepaalde didactische vaardigheden zorgen voor een nog doeltreffendere stemontlasting.

Beeld je de volgende situatie in: een les is afgelopen en je wil afronden door te verwijzen naar een volgende les. Je kunt dit op twee manieren doen. Je zegt bijvoorbeeld: 'Zo, dit was het voor vandaag, volgende les bespreken we hoe we deze techniek kunnen toepassen met behulp van alternatieve energiebronnen.' Een andere mogelijkheid is: 'Nu we inzicht hebben in de werking, blijft nog een belangrijke vraag onbeantwoord: hoe kunnen we deze techniek toepassen met behulp van alternatieve energiebronnen? We pluizen dit probleem stap voor stap uit, volgende les, zelfde tijd, zelfde plaats.' Kun je je voorstellen op welk woord het publiek rumoerig begint te worden? In de eerste afsluiter is de kans groot dat het op het woord 'zo' is. De rest van de boodschap gaat verloren en geen mens vermoedt waarover het de volgende keer zal gaan. Laat staan dat hij er al vooraf even kan over nadenken. In de tweede afsluiter begint het ritueel van tafeltjes op- en cursussen dichtklappen vermoedelijk pas bij 'volgende'. De rest is slechts een standaard slotformule en inhoudelijk minder belangrijk. Het publiek beseft wel dat er nog open vragen blijven en de meest betrokken luisteraars kunnen zich al een zeker beeld vormen van mogelijke oplossingen.

Vooral bij de wisseling van werkvormen doet zich hetzelfde probleem voor: wie niet aangekondigd heeft hoelang een groepsdiscussie kan duren en met welk teken hij zal aangeven dat de discussietijd verlopen is, zorgt voor chaos omdat niemand precies weet wanneer men wat van hen verlangt. Dus heeft men de neiging de stem luid te verheffen om de zaken op orde te krijgen. Ontwikkel gerust een persoonlijke stijl om in interactie met het publiek de stem te ontlasten. Samen met de stemergonoom leer je veel variaties op het thema voor een heel divers publiek en voor verschillende inhouden en gelegenheden. Meteen is de link duidelijk met veel randgebieden waaruit de stemergonoom informatie put zoals time-management en groeps-coaching.

Figuur 8.1. *Situering van stemergonomie* plaatst de stemergonomie met de vier besproken deeldomeinen in relatie tot de interactie tussen de spreker en zijn omgeving. In de voortdurende wisselwerking tussen de persoon en zijn omgeving spelen alle vormen van ergonomie (cognitieve, fysieke, organisatorische en didactische) een rol. De stemergonomie loopt daar als een rode draad doorheen om een goede afstemming te bewaken in het voordeel van de stem.

Stemergonomie is geen aparte discipline die actief is buiten de professionele stemwereld van pedagogen, artsen, coaches, logopedisten. Stemergonomie is eerder een specialisatie of een verdieping binnen het beroep. De stemergonoom is de stemdeskundige die de klassieke basisinzichten over morfologie en functie van de cliënt/patiënt en de omgeving op die manier combineert dat hij nieuwe oplossingen vindt. Door zich hierin steeds verder te verdiepen, wordt hij het aanspreekpunt bij uitstek voor adviezen om de interactie tussen de verschillende systemen te optimaliseren waar de aanpak van afzonderlijke componenten geen bevredigende oplossing brengt.

We pleiten dan ook niet voor een afzonderlijke opleiding, maar voor een degelijke navorming en een continue uitwisseling van ervaringen met ergonomen op andere domeinen en tussen stemergonomen onderling. Waar kun je een stemergonoom vinden? Elke stemdeskundige heeft een brede achtergrond op het domein van belangrijke omgevingsfactoren en weet ook hoe dynamisch de interactie is tussen stem en omgeving. De stemergonomie is dan ook meestal een deeltaak van stemdeskundigen. Via bijscholingen of specialisatiecursussen kunnen de oplei-

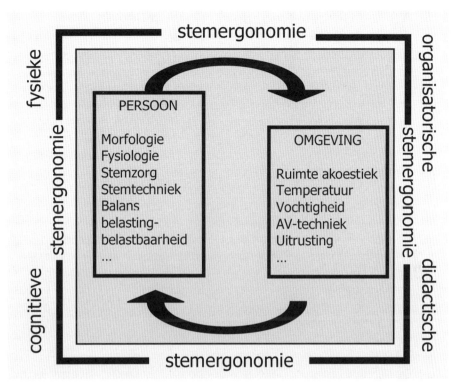

Figuur 8.1 Situering van stemergonomie. Als rode draad doorheen de vier deel-domeinen van ergonomie, staat stemergonomie in relatie tot de interactie tus-sen spreker en omgeving.

dingen tot stemdeskundigen instaan voor de vorming van stemergono-men.

Het werkdomein is breed en de stemergonoom kan een extra onder-steuning bieden voor een langdurende succesvolle loopbaan in samen-werking met de personen die de spreker zijn beroepsspecifieke compe-tenties aanleren. Een degelijke, permanente en erkende vorming van de stemergonoom heeft een dubbel voordeel: de beroepsspreker kan in volle vertrouwen rekenen op deskundige hulp en door de registratie of profilering als erkend stemergonoom wordt de zoektocht naar een ste-mergonoom een stuk gemakkelijker.

181

8.3   De stemergonoom en zijn actieveld

De stemergonoom zal vooral zijn kunde en kennis toepassen ten bate van beroepssprekers en -zangers binnen hun professionele context. Dat kan gaan om adviezen rond herschikking van een lokaal, de aanpassing van stemgedrag naargelang de ruimte waarin men spreekt, de selectie van de beste geluidsversterking, een zoektocht naar de best mogelijke afwisseling van stemopdracht en stemrust binnen een uurrooster of loopbaan, de bijsturing van een technische afstelling, een wijziging in de akoestiek enzovoort. Hij is actief in zeer verscheiden werkomgevingen zoals theaterzalen, leslokalen, vormingscentra, sportzalen, polyvalente ruimtes, open lucht, tolkboxen, opnamestudio's. De stemergonoom helpt zowel individuen met eigen noden als groepen die een zelfde taak vervullen of binnen een vergelijkbare omgeving actief zijn. Hij sensibiliseert de beleidsvoerders die moeten beslissen over investeringen en aanpassingen en brengt hen op de hoogte van resultaten die de beroepssprekers boeken dankzij de uitgevoerde investeringen en aanpassingen. De stemergonoom hanteert de principes van goede preventieve acties op grote en kleine schaal, inclusief voorlichting en informatie.

De definitie van ergonomie en ergonoom suggereert misschien, ten onrechte, dat deze discipline zich beperkt tot de beroepssituatie. De stemergonoom breidt zijn actieveld uit naar de vrije tijd van de beroepsspreker, waar men mogelijks even vaak en even intens de stem gebruikt binnen mondelinge communicatie. Ook dan streven we naar een gezonde en aangepaste interactie mens-omgeving. Supporteren, koorzingen, uitgaan, sport beoefenen: binnen elke vrijetijdsactiviteit kan men stemergonomische inzichten toepassen. Meer nog: de goede zorg voor de vrijetijdsstem legt een prima basis voor de vorming van een goede beroepsstem.

Voor wie geen beroepsspreker is maar toch regelmatig, lang of intens groepen toespreekt, roept, zingt of onderhandelt, is stemergonomische begeleiding misschien niet absoluut noodzakelijk, maar zeker even nuttig.

De stemergonoom breidt zijn actieveld ook uit naar alle leeftijdsgroepen. Zowel de peuter in het kinderdagverblijf als de bejaarde met verminderde stemkracht heeft recht op een hoog welbevinden en het gevoel van geslaagde communicatie. De stemergonoom zal hierbij een prima inzicht aan de dag leggen in ontwikkelingstaken en -fasen en de individuele nood aan stimulering. Is oma niet meer mobiel, dan helpt de stemergonoom uiteraard oplossingen zoeken om haar telefoontoestel binnen handbereik te hebben. Maar is oma cognitief nog heel alert, dan vervangt hij haar toestel niet door een seniorentoestel met vereenvoudigde bediening. Op die manier biedt de stemergonoom stimulering op maat.

De stemergonoom richt zich ook naar mensen die al dan niet beroepsmatig werken of communiceren met verschillende leeftijdsgroepen. Twee elementen zijn hierbij belangrijk: de vorming van de mensen zelf en hun aandacht voor de stemergonomie van hun doelgroep. Een mantelzorger bijvoorbeeld gebruikt zijn stem anders in gesprekken met een zwaar gehoorgestoord, hoogbejaard familielid. Een kinderverzorgster is sterk geholpen met stemvaardigheden die haar toelaten gehoord te worden binnen een schelle klanksoep van hoge kinderstemmen. Tegelijk leren zij van de stemergonoom hoe zij de stem van hun familielid of van de kraaiende kruipertjes binnen de omgeving het best kunnen stimuleren, sparen en ondersteunen.

De stemergonoom is gul met zijn inzichten en kennis. Hij peilt naar de verwachtingen van de spreker of sprekersgroepen die hij helpt en checkt met hen de haalbaarheid van de oplossingen. Hij informeert ook ruim over het hoe en het waarom van de aangeboden oplossingen. Op die manier geeft hij de stemgebruiker zelf zo veel mogelijk tools in handen om de dagelijkse afstemming te realiseren.

8.4 Iedereen stemergonoom

Er is goed nieuws: al wie in een spreekberoep actief is, heeft toegang tot heel veel informatie die ook de stemergonoom gebruikt via vakbladen, internet, vorming e.d. Voor de dagelijkse snelle aanpassingen kan deze informatie al richtinggevend zijn of oplossingen aanbieden. Vraag gerust de stemergonoom of -deskundige extra informatie, laat hem je oplossingen evalueren, toetsen met zijn ervaringen, aanvullen en eventueel corrigeren.

Er is nog beter nieuws: niemand is een betere ervaringsdeskundige dan de beroepsspreker zelf. Hij weet het best in welke situaties en omgevingen hij met zijn stem schittert of stemkracht tekort komt. Zijn informatie is cruciaal voor de stemergonoom om samen oplossingen te vinden. De stemergonoom en de beroepsspreker zijn op dit vlak dus didactische partners: de beroepsspreker bezorgt de informatie die de stemergonoom op het juiste spoor zet naar de best mogelijk oplossing. Zo verhoogt het probleemoplossend vermogen van beide partijen. Dit principe van 'empowering' maakt de beroepsspreker minder afhankelijk van hulpverleners en beslissingen door derden. Dat is ook nodig, want een stemergonoom is als een sportcoach: als de echte prestaties geleverd moeten worden, is hij niet aanwezig.

8.5   Door de bril van de stemergonoom

De stem bekijken door de bril van de stemergonoom biedt een hele rits voordelen:

Een eerste punt is de wijze waarop we naar de verschillende aspecten van het stemgeven kijken. Gewoonlijk proberen we wat we waarnemen of onderzoeken, weer te geven in duidelijke tabellen, grafieken, schema's of beelden. Aan elk van deze voorstellingen koppelen we dan een bepaald besluit. Dit biedt het voordeel dat we meer inzicht krijgen in ontstaansmechanismen, dat we aanknopingspunten zien voor verbetering, oorzaken detecteren, een stemgedrag nauwkeuriger kunnen beschrijven en categoriseren, begrijpen welke interne en externe factoren een rol spelen, de link leggen met omgeving en dergelijke. Maar vaak stellen we ons tevreden met dit inzicht in afzonderlijke pakketjes informatie. Meer nog, die opgesplitste informatie maakt het moeilijk een bepaalde spreeksituatie in zijn geheel concreet aan te pakken. De stemergonoom synthetiseert daarom deze informatie weer en vertaalt deze naar een spreeksituatie voor een individuele spreker of sprekersgroep. Zo krijgt het totaalplaatje weer betekenis in al zijn verbanden en kan men doelgerichter de spreker en de omgeving op elkaar afstemmen.

Als we spreken over mensen die instaan voor stemzorg, dan hebben we het meestal over de NKO/KNO-arts of foniater, de logopedist, de stemcoach, de stempedagoog. De stemergonoom zet de deuren open voor meer disciplines. Hij integreert informatie van architecten, preventiedeskundigen, ontwerpers, gezondheids- en bewegingswetenschappers, informatici, regisseurs, …. Via zijn contacten geeft hij een dubbel signaal. Aan het klassieke stemteam laat hij weten: wie met stem bezig is kan zijn deskundigheid uitbreiden door contact met deze extra disciplines. Aan deze extra disciplines laat hij weten: jullie deskundigheid heeft binnen de stemzorg een duidelijk toepassingsgebied. En meteen nodigt hij beide groepen uit tot nauwere samenwerking. Op die manier doet de stemergonoom zijn vak ten volle eer aan als verbindende wetenschapper die, vanuit de kennis van basisdisciplines, gespecialiseerd is in het combineren van de expertise van vele andere wetenschappen ten voordele van de stem.

Stemwetenschap is vaak in hetzelfde bedje ziek als veel andere domeinen: er gaapt een kloof tussen de praktijk en het onderzoek. Onderzoeksresultaten worden door praktijkmensen wel eens argwanend ontvangen met de bedenking dat gewoon vastgesteld is wat iedereen met gezond verstand al lang wist. De onderzoekers zelf bekijken de stempraktijk dan weer argwanend zolang er geen wetenschappelijke bewijskracht is voor de degelijkheid en de efficiëntie ervan. Soms ontbreekt ook de bereidheid, inspanning of openheid vanwege onderzoekers en praktijkmensen om deze onderzoeksresultaten in de praktijk te integreren. Tegelijk blijven beide partijen met onbeantwoorde vragen zitten zowel vanuit ervaring als vanuit studie. Deze impasse heeft vaak te maken met tijdsgebrek, communicatieproblemen en een hoge mate van specialisatie. De stemergonoom is de persoon bij uitstek die signalen uit de praktijk opvangt, verzamelt en die omzet in een onderzoeksvraag die hijzelf of andere deskundigen proberen te beantwoorden. Door deze omzetting te maken kan men een aantal gelijklopende ervaringen van stemgebruikers wetenschappelijk onderbouwen. Omgekeerd helpt de stemergonoom snel en actief onderzoeksresultaten implementeren in de reële stempraktijk. Zo verkort hij het communicatiekanaal waardoor hij enerzijds kan duidelijk maken dat goede praktijk wetenschappelijk bewijsbaar is, en waardoor anderzijds wetenschappelijke evidentie niet ongebruikt blijft steken in boekenrekken of databanken vol publicaties en referaten.

8.6 Interactie, creativiteit en strategie

Wie ook de principes van de stemergonomie toepast, centraal in het handelen staan de begrippen interactie, creativiteit en strategie.

Interactie betekent dat we bij de voorbereiding op en planning van het stemgebruik rekening houden zowel met de kenmerken van de stemgebruiker als van die van de ruime omgeving (ruimte, publiek, uitrusting) en proberen een beeld te krijgen van hoe die elkaar beïnvloeden. Voor spreekopdrachten binnen de dagelijkse routine zijn deze kenmerken gekend en is de invloed eerder voorspelbaar. We kennen de ruimtes waarin en het publiek waarvoor we dagelijks spreken. En toch kan een stemergonomische blik al snel enkele problemen ophelderen. Of we krijgen tenminste een verklaring waarom de stemvaardigheden in de

ene situatie het gewenste effect hebben en andere keren frustratie op-
roepen bij spreker of toehoorders. Dan ervaren we hoe ogenschijnlijk
kleine variaties grote effecten kunnen hebben: experimenteer even met
de afstand tot het publiek, met hun positie in de ruimte, met het verschil
tussen een knopmicrofoon en een microfoon op een standaard, met de
verschillende manieren waarop je het publiek wil betrekken, met de
lichtsterkte in de zaal. Zorg voor kapstokken en je stelt het publiek in
staat intenser hun aandacht te richten dan bij een chaotisch gevecht
met jassen en tassen. Haal met gordijnen de felle zon uit hun gezicht …
de lijst van mogelijke oplossingen is eindeloos (zie ook Hoofdstuk 5 *Een
duwtje in de rug*).

Heb je geen idee in welke spreekomgeving je terechtkomt, dan moet je
als deel van de voorbereiding vooraf deze omgeving gaan verkennen. In
de beste omstandigheden kom je in de ruimte waar je zal spreken, probeer je de uitrusting uit, deel je de organisator mee wat voor jou de beste opstelling is, verneem je wat de verwachte groepsgrootte is. 'Hadden
we maar altijd deze luxe' is een terechte opmerking in verschillende betekenissen: soms kunnen we de omgeving pas leren kennen vlak voor
de spreekopdracht zodat we enkel kleine aanpassingen kunnen doen.
Maar de omgeving kan ook niet aanpasbaar zijn: een zwembad, de
open lucht, een theaterzaal. In het slechtste geval moeten we het doen
met beschrijvende informatie vanwege de organisator. Stel je dan niet
tevreden met een grove opsomming van het audiovisueel materiaal. Je
krijgt daarmee nog steeds geen duidelijk beeld van de situatie. Het volgende voorbeeld illustreert dit.

Je verneemt dat er een microfoon en CD-speler beschikbaar zijn en dat
projectie op scherm via een beamer mogelijk is voor de powerpointpresentatie die je meebrengt op schijf of geheugenstick en die je op het bu-
reaublad van de plaatselijke computer kunt opladen. Je plant een afwisseling van spreekmomenten tot het publiek en overleg tussen het publiek, je doorspekt je praatje, goed gestructureerd in geprojecteerde
beelden, met geluidsvoorbeelden. Je bereidt je grondig voor, er kan
niets misgaan. Tot je ter plaatse vaststelt dat de microfoon een model is
op een standaard (geen toenadering tot het publiek mogelijk), dat de
zaal van het auditoriumtype is (moeilijk om in groep overlegmomenten
in te schakelen), dat de automatisch ingestelde verduisteringsgordijnen
omhoog rollen zodra je de CD-speler gebruikt (had je maar de fragmen-
ten ingevoegd in de presentatie). Daarbovenop hebben de organisatoren meer mensen toegelaten dan er plaatsen beschikbaar zijn. De tus-
sengangen staan volgepropt met extra stoelen, mensen zitten bijna op
elkaars schoot, de temperatuur stijgt tot het onaangename. De hele si-

tuatie lokt constante spanning uit en je moet bovenmenselijke vaardigheden aan de dag leggen om de aandacht te houden, het geroezemoes te temperen, de boodschap uitgelegd te krijgen. Je bent gespannen en je grijpt naar de laatste oplossing: overbelasting van de stem. Er blijft geen spoor meer over van 'optimaliseren van het menselijk welbevinden en de performantie van het systeem', en al helemaal niet op stemgebied.

Het begrip interactie houdt altijd ook actie in. Het volstaat niet om situaties te beschrijven en een loopbaan lange lijstjes te maken van plaatsen, situaties en omstandigheden die niet bevredigend waren. De stemergonoom kan je helpen om te leren welke acties je het best wanneer onderneemt. Stilaan bouw je dan een repertorium van mogelijkheden op waaruit je later opnieuw kunt putten. Naast een reeks algemeen bruikbare oplossingsstrategieën zal je toch telkens ook weer actief naar éénmalige situatiegebonden oplossingen gaan zoeken. Voor de ene is het bedenken van de oplossing de moeilijkste fase, voor anderen vraagt de realisatie van de oplossing meer energie en daadkracht.

Stemergonomisch handelen, vraagt ook creativiteit. Dit kan verschillende vormen aannemen. Je leest bijvoorbeeld over stemergonomie en je vertaalt de adviezen naar je eigen situatie. Je hoort hoe anderen hun stemergonomische problemen hebben opgelost en je kneedt en wijzigt hun oplossingen tot een eigen bruikbare versie. Je verdiept je in een parallel domein, bijvoorbeeld de rugergonomie, en je ontdekt aanknopingspunten voor de stem. Je combineert kennisdomeinen en integreert ze met de eigen ervaring zodat adviezen en oplossingen een persoonlijk tintje krijgen. Laat zeker anderen mee genieten van de vruchten van je creativiteit door ze regelmatig te bespreken. Misschien heb je al te lang naar een oplossing gezocht terwijl je collega je die zo kon aanbieden. Andersom zou jouw oplossing wel eens het leven van velen aangenamer kunnen maken. De grootste stap om het creatief proces in gang te zetten is het voelen, zien en nauwkeurig beschrijven van een probleem. En daar wringt soms het schoentje. De beschrijving van spreeksituaties kan onvolledig of onnauwkeurig zijn. Laat de stemergonoom toe te komen observeren, laat hem je helpen om de situatie preciezer te omschrijven en zoek samen naar een fijner inzicht. Sommige mensen ervaren dit als confronterend, anderen als prikkelend, maar in elk geval is de eerste stap naar een oplossing gezet.

Stemergonomen maken een onderscheid tussen planning en strategie. Planning betekent dat je vooraf vastlegt wat je zal doen, op welke manier, in welke volgorde, wat je daarvoor nodig hebt, enzovoort. Als spreker doe je dit wanneer je de inhoud van een toespraak, les of rondleiding voorbereidt. Planning resulteert dan in een goede structuur, overzicht, duidelijkheid, begrip. Op het domein van de stem kun je ook heel wat plannen: is een projecterende of een conversatiestem nodig, hoe lang spreek je en hoe vaak las je een stemrust in, hoe varieer je de spreekstijl, op welke momenten corrigeer je je houding, hoe en waar warm je de stem op, … Al deze overwegingen kunnen bijdragen tot een goed resultaat. En toch … toch ervaren sprekers dat een identiek stemgedrag dat op een zelfde nauwkeurige wijze gepland is, niet altijd hetzelfde effect heeft. Dat komt omdat planning perfect past bij een gecontroleerde omgeving waarbij we alles in de hand (denken te) kunnen houden. Deze concreet geplande actie bouwen we op vanuit wat we weten en kunnen voorspellen. In een reële spreekomgeving kan dit slechts gedeeltelijk. Na een cantus zitten de studenten half te slapen, in juni kan het bloedheet zijn in lokalen, bij het historisch gebouw kunnen wegenwerken aan de gang zijn, een lamp kan storend flikkeren, de microfoonbatterij kan het laten afweten net als jij aan de beurt bent … Als je in zo'n situatie de planning nauwgezet volgt, kun je in het slechtste geval een ware mismatch vaststellen tussen de situatie en jouw gedrag. En als het plan eenmaal mislukt is, dan voel jij je de schuldige. Hier geldt het gezegde 'The plan that binds is the plan that blinds'. Andere mogelijkheden dan wat je in de planning voorzag, komen niet in je op. De oplossing is hier om de grote lijnen in stemgedrag te plannen en voor de rest strategisch te werk te gaan zodat we ter plaatse een aantal oplossingen kunnen uitproberen. Dat betekent: vaardig worden in een groot aantal alternatieven, waaruit je dan kunt kiezen binnen een gegeven context. Strategie veronderstelt dan ook de flexibiliteit om op gepaste wijze stemvriendelijk te kunnen reageren op een steeds wisselende interactie tussen omgeving en spreker. Voorbereidend op een spreekopdracht bouw je dus ook voortdurend aan een uitgebreid repertorium van strategieën. Terwijl plannen eerder gericht is op de actie op een bepaald moment, laat strategie je toe op langere termijn probleemoplossend vooruit te denken.

Besluit

Is stemergonomie gelijk aan 'oude wijn in nieuwe zakken'? Zeker niet! We zouden het kunnen vergelijken met de energieadviseur. Iedereen kan de tocht door de ramen voelen en weet dat actie nodig is, maar de energieadviseur zet de nood om in concrete, haalbare voorstellen binnen een aangepast actieplan. Zo ook ervaren stemgebruikers dagelijks de nood aan een goede afstemming met de omgeving. Het inzicht in deze materie is vergroot. Evidentie is doorgesijpeld tot de verbruiker. Maatschappelijke en economische ontwikkelingen dwingen tot concretere initiatieven op grote en kleine schaal. De stemergonoom is hierbij de sleutelfiguur die voor steeds meer mensen het verschil kan maken tussen frustratie en welbevinden. De stemgebruiker, die persoonlijke strategieën opbouwt en de stemergonoom die de wetenschappelijke discipline grondig beheerst en van daaruit adviseert en bijstuurt, vormen een hecht team. Deze samenwerking garandeert niet alleen het welbevinden, maar ook de performantie van het systeem waarin men functioneert, ongeacht de stemactiviteit, de leeftijd of de graad van professionalisering.

9. De balans in evenwicht

Bewegen en daarbij in evenwicht blijven is een huzarenstukje van coördinatie: de beweging is vloeiend en gericht, spierspanningen zijn op elkaar afgestemd, werken samen en ondersteunen elkaar. Hersenen en kleinhersenen ontvangen hiertoe prikkels uit de spieren en pezen en kunnen bijsturen via een aantal reflexen opgewekt vanuit het evenwichtsorgaan, wervelgewrichten en visuele informatie. Het is een alledaagse bezigheid waarop je volledig vertrouwt. Maar werkt het systeem niet perfect, kijk dan maar eens hoe we bewegen! Laat staan wat er gebeurt op een gladde ondergrond, in het pikdonker of met windkracht 10. Zelfs een acrobaat moet dan topprestaties leveren. Als niet alle vaardigheden perfect samenwerken mislukt de prestatie.

Stemgeven is ook zo'n voorbeeld van een fijne balans tussen veel elementen die dynamisch samenwerken. Naast de interne, fysiologische balans van ademhaling, stemgeving, articulatie en resonantie (zie Hoofdstuk 4 *Stemtechniek*) spreken we ook over een externe balans: het evenwicht tussen de stembelastbaarheid en de stembelasting, ook wel de draagkracht en de draaglast van de stem genoemd. Ook deze balans is zeer dynamisch en vraagt voortdurend een afweging van veranderingen om een situatie te creëren in het voordeel van de stem. De vorige hoofdstukken staan vol tips om dit voordeel te creëren.

Tot hiertoe spraken we over de werking van het stemgevend lichaam en de vele invloeden erop. Laten we dit het biologisch aspect noemen.

Een totaalbalans krijgen we echter als we naast de biologische, ook de sociale en psychologische kant van stemgeven in kaart brengen. Laten we het anders stellen: het is vanzelfsprekend dat de drie elementen samenwerken. Maar in functie van een bepaalde vaardigheid, hebben we de neiging om één element uit ons functioneren te lichten en niet meer terug te plaatsen in zijn totale verband. Dan werk je bijvoorbeeld heel hard aan je stemtechniek, maar verlies je de teugels in spannende situaties. Of je bestudeert grondig wat je moet weten over adem, stem en resonantie maar je voelt dat hoofd en hart niet samenwerken, want de motivatie is er niet om de kennis in vaardigheden om te zetten. Het lijkt wel of stemvaardigheden en stemtechniek het topje van een ijsberg vormen. En misschien is het wel zo. Als je keer op keer vaststelt dat ervaringen haaks staan op verwachtingen of opvattingen, leg dan even alles stil en beschouw het totaalplaatje van biologische, psychologische en sociale aspecten, want die zijn onlosmakelijk met elkaar verbonden. Dan helpt een zoveelste opfriscursus stemtechniek niet, dan mag je nog kapitalen besteden om de omgeving akoestisch op punt te zetten of jezelf steeds minder verzetjes gunnen in de hoop dat het ooit zal resulteren in een minder vermoeide stem.

Het werk dat we tot nu toe leverden in de vorige hoofdstukken had tot doel de stem te leren kennen, haar goed te verzorgen, prima te gebruiken en haar op allerlei manieren te ondersteunen. Deze basis verruimen we in punt 9.1 met het begrip levenskwaliteit. Twee belangrijke factoren hierin zijn het psychologisch (9.2) en sociaal (punt 9.3) goed functioneren. Vaardigheden die we op deze domeinen ontwikkelen ondersteunen de stemvaardigheden.

9.1 Een balans voor levenskwaliteit

In kringen van patiëntenzorg is de term 'levenskwaliteit' (quality of life) wereldwijd een hot topic. De stem moet goed werken (functie), je moet ermee kunnen communiceren (activiteit) en ze moet dienst doen bij alle rollen die je wenst te vervullen (participatie). Met 'rolvervulling' bedoelen we dat je de stem kunt inzetten bij de behoefte aan persoonlijke voorzieningen, mobiliteit, informatie-uitwisseling, sociale relaties, bezigheid, economisch leven en gemeenschapsleven. Dit moet leiden tot een verhoogde graad van levenskwaliteit in al zijn aspecten: fysische, mentale, emotionele en sociale gezondheid en een gevoel van subjectief welbevinden. Hier komt het begrip balans weer volop in de aandacht.

Eén van de doelstellingen van de Wereldgezondheidsorganisatie van de Verenigde Naties is de gezondheid van de wereldbevolking te bevorderen onder andere door de levenskwaliteit te verhogen. Je hoeft dus helemaal geen stempatiënt te zijn om baat te hebben bij de inspanningen op dit vlak van diensten en organisaties, steden en gemeenten, ministeries of de overheid in het algemeen. Uit de vele initiatieven selecteer je dan die activiteit of informatie die je kan helpen om de levenskwaliteit te verhogen. Soms gaat het om een aanbeveling (bijvoorbeeld stofvrij krijt gebruiken), soms gaat het om de mededeling van onderzoeksresultaten (bijvoorbeeld de meting van geluidshinder in instructielokalen). Het gebeurt zelden dat dergelijke informatie de landelijke pers haalt of als brede campagne uitgewerkt is. Dat betekent dat je er moet voor open staan, de mogelijke bronnen moet kennen en gericht de goede informatiekanalen moet raadplegen.

Maar we kunnen nog een stap verder gaan. Je kunt enerzijds afwachten wat de verschillende informatiekanalen je kunnen bieden, maar je kunt ook voor jezelf voortdurend een aantal zaken overwegen die je levenskwaliteit kunnen verhogen. En opnieuw pleiten we voor initiatief, actie en creativiteit. Dit is de manier bij uitstek om de eigen levenskwaliteit zelf in handen te nemen. Inzicht in de eigen psychologie en sociale interactie is hierbij cruciaal. We bespreken deze ontwikkelingsdomeinen, toegepast op de situatie van de heer Van Stilleghem:

De heer Van Stilleghem is een autoriteit in zijn vakdomein. We zijn dan ook heel blij hem op het programma van onze studiedag als hoofdspreker te kunnen aankondigen. De titel van zijn toespraak ronkt in de oren en zet de toehoorders op de rand van hun stoel. 'We horen u niet!' roept gelukkig iemand van op de achterste rij die waar voor zijn geld wil, na het eerste onverstaanbaar gemompel. Met duidelijke tegenzin neemt de heer Van Stilleghem dan toch de microfoon en gaat gewoon door. Hij houdt zijn micro steeds lager en zwaait ermee, vermoedelijk op het ritme van zijn betoog. Hij is doof voor het hoorbaar ongenoegen van de mensen die te beleefd zijn om nog een tweede keer luidop te reageren. Uiteindelijk hebben maar een handvol mensen meer gehoord dan er op zijn powerpointpresentatie te lezen is. Als de volgende spreker de mensen duidelijk en warm begroet, gaat er een zucht van opluchting door de zaal.

9.2 Psychologisch functioneren

Iedereen onder ons denkt, voelt, verlangt, wenst, handelt zoals de meeste mensen dat doen. Toch zijn onze gedachten, gevoelens, verlangens, wensen en handelingen op een bepaalde manier persoonlijk. Het unieke en stabiele patroon van psychologische en gedragskenmerken waardoor we de ene persoon van de andere kunnen onderscheiden, noemen we de persoonlijkheid. Die is opgebouwd uit aanleg, ervaring en invloeden vanuit de omgeving. Een leven lang doen we ons best om deze persoonlijkheid te vormen, te leren kennen en te communiceren. Het temperament is onze drijfveer, onze emoties de uitdrukking van onze persoonlijke beleving. Beroepssprekers zijn hierin niet anders. Als onze taak erin bestaat via onze stem te communiceren, dan vraagt het psychologisch functioneren de nodige aandacht.

9.2.1 Ik en mijn stem

Wat vind je van je eigen stem? Dit is een cruciale vraag om je goed 'in je stem te voelen'.
Als we spreken horen we voortdurend onze eigen stem. Die zijn we gewoon. Af en toe beluisteren we opnames van diezelfde stem en dan schrikken we: ze klinkt zo totaal anders. Dat is normaal. Al sprekend (of zingend) horen wij onze klank niet alleen via klankverplaatsing door de lucht, maar ook via ons eigen weefsel en onze schedelbeenderen. Deze structuren geleiden de lage tonen in onze stem beter dan de hoge. We ervaren onze stem bijvoorbeeld als sonoor, warm. De opgenomen stem horen we enkel via de lucht en daar zijn de lage tonen niet bevoordeeld. Dat is de reden waarom we zelf onze opgenomen stem schril of hoog vinden, terwijl anderen onze stem vlotjes herkennen. Binnen de stemvorming vinden sommigen het niet zo'n goed idee om eigen stemopnames te beluisteren. Als de klank vanuit een ontspannen beleving komt

waardoor het hele lichaam gecoördineerd samenwerkt, dan klinkt de stem goed en natuurlijk. En dat klopt. De tocht naar een goede natuurlijke stem is al op zich een heel avontuur. Dus als je je eigen natuurlijke stemklank en potentieel wil ontdekken is het effect op de anderen minder belangrijk. Maar er zijn ook sprekers die zeer gedifferentieerd met hun stem willen omgaan en er de fijnst mogelijke nuances willen in leggen precies om een welbepaald idee of een gevoel over te brengen. Acteurs en woordkunstenaars zijn daarin de toppers. Maar wist je dat ook radio-omroepers stemtraining krijgen om het typisch karakter van de radiozender uit te stralen? Er zijn dus heel wat variaties op de radiofone stem. Dit fijn stemspel is ook belangrijk als je minder grote groepen bereikt, bijvoorbeeld bij gidsbeurten, als leraar en zeker in een gesprek aan de telefoon als de indruk die je maakt voor een groot deel door de stem bepaald wordt. In trainingen komen leraren soms tot onverwachte bevindingen of horen ze voor het eerst elementen in de stem waarvan ze zich niet bewust waren. Een leerkracht merkte bijvoorbeeld op dat ze de eindwoorden van zinnen zachter uitsprak met een kraakje in haar stem. Ze vond dat dit wat futloos klonk. Dankzij enkele oefeningen om de ademkracht wat beter te spreiden en een tijdje voldoende aandacht voor dit werkpunt, slaagde ze er snel in 'wat meer pit' in haar stem te leggen.

Hoe je via de stem wil overkomen heeft veel te maken met je zelfbeeld. We spreken dan over 'vocal image': hoe wil ik als persoon overkomen via mijn stemklank, welke van mijn eigenschappen kan ik uitstralen via de stem, klink ik zoals ik zou willen, …? Gelukkig gebruiken we onze stem al jarenlang, zodat ze een wezenlijk deel van onze persoon is waarover we meestal geen vragen stellen. Toch kan het tegenvallen. Wie een verkoudheid heeft hoort snel het verschil in toonhoogte, zuiverheid, flexibiliteit. Gelukkig is dit tijdelijk en is er niets wezenlijks aan de hand. Maar bijvoorbeeld na een ongeval met blijvende beschadiging of verandering van de stemstructuren is het moeilijker om de 'nieuwe' stem als de eigen klank te aanvaarden. Daarnaast kun je ook door de natuur benadeeld zijn. Het kostte bijvoorbeeld een kleerkast van een man met een hoge stem een grote dosis moed om te solliciteren voor een leidinggevende functie. Hij was er vast van overtuigd dat 'men' een hoge stem zou zien als een teken van onvolwassenheid en een gebrek aan daadkracht. Wie ontevreden is met de eigen stemklank heeft de neiging daaraan iets te veranderen. Soms kan dat, vooral als de stemtechniek of het stemgedrag kan verbeteren. In andere gevallen is dit geen goed idee. De kans is groot dat je dan dingen gaat doen waarvoor de stem niet gemaakt is. Doe je dat intens of heel vaak dan raakt de stem beschadigd. Stel je dus niet tot doel te willen klinken zoals je begenadigde collega en schrap alle pogingen om je stemidolen te imiteren. Jazeker, sommige mensen kunnen dit ongestraft doen, maar die lopen niet zo dik, wees daarvan maar overtuigd.

Je stembalans kan dus uit evenwicht geraken door er te hoge eisen aan te stellen of door de eigen mogelijkheden niet mee te tellen in de verhouding tussen belasting en belastbaarheid.

De heer Van Stilleghem gebruikt zijn stem niet ten volle om zijn boodschap over te brengen. Voelt hij zich anders dan zijn stem uitstraalt? De enige oplossing die hij hier voorlopig voor vindt is zijn stem zo beperkt mogelijk te laten horen.

9.2.2 Ik en mijn communicatie

Ergens verschijnen als spreker is communicatie. En die verschijning spreekt op zich al boekdelen. Je staat er zelfverzekerd bij, je neemt de omgeving in je op, je wacht rustig tot je kunt beginnen, je kijkt mensen aan. Of je bent zenuwachtig doende, je bladert in de notities en af en toe schiet er een blik over je leesbril vluchtig de zaal in, je test met angstogen de apparatuur uit, je zoekt een veilige plek achter het spreekgestoelte. Zonder klank of woord zeg je het publiek al hoe je je voelt en hoe zij jou moeten begrijpen: als iemand met zelfvertrouwen of als een angsthaas. De toon is onmiddellijk gezet, want de lichaamstaal is authentiek en eerlijk. Het komt erop aan om lichaam, stem en woorden goed op elkaar af te stemmen. Wie zich goed voelt in zijn taak heeft daarmee geen probleem: een goede eutone houding en een betrokken gerichtheid naar het publiek zorgen voor een energieke aanwezigheid met impact op de toehoorders. Het basisgevoel erachter helpt om de mondelinge communicatie dezelfde uitstraling te geven. Wie in de knoei zit met dat basisgevoel, probeert dit in zijn woorden en stem te verdoezelen. En dat is bijzonder moeilijk.

Om dit ten goede te keren, werken we het best aan twee attitudes. De eerste is de houding van 'Ik wil hier zijn.' Dat maakt je honderd procent aanwezig met de volle aandacht voor wat er aan communicatie rondom gebeurt. Ter plaatse staan te wensen dat je elders was, neemt daarentegen alle betrokkenheid weg. Een tweede houding is de wil om de luisteraars te erkennen. Zij zijn aanwezig, spenderen tijd aan jou als spreker, luisteren en ondersteunen door hun houding een vlot verloop. Luisteraars die zich genegeerd voelen sluiten ook hun deuren voor verdere communicatie. Door hen te erkennen heb je niet alleen gekeken, maar je hebt ook gezien, niet alleen geluisterd, maar ook gehoord. Op die manier maken de vele prikkels vanuit de omgeving een deel uit van de bewuste communicatie. Je merkte bijvoorbeeld bij één uitspraak dat enkele mensen bevestigend knikten, je voelde gradaties in aandacht bij de verschillende voorbeelden die je gaf, je hoorde een onrust toen het publiek je even niet kon volgen. Daarvoor moet je de zintuigen in een veld van 180° openzetten. Een specifiek groepje toespreken, vaste ankerpunten zoeken in het publiek, boven hen uitkijken, al deze 'truukjes' voelen toehoorders aan als een tekort aan durf, wil of moed om met hen te communiceren.

Hier en nu ten volle aanwezig zijn en gericht zijn naar het publiek zorgt meteen ook voor een grotere persoonlijke ruimte. Daarmee bedoelen we dat je communicatieintentie, je boodschap reikt tot de achterste rij toehoorders. Wie daarin slaagt voelt ook meteen dat de stem een andere reikwijdte krijgt. We horen wel eens dat sprekers oefenen op een professionele manier van spreken. Daarmee bedoelt men een bevestigend intonatiepatroon, de gepaste vaktermen, duidelijke zinnen, logische opbouw. Toch krijgen deze mensen soms de indruk dat ze niet professioneel overkomen. Terwijl de toonhoogtepatronen en spreekstijl onze autoriteit, kracht en vertrouwdheid uitdrukken, bevat de stemklank ook informatie over zelfvertrouwen, intentie en geloofwaardigheid. Dit laatste kunnen we via het gehoor 'aflezen' uit de boventonen van de stemklank, want ze zijn minder stabiel bij onzekerheid en zenuwachtigheid en ze zijn zwak bij onvoldoende draagkracht. Hoeveel leraren vragen niet om rust in de klas terwijl hun stem niets dan onrust communiceert? De communicatieve intentie verstevigt de zogenaamde 'body-mind' connectie, zodat al onze signalen de exacte weergave zijn van ons innerlijk denken, voelen en functioneren. Onze stem wordt dan de drager van betekenis en intentie zodat we een goed evenwicht vinden tussen een geloofwaardige professionele en een warme persoonlijke uitstraling.

Een soort communicatie van een andere orde is die tussen jezelf en je inwendige criticus. Zodra je die aan het woord laat in termen van 'goedfout' en 'zou moeten-had gemoeten' krijg je de neiging om te controleren, uit te leggen, jezelf te verwijten of aan jezelf te twijfelen. En dat doe je vooral als de criticus opduikt tijdens de stemprestaties. Toehoorders voelen dat je spontaneïteit en je contact met hen vermindert. Maak daarom de volgende afspraken met die criticus: leg hem het zwijgen op tijdens je prestaties en laat hem alleen aan het woord als je hem ertoe uitnodigt. Op het gepaste moment kun je dan wel samen eens nakijken hoe je je prestaties in de toekomst kunt optimaliseren.

We kunnen ons voorstellen dat de heer Van Stilleghem in zijn beleving elders is: in zijn labo, kantoor of thuis, maar niet voor het publiek waarvoor hij moet spreken. Hij maakt dit nog eens extra duidelijk door iedereen te negeren. En reken maar dat dit impact heeft: ontevredenheid en teleurstelling alom. Zijn 'tekort' aan communicatie is dus een heel sterke en negatieve vorm van communicatie.

9.2.3 Ik en mijn taak

Een spreekopdracht haalt ons uit onze rust en brengt ons in een zekere staat van paraatheid. In ons lichaam komt een kettingreactie van ingewikkelde processen op gang die ons het gevoel van druk geven. De eisen, de tijdsdruk, het doel, de moeilijkheidsgraad, maar ook onze ambitie, de nauwkeurigheid waarmee we willen werken, de mate waarin we onderlegd zijn in het onderwerp, al deze elementen bepalen samen hoeveel druk we ervaren. Elke opdracht is daarin verschillend. En het is deze emotie die bepaalt of de druk aangenaam prikkelend is of verlammend. Deze druk noemen we ook stress. Zonder een goede dosis stress presteren we vaak ondermaats, zonder ambitie, zonder uitstraling. De stress die ons prikkelt tot efficiënte prestaties noemen we eustress (goede stress). Je bijt je in de opdracht vast en haalt het beste uit jezelf en de situatie. Stress die aanzet tot inefficiënte prestaties noemen we distress: ze beneemt je vaardigheden die je in andere situaties genuanceerd kunt inzetten. Het is een verkeerde gedachte dat we een gelukkiger mens worden door stressvolle situaties te vermijden. We doen er dan het best aan om te leren omgaan met stress zodat de ervaren druk daalt tot een niveau waarop we vlot en graag kunnen werken (coping). Dit is een leerproces dat we het best stap voor stap onder begeleiding aanpakken. Als ons lichaam, onze geest en onze emoties eenmaal met vele vormen en niveaus van stress kunnen omgaan, zijn we een vaardigheid rijker. En dit komt niet alleen onze stem ten goede.

Als je goed leert ervaren wat je aanzet tot goede prestaties en wat je hindert, dan kun je je spreekomgeving beter naar je hand zetten. Aarzel niet om eisen te stellen aan de omgeving waarin je zal werken. Weet je bijvoorbeeld dat door spanning je mond snel droog wordt, vraag dan uitdrukkelijk naar een glas water, als daar niet voor gezorgd is. Heb je dicht contact nodig met de luisteraars om je begeestering over te dragen, vraag hen dan om ook op de eerste rijen te gaan zitten. Beklemt het je om voortdurend de tijd in het oog te houden, vraag dan iemand een bescheiden signaal te geven een paar minuten voor de pauze. Ieder van ons heeft vast zijn eigen steunpunten, zekerheden of comfort nodig om goed te kunnen presteren. Ja, het vraagt soms wat extra moeite of tijd maar bespaar er niet op als je goed wil presteren.

Topsportbegeleiders benadrukken het belang van eigen rituelen tijdens de voorbereiding van atleten op topprestaties. Ook voor sprekers kan een ritueel of persoonlijk voorwerp een vertrouwd gevoel geven binnen een onbekende omgeving. Maar laten we hierin zeer realistisch zijn: wie heeft het meest kans op slagen: de amateur tennisser die urenlang zijn slagen oefent tegen de achtergevel van zijn huis of diegene die zeven rackets aanschaft, die hij maandelijks laat herbesnaren, verschijnt in een dure outfit en enkel een tennisveld betreedt waaraan een exclusieve clubkaart is verbonden? Zonder de werkkracht van de eerste kan de tweede zijn doel niet bereiken, ook al meent hij dat zijn uitrusting kan helpen. Laten we dus heel goed uitmaken wat ons helpt bij onze spreekopdracht en wat de essentie is zodat we onze prestaties goed kunnen inschatten. Ons stressniveau zal er baat bij hebben.

Het onderscheid tussen stress die verlamt (distress) en angst is klein. Terwijl stress eerder gaat over de emotie die je ervaart bij spanning op een bepaald moment (het is al vier uur en mijn werk moest al klaar zijn), tijdens bepaalde activiteiten (ik moet iets schrijven en ik heb geen inspiratie), is angst eerder een emotie bij het vooruitdenken in de tijd en daarbij een negatief gevoel ervaren.

In heel wat boeken over presentatievaardigheden lezen we dat spreken in het openbaar één van de grootste angsten is van veel mensen. En wat denk je als je dit leest? 'Oef, ik ben normaal, laat me dus maar rustig angstig zijn'. Als je wat angstig van aard bent, lees diezelfde boodschap nog enkele keren en je voelt de kriebels al komen, zelfs al ligt dit niet in je aard. Stilaan installeert zich in je hersenen de gedachte dat het normaal is dat je angstig uitkijkt naar een spreekopdracht. Dit verzwakt de zelfverzekerdheid en zo kom je in een vicieuze cirkel terecht; je maakt deel uit van de massa spreekangstigen, inclusief natte handen, trillende stem, bonkend hart. Uiteindelijk geef je de boekjes de schuld. Het is alsof je definitief vergeet wat je wel kunt en wat je ooit goed gedaan hebt en je gelooft niet meer dat het ooit nog zal lukken. Je weigert zelfs spreekopdrachten. En daar gaat de voldoening en de levenskwaliteit! Het rad kan pas anders gaan draaien als je inziet hoe de situatie gegroeid is en wat daarin je aandeel is.

Een andere mogelijkheid is dat je van nature wel wat angstig bent. Je lacht dan elke suggestieve vraag om voor een groep te spreken zo snel mogelijk weg. De angst doet je denken: 'Dat kan ik niet en dat zal ik nooit kunnen.' Maar er is nog nooit iemand in geslaagd te bewijzen dat hij iets niet *zal* kunnen. Angst is heel vaak het gevolg van gedachten: ze is er al als je nog maar denkt aan een spin, aan het vliegtuig nemen, aan het balkon op de hoogste verdieping, aan spreken. Als gedachten zoveel angst kunnen doen ontstaan, waarom zouden gedachten dan ook niet sterk genoeg zijn om het tegendeel te bewijzen. We draaien dan de gedachte 'Waarom ik?' om naar 'Waarom ik niet?'. Tegelijk geef je jezelf de kans om te leren.

De angst die je hebt, kan natuurlijk ook gegroeid zijn uit vroegere ervaringen. Een nauwkeurige analyse van wat er toen gebeurde, vanop wat afstand en een tijdje later kan ons heel wat leren. Je merkt bijvoorbeeld dat één bepaald aspect blijft hangen in je gedachten en gemoed. Al de rest ben je zelfs vergeten. Dit betekent dat je waarschijnlijk iets in de beleving hebt uitvergroot dat alles overschaduwt. Alleen al deze vaststelling zet de angst in een ander en realistisch perspectief. Dit haalt de positieve elementen uit de ervaring weer naar boven en zorgt voor een gezond vertrouwen in eigen kunnen. We zeggen toch ook ons abonnement bij de electriciteitsmaatschappij niet op, omdat er een lamp defect is? We weten allemaal dat de kaart niet het landschap is: de werkelijkheid is niet zoals wij ons die voorstellen. Iemand anders' visie kan helpen om die werkelijkheid beter te benaderen. Daar kunnen we pas uit leren: dat men je ene verspreking niet eens heeft opgemerkt (terwijl je dit zelf als een grove fout beschouwt), dat je met die ene lange pauze tussen die twee essentiële zinnen de boodschap van heel je praatje net dat extra gewicht gaf (terwijl jij op je benen daverde omdat je een black out meende te hebben). Dergelijke voorbeelden zijn onuitputtelijk. Zet gerust de waardering voor enkele aandachtspunten op een tienpuntenschaal, vergelijk die met de waardering van enkele toehoorders met wie je achteraf je praatje evalueert en bespreek de verschillen en de mogelijke oorzaken. Een beeldopname hierbij gebruiken is confronterend, maar zeer leerrijk.

Angst kan je overgevoelig maken voor prikkels uit de omgeving, of niet gevoelig genoeg. In het eerste geval ervaar je alles wat je ziet en hoort als een bevestiging van je angst. Meer nog, je bent niet meer in staat om prikkels te filteren: je merkt alles, de hele omgeving werkt tegen jou, zelfs de vlieg op het scherm. Die overgevoeligheid voor niet relevante details vraagt veel energie en dat voelt het publiek: je houdt de aandacht minder vast, je overtuigingskracht verzwakt, je gedrag leidt hen af, je bent minder bij de les.

Anderzijds kun je je ook tegen angst 'beschermen' door een harnas aan te trekken. Met het einde als enig doel raas je dan door je opdracht. Wat ook de feedback is vanuit je omgeving, je hebt het niet gezien, gehoord noch gevoeld. Het publiek vervaagt tot behang. Ben je ooit al eens deel van dit behang geweest? Dan heb je vast de spreker van dienst geschrapt uit je favorietenlijst.

Je kunt ook onder- of overgevoelig zijn voor feedback van je eigen lichaam. Hoor je dat je eigenlijk te luid praat, voel je dat er spanning zit in het strottenhoofd, plakt de tong tegen het gehemelte, spring je van de hak op de tak, maak je je zinnen niet af? Al die indrukken kunnen overweldigend bijdragen tot de angstervaring. Het probleem is dat één zo'n signaal bij sommigen onder ons er soms in slaagt om de positieve ervaring van alle overige signalen in de kiem te smoren.

Als we de heer Van Stilleghem bezig zien dan lijkt het of hij de taak met tegenzin heeft aangenomen en daardoor ervaren we hem als een slechte spreker. Maar wie weet overwint hij telkens hij moet spreken het gevecht tegen zichzelf, zijn angst en zijn gevoel zodat het slappe optreden in andermans ogen voor hem een heldendaad is.

9.2.4 Teveel IK, te weinig IK?

Als beroepsspreker voelen we ons belangrijk. Of in elk geval worden we in een belangrijke positie geplaatst. Men heeft je als spreker uitgenodigd of je als spreekbuis of woordvoerder gevraagd omdat je iets te bieden hebt of omdat men je vaardigheden waardeert. Of je dit nu dagelijks doet of occasioneel, meestal lokt de situatie een verhouding met de toehoorder(s) uit waarin jij gemakkelijk de bovenhand kunt nemen of waarin je bent verondersteld om autoriteit uit te stralen.

Sommigen voelen zich daar goed bij, anderen helemaal niet.

Wie deze rol liever vermijdt, hoort, ziet en voelt de hele wereld op zich afkomen. Het is niet het voorbereidend werk waartegen hij opziet, maar wel de dwingende blikken, de kritische vragen de gevreesde eigen onkunde. Tenminste zo voelt het. Hier maken we weer een onderscheid tussen de persoonlijkheidselementen die positieve bevestiging nodig hebben en gevoelens en gedachten over de context. Welke zelfverzekerde spreker is het nog niet overkomen dat hij energiek begint te spreken en even een dubbele hartslag voelt als hij op de eerste rij de sterkste criticaster of de grootste autoriteit op het domein ziet zitten? Het vraagt van elke geoefende spreker veel extra inzicht, een goed inschattingsvermogen en beheersing van de vaardigheden, om dergelijke situaties goed op te vangen. Veel moeilijker wordt het als je telkens weer, voor elke spreekopdracht de daver op het lijf krijgt omdat je er zo tegenop ziet om voor anderen te verschijnen. De twijfel die je uitstraalt, het slechte contact met de toehoorders kan lijken op een slechte spreek- of presenteertechniek. Maar zelf weet je dat je telkens weer struikelt over de eigen onzekere ik-ervaring. Daaraan werk je het best onder begeleiding van iemand die de stapjes vooruit telkens kan koppelen aan communicatieoefeningen die je versterken in je kunnen. In dit geval zijn dat de essentiële stappen naar geslaagde spreekopdrachten, voor jezelf als voor de toehoorders.

Voel je je goed in de rol van spreker? Velen zullen je benijden om het gemak waarmee je het woord neemt. Het lijkt alsof het vanzelf gaat. En toch gaat het niet om het verschil tussen te weinig ik en genoeg ik. Je kunt ook een teveel aan ik uitstralen. Je bent zo overtuigd van je kunnen en je bent zo goed op dreef tijdens het spreken dat je in overdrive gaat. En het is moeilijk om dit bij jezelf vast te stellen. Je klinkt als een autoriteit, maar je verliest de zin voor nuances, voor afstand, voor relativering. Ook het gevoel is minder fijn voor de mate waarin je spreekgedrag past binnen de context. Een dankwoord bij het afscheid van een werknemer die op rust gaat, lijkt dan de zoveelste reclamespot voor de firma. Of je spendeert drie keer zoveel tijd aan de eigen bijdrage tot een project dat je voorstelt als aan het werk dat anderen erin legden (over je eigen werk kun je namelijk eindeloos praten). Sommigen blijven zaken herhalen die ze zelf belangrijk vinden, desnoods in steeds wisselende verwoordingen. Het gevolg is dat het publiek afhaakt, want men is niet gekomen om te luisteren naar een ik met een strik eromheen. Mocht de inhoud op zich hen nog aanspreken, dan stellen ze er toch vraagtekens bij door alle aandacht die de spreker op zichzelf vestigt. De spreker lokt zichzelf zo in een valkuil. Sommige van die sterke ik-sprekers voelen dat er iets misloopt, anderen niet. Achteraf kunnen de graad van medewerking of het resultaat van de stemming, de koopcijfers e.d. een teken aan de wand zijn. Maar wie legt dan nog het verband met de spreker van dienst?

Sommige sprekers zijn er altijd en overal bij. Gelukkig maar als hun boodschap nieuw is, verhelderend, informatief en duidelijk. Hun kijk kan verfrissend zijn of ze kunnen ons op ongekende verbanden wijzen. Met andere woorden we verwachten dat ze ons steeds weer helpen om de boodschap beter en grondiger te vatten en ons in onze betrokkenheid blijven aanspreken. Is dit niet het geval, dan zijn toehoorders wijzer dan diegenen die een programma samenstellen en weten ze dat ze gerust mogen wegblijven omdat ze niets zullen missen. Waarom dit gebeurt heeft soms te maken met gevoeligheden in de ik-beleving van de spreker en de delicate taak van de organisatie om sprekers te mogen, willen, kunnen of moeten uitnodigen, selecteren of weigeren. Om niet in die valkuil te lopen kun je gerust als mogelijke spreker meedelen waar je al eerder over het onderwerp in kwestie sprak, wie de doelgroep toen was, in welke bronnen je daarover schreef of hoe je visie nieuw kan zijn voor het doelpubliek. Hetzelfde geldt voor deelname aan debatten, vergaderingen, organisatiecomités en dergelijke. Het maakt het gemakkelijker te besluiten of de spreekopdracht werkelijk in dienst kan staan van het publiek.

Mijnheer Van Stilleghem zou wel eens tot de groep mensen kunnen behoren die te weinig vertrouwen in eigen kunnen heeft en dat niet graag laat horen. Misschien is hij het er mee eens dat hij deskundige is, maar zichzelf daarvoor 'tentoonstellen' is er hem te veel aan. Zijn aanwezigheid is eerder vijand dan vriend in het overbrengen van zijn boodschap.

Tot hiertoe beschreven we de psychische vaardigheden als basis en voorwaarde voor een goed stemgedrag. Spanning, stress en angst kunnen ook rechtstreeks gevolgen hebben op de motoriek van de stemgeving. Je stopt met de wagen aan een voorrangsweg en iemand rijdt achteraan op je in. Je weet precies wat je moet doen en je vult de verzekeringspapieren nauwkeurig in. Heb je achteraf je handschrift eens goed bekeken? Je herkent het nauwelijks. We ervaren in zo'n situatie dat spanning en emotie ruis veroorzaken op onze handelingen, in dit geval de schrijfmotoriek. En dat kan ook met onze stemaansturing: de stem bibbert, de adem-stem koppeling is minder fijn. De informatie die de spieren bereikt via de zenuwen is meestal zeer adequaat. Een hoge graad van stress kan deze goede werking ernstig storen. We kennen allemaal de oplossing, maar passen ze niet zo vaak toe: de tijd nemen, waarnemen, denken en doen op elkaar laten volgen. Omdat dit bij spreken niet altijd kan, leiden we soms de spanning af naar een hoger spreektempo en/of een luidere stem.
De spreekbeurt van de heer Van Stilleghem is afgelopen, hij verlaat de zaal. En… hij is doodongelukkig. Hij had alles tot in de puntjes voorbereid en wou een onvergetelijke indruk nalaten. En wat is het resultaat? Een puinhoop: het publiek is ontevreden en hij voelt zich de klungel van de eeuw. Hij herkende zichzelf niet tijdens het spreken en kon op het moment zelf niet bijsturen. Hij besluit dat dit zijn zwaarste werkpunt zal worden.
Hoe we als persoon functioneren en wat we hierbij denken en voelen bepaalt voor een groot deel hoe we als spreker slagen in onze opdracht.

Maar elke spreker functioneert ook in een sociale context waarin hij bepaalde rollen vervult.

9.3 Sociaal functioneren

Als we een (beroeps)spreker bezig zien, dan lijkt de sociale interactie beperkt. Vooral als hij het publiek informeert krijg je de indruk dat het gaat om éénrichtingsverkeer: hij biedt informatie aan en het publiek luistert. Een eenvoudige interactie dus van geven en nemen. Maar zelfs dat lukt bij de heer Van Stilleghem niet: hij geeft, op zo'n manier dat de anderen niet kunnen ontvangen. Hoe komt het dat zijn wijze woorden tot in de hoeken van de zaal niet gonzen en zijn boodschap niet voor altijd in de herinnering is gegrift? Laten we dit probleem bekijken vanuit het oogpunt van sociaal functioneren.

9.3.1 Sociaal gedrag leren

Ons sociaal gedrag is het resultaat van een leerproces. Sociale regels leer je hoofdzakelijk door na te bootsen, te observeren en te experimenteren. Dat vraagt jarenlange waarneming en oefening zodat je uiteindelijk een heel gamma regels hebt gefilterd uit de vele sociale contacten. Als dit alles goed verlopen is, dan beheers je die regels en kun je ze correct en genuanceerd toepassen.
Heeft onze spreker niet voldoende contacten gehad om er de regels te kunnen uit distilleren? Of had hij net met dat distilleren van regels problemen? Misschien is de aandacht voor sociale regels blijven steken op het niveau van eenvoudige vormen van interactie en is dat leren tijdens de volwassenheid niet verder gezet doordat andere bezigheden meer aandacht van hem vroegen? Of heeft hij zich te weinig de vraag gesteld hoe het komt dat sommigen slagen en anderen mislukken in hun contacten? Heeft hij iets geleerd uit zijn eigen slagen en mislukken?

9.3.2 Sociaal leerproces

Het sociaal leerproces gebeurt in drie stappen: eerst leer je de basiswoordenschat van het sociaal gedrag uitbreiden door verschillende relatiewijzen te leren hanteren, daarna leer je interactief handelen en ten slotte leer je samen werken en samen leven.

9.3.2.1 Relatiewijzen

Je hebt een goede sociale basiswoordenschat in de vorm van relatiewijzen als je veel verschillende relatiewijzen kunt aangaan, als je soepel bent om van de ene naar de andere relatiewijze over te stappen en als je in dit soepel sociaal navigeren ook plezier hebt.

9.3.2.1.1 Sociale basiswoordenschat

Mensen vertonen **verschillende** relatiewijzen. Je kunt deze categoriseren in drie basistypes, zoals voorgesteld in de Axenroos (Figuur 9.1 *Axenroos*). Links in de figuur zie je de interacties die de deelnemers in een conflictzone brengen. Hier staan 'aanvechten' en 'weerstaan' centraal. Rechts in de figuur draaien de sociale interacties rond 'geven' en 'nemen'. De deelnemers bevinden zich in de harmoniezone (het rechterdeel van de roos). Daartussenin situeren zich de gedragingen waardoor mensen als in een afzonderingszone geen echte interactie zoeken door te 'houden' en te 'lossen'.

Als je gedrag vooral gekenmerkt is door de handelingen boven de horizontale lijn dan is men een aanbieder, onder diezelfde lijn is men eerder

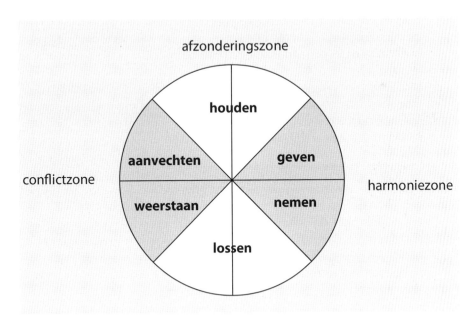

Figuur 9.1 Axenroos. Basistypes van sociale relatiewijzen: 'aanvechten' en 'weerstaan' leiden tot conflict, 'geven' en 'nemen' leiden tot harmonie, 'houden' en 'lossen' leiden tot afzondering.

een ontvanger. De vaardigheden uitbreiden betekent dat je in staat bent om, aangepast aan de situatie, alle posities op een gezonde manier in te nemen. Een probleem kan ontstaan als je één of meerdere gedragingen niet kunt stellen (wat uiteraard nog iets anders is dan dit niet willen) of als je een bepaald gedrag te vaak of te weinig stelt of dit op een negatieve manier uit. Zo zijn er mensen die het moeilijk hebben om duidelijk te maken dat ze ergens niet mee akkoord gaan, anderen genieten er mateloos van kritiek te kunnen geven. Velen van ons weten niet goed hoe om te gaan met complimenten (moeilijk kunnen aannemen), anderen vinden dat iedereen hun goede voorstellen altijd en overal moeten aannemen (te hardnekkig willen geven). Je hebt eeuwige volgers en mensen die geboren lijken om de leiding te nemen. Een voorkeur voor bepaalde sociale gedragingen kan een deel zijn van het temperament. Dat hoeft niet te wijzigen, maar met eenzelfde temperament kunnen we onze gedragingen toch socialer maken.

Zou de heer Van Stilleghem een overmatig teruggetrokken persoon zijn die als spreker moeilijk een overtuigde 'gevers'-positie kan aannemen?

Naast de vaardigheid om vele sociale gedragingen aan te nemen, is ook de **soepelheid** waarmee je navigeert van het ene naar het andere gedrag essentieel. Onze spreker verandert wel even van gedrag (hij neemt de microfoon), maar in de nieuwe situatie valt hij snel terug in zijn oud patroon van onverstaanbaarheid (door de microfoon te ver van zich af te houden).

NIet alleen het arsenaal aan sociale gedragingen en de soepelheid waarmee men overschakelt, maar ook het **plezier** dat men beleeft aan dat soepel overschakelen is een kenmerk van de sociaal vaardige persoon. Een kind dat achter zijn speelgoed wegkruipt als de vriendjes voor hem een verjaardagslied zingen, moet met meer plezier leren 'ontvangen'. En kijk ook maar eens rond in de volwassenwereld. We herkennen toch allemaal in de vergadering diegene die ongemakkelijk wordt als hij niet voortdurend aan het woord is (te hardnekking willen aanbieden), vaak ten nadele van de inhoud. En voor hoevelen onder ons vraagt een standpunt innemen zoveel inspanning dat we liever meelopen met de bende (te veel lossen of te veel volgen)? Ook bij onze Van Stilleghem is het plezier ver te zoeken (neemt met duidelijke tegenzin de microfoon op).

9.3.2.1.2   Interactief handelen

Een tweede stap in het sociaal leerproces noemen we *interactief handelen*. Dat betekent dat we leren hoe ons relationeel gedrag tot stand komt in wisselwerking met gedrag van de andere(n). Dat inzicht lijkt bij de heer Van Stilleghem beperkt: de vraag uit het publiek naar duidelijkheid beantwoordt hij nauwelijks en hij vangt geen enkele signaal op over ongenoegen die de zaal zijn richting uitstuurt. Hij begrijpt het niet of het zet hem niet aan tot gedragsverandering. Hij beseft misschien ook niet dat zijn signalen het publiek ook niet ongeroerd laten. Nogal wat sprekers (weinig luisteraars) menen namelijk dat het niet echt belangrijk is hoe je de boodschap doorgeeft, als ze maar in de toegestane tijd (en waarom ook niet de helft langer, ik ben toch interessant) gezegd krijgen wat voorbereid is. Na hun betoog vangen ze echter het gemopper niet op van de toehoorders die de indruk kregen dat ze niet de moeite waren om duidelijk toegesproken te worden. En ze hebben gelijk. Want de manier waarop we ons gedragen in de sociale omgang, is ook de persoonlijke uitdrukking van onze waardering voor de anderen. Door dit een negatieve klank te geven, verhoog je de sociale frustratie van de toehoorders en verdwijnt de bereidheid om oog en oor te bieden aan de spreker. De bedoelde situatie van aanbieden en ontvangen van informatie slaat dan om naar een conflict. Of hij zich daar nu van bewust is of niet, er is in elk geval geen enkele spreker die zoiets formuleert als doelstelling van zijn bijdrage.

9.3.2.1.3 Samenwerken en samenleven

Met de basisgedragingen en een interactief inzicht als bouwstenen kunnen we als derde stap tenslotte veel verschillende *vormen van samenwerking en samenleven* goed laten verlopen. Dat spreken tot een groep een vorm van samenwerking is, is niet tot de heer Van Stilleghem doorgedrongen. Of is samenwerken zelf voor hem een moeilijke opdracht?

9.3.2.2 *Inzet van sociaal gedrag*

Laten we naast het leerproces ook eens kijken naar de *inzet* van sociaal gedrag. Dan stellen we de vraag: 'Wat leggen we in de schaal in ons contact met anderen?' Als je je zogenaamde presentatie inzet, dan maak je duidelijk dat je er graag fysiek, van kop tot teen, met hart en ziel bij bent en dit waardeert bij de andere. Je kunt evengoed je vaardigheden, mogelijkheden, eigenaardigheden, persoonlijkheid laten zien en van daaruit reageren. Naast presentatie kun je ook je zorg voor de anderen inzetten in veel vormen: goederen, geld, eten en drinken, kledij, materiaal e.d. maar evengoed diensten. Ten slotte kun je ook leiding geven in de vorm van informatie en richtlijnen.

Het komt er niet alleen op aan de drie vormen van inzet te kunnen aanbieden, maar ook om dit te doen op een positieve manier. Je kunt door iemand geld te geven die persoon afhankelijk maken of net het nodige duwtje in de rug geven. Informatie kan noodzakelijk zijn om problemen op te lossen, maar roddels hebben niet zo'n positief effect op ons samenzijn. Je kunt overbeschermend zijn (te veel of te vaak je diensten aanbieden), met tegenzin in het voetlicht treden (te weinig jezelf present stellen), enzovoort. Er is geen duidelijke scheidingslijn tussen goed en verkeerd, tussen teveel of te weinig. Die grens verschuift naargelang de context, waarden en normen. Aanvoelen wat wanneer kan, mag of moet is een vaardigheid die we moeten leren en voortdurend aanscherpen.

Het zou wel eens kunnen dat de heer Van Stilleghem graag zijn diensten aanbiedt en zonder enig probleem zijn kennis wil meedelen, maar moeite heeft om zichzelf present te stellen. Tijdens zijn toespraak overschaduwt dit probleem al zijn andere vaardigheden zodat het lijkt alsof hij sociaal minder valide is.

9.3.2.3 Het kanaal voor sociaal gedrag

Het plaatje is compleet als we ook nog eens overwegen via welk kanaal we sociaal gedrag tot uidrukking brengen. Onze sociale boodschap of bijdrage kunnen we uitdrukken met mimiek, lichaamshouding, stem, de inhoud van wat we zeggen, handelingen, het creëren van een bepaalde context, de beslissing om al dan niet te spreken. Omdat de kanalen altijd zorgen voor communicatie (men kan niet niet-communiceren) is het weglaten of beperkt gebruiken van een kanaal voor een spreker bijna onmogelijk. Je doet altijd wel iets binnen een context, met of zonder gebaren, met een vlakke of levendige mimiek, door te spreken, te tonen of uit te beelden enzovoort.

Wat is de heer van Stilleghem hierin vaardig. Men zegt wel eens dat het minder erg is om niet alle kanalen te kunnen gebruiken dan om niet in staat te zijn om vele relatiewijzen (sociale gedragingen) te tonen. De stem is bij de heer Van Stilleghem duidelijk geen voorkeurkanaal. Zijn sterkste punt is vermoedelijk de inhoud die hij overbrengt, en dat doet hij beter grafisch met een powerpointpresentatie dan mondeling met zijn toespraak.

Het is moeilijk om het probleem van onze spreker nauwkeurig te omschrijven op basis van zijn gedrag tijdens zijn voordracht. Dat gedrag is namelijk een combinatie van relatiewize, inzet en kanaal. En we zagen net dat elk van deze punten de oorzaak zou kunnen zijn van het weinig communicatief gedrag. Als we een sociaal vaardig persoon omschrijven als iemand die zich kan aanpassen aan de omgeving en die omgeving positief beïnvloedt, zodat die rekening houdt met de wensen van de persoon, dan is die definitie niet op de heer Van Stilleghem van toepassing. Zijn sociaal gedrag is dan ook ontoereikend om een goede spreker te kunnen zijn. Mochten we met hem aan de slag gaan om hem sociaal vaardiger te maken dan zouden we het pakket sociale competentie grondig aanpakken: wat weet en kent hij (cognitie), wat doet en kan hij (vaardigheid), wat voelt hij (emotie), wat wil hij (waardenoriëntering) en wat durft hij (samen met 'willen' zijn attitude)?

9.3.3 Attitude, eigen effectiviteit en sociale invloed

De samenhang van veel factoren is uitgedrukt in een model zoals voorgesteld in Figuur 9.2 *ASE-model*, een klassiek schema binnen preventiewerk. Het toont de relatie tussen attitude (A), sociale invloed (S) en eigen effectiviteit (S) enerzijds en gedragsverandering anderzijds. De bedoeling van al de inspanningen binnen stemzorg is een goed stemgedrag (1). We werken aan veel soorten vaardigheden (2) om dit gedrag mogelijk te maken. Maar soms botsen we op barrières (3): een minder sterk stemorgaan, een allergie, ziekte. Daardoor is de stemaandacht niet in verhouding tot het resultaat, totdat we hierin een betere balans gevonden hebben. Een voorwaarde om resultaten te boeken en ten volle de

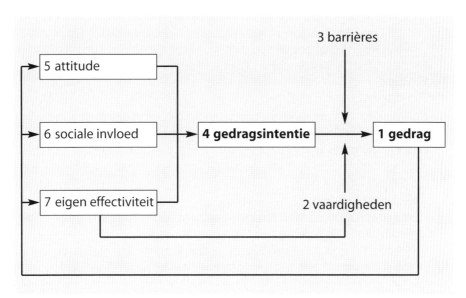

Figuur 9.2. ASE-model: de invloed van attitude (A), sociale invloed (S) en eigen effectiviteit (E) op gedragsverandering

aangeleerde vaardigheden in ons gedrag te integreren is dat we de intentie hebben om een gedrag te stellen (4). En waarvan hangt die intentie af? Van enkele kenmerken die ons motiveren om het gedrag te stellen: attitude, sociale invloed en eigen effectiviteit.

- De **attitude** (5) bepaalt hoe belangrijk we het vinden om goed stemgedrag te stellen, onze gevoelens en gedachten daarrond, ideeën, overwegingen en redeneringen. Die kunnen bewust of onbewust zijn. Ziet een beroepsspreker niet in wat stemtechniek hem kan bijbrengen, dan kun je wel vergeten dat oefenen iets zal opleveren.
- De **sociale invloed** (6) duidt aan in welke mate de sociale omgeving de persoon ondersteunt of onder druk zet om de stem goed te gebruiken. Kennen we in onze omgeving affectief belangrijke personen die slagen in hun stemgedrag of vurige voorstanders zijn om de stem te optimaliseren, dan is die sociale invloed positief. Het gaat bovendien ook over de reactie van de sociale omgeving op ons stemgedrag: spoort men ons aan, bestraft men ons als het niet lukt? Weer is de grens tussen slagen en mislukken dunnetjes, dus kunnen we beter subtiel omgaan met deze sociale ondersteuning. Alleen al de manier waarop dit gebeurt, zou het verschil kunnen maken tussen mee- of tegenwerken, tussen enthousiast ervoor gaan en onverschillig laten gebeuren.
- Onze **eigen effectiviteit** (7) bepaalt hoe sterk we erin geloven dat we het bedoelde stemgedrag (zullen) kunnen stellen. Onze ervaringen en onze reacties erop spelen daarbij een sterke rol. De eigen effectiviteit zorgt er ook voor dat we een mislukking ofwel als tijdelijk en toevallig bestempelen ofwel als het zoveelste bewijs van eigen falen.

Als we één van die motiverende factoren onderuit halen, dan hypothekeren we onmiddellijk het stemgedrag dat we voor ogen hadden. Gelukkig werkt het ook in de andere richting: als onze stemervaring positief is, kan dat de attitude, sociale invloed en eigen effectiviteit aanzwengelen zodat de intentie groeit om het goed te doen. Deze kettingreactie toont aan hoe kwetsbaar we zijn in onze stemprestaties.
Stemoptimalisering en -zorg geven we enkel een kans als we dus al deze factoren in de training en vorming opnemen.
Is het dan een kwestie van zoveel mogelijk, zo sterk mogelijk, zo intens mogelijk? Neen! Net zoals we lazen in Hoofdstuk 7 *Steeds beter, steeds langer, steeds luider?* moeten we ook hier de balans vinden tussen voldoende stimulans om vooruit te komen en een gedrevenheid die ons boven onze mogelijkheden uittilt. Het grote vocale talent kan namelijk

ook in de problemen komen door te gedreven, te sterk aangespoord en te overtuigd de stem geen rust te gunnen.

9.3.4 Verband psychosociale vaardigheden en stem

Wat hebben de psychologische en sociale vaardigheden nu met stemvorming te maken? Luister gewoon naar de heer Van Stilleghem: je hoort hem niet, zijn stem draagt zijn boodschap niet, zijn informatie bereikt de toehoorders niet. In het beste geval heeft hij een goed gevormde, draagkrachtige en flexibele stem maar verdwijnt zijn klank achter de sluier van zijn sociaal onvermogen. Een andere mogelijkheid is dat hij weinig stemkracht heeft en dat in een zeer gesloten vorm van communicatie tracht te verdoezelen. Of hij heeft te weinig zelfvertrouwen en uitstraling om zich ten volle te laten horen.
Je merkt hoe sterk deze drie aspecten (biologisch, psychologisch en sociaal) samengaan. En in die samenhang kunnen ze elkaar hinderen of ondersteunen.

9.3.5 Werken aan psychosociale vaardigheden

Opdat de psychosociale vaardigheden een breed draagvlak zouden vormen voor goed stemgedrag, is meer nodig dan een hoofdstukje aandachtspunten. Toch kunnen een paar vragen je al wat vooruit helpen.
De eerste vraag is: Waarom denk je aan jezelf? Deze vraag is heel confronterend. Je denkt immers niet aan jezelf, maar aan de inhoud, de woorden, de duidelijkheid van de figuren, de timing, de apparatuur, het verloop van de prestatie. En toch: als we eerlijk zijn denken we aan dit alles omdat we zelf goed willen scoren en omdat we aan onze taak een positief gevoel willen overhouden. Wel, dat zelfde goede gevoel zal er met meer garantie zijn zowel voor jou als voor alle toehoorders als je je de volgende vragen stelt: in welke vorm is de informatie het nuttigst voor het publiek, welke formulering is voor hen het duidelijkst, hoe wensen ze aangesproken te worden, hoe zou voor hen deze spreektaak als uniek in de herinnering blijven hangen, welke verwachtingen hebben ze, welke voorbeelden sluiten het best aan bij hun ervaringen, enzovoort. Je doet misschien hetzelfde, maar je beleeft het anders, namelijk niet meer gericht naar de ander vanuit een aanbod van jezelf, maar in omgekeerde richting.

211

De tweede vraag is: kijk je even mee met het derde oog? Dit betekent dat je als een soort observator kijkt naar jezelf, de toehoorders en de interactie tussen beide. Je neemt dus afstand. In het begin doe je dit achteraf in een korte nabeschouwing, later lukt het steeds beter terwijl je bezig bent en ten slotte wordt het een tweede natuur. Die positie innemen heeft veel voordelen: je verliest geen enkele partij uit het oog, en vangt in beide richtingen feedback op. Zo kun je sneller bijsturen. Je ziet jezelf ook bezig vanuit een minder stresserend standpunt en kunt meteen een deel van de stressprikkels of reacties relativeren. Daardoor zie je jezelf eerder als actieve partner dan als benadeeld slachtoffer. Meer nog, door een betrokken afstand te nemen, zie je andere verbanden, doe je de intensiteit van de verlammende emotie afnemen, reageer je spontaner. Wie dit beheerst kan zijn spreekopdracht zelfs kruiden met fijne humor. Je ondergaat een metamorfose van een overspannen naar een ontspannen, geestige en begeesterde spreker.

Een derde vraag: Ben je klaar voor een bisnummer? De Franse pianist Pierre-Alain Volondat geeft iedereen die moet 'optreden' de raad om eraan te beginnen alsof je een toegift, een bisnummer speelt. Welke ideeën komen dan in je op? Het is bijna voorbij, het is goed geweest, het publiek heeft mijn optreden gesmaakt, ze vragen meer en zijn me gunstig gezind, ik geef het hun van harte. En met plezier toon je (nog eens) het beste van jezelf. Het kan niet meer stuk. Om dat te kunnen heb je een stevige dosis positief voorstellingsvermogen nodig. Bouw gerust deze ervaring op van gemakkelijker naar moeilijke situaties.

Deze drie vragen kunnen je helpen om met een goed zelfvertrouwen een positieve interactie met anderen aan te gaan. Dat is de basis voor een vrij, ontspannen en expressief stemgebruik.

Besluit

Wie zich voorbereidt op de taak als (beroeps)spreker, begint het best met een overzicht van psychologische en sociale vaardigheden. Verwacht niet alle heil van goede stemtechniek en optimaal stemgedrag als je voelt dat je niet klaar bent om die taak op te nemen. Als je dit inziet en daaraan werkt, dan vermindert het gevoel van frustratie en verloren energie nog voor je de stem laat horen. De stem als resultaat van goed biologisch functioneren is dan de verklankte vertaling van sterke sociale en psychologische competenties. Het geheel bezorgt ons een steeds toenemende levenskwaliteit.

10. Tijdelijke storing

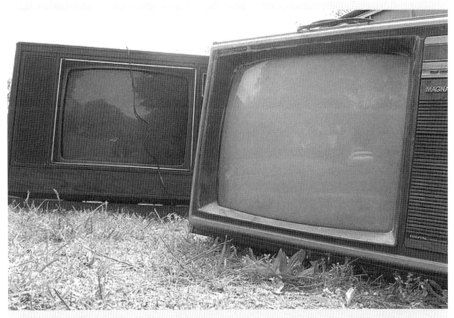

Je kijkt TV en plots verdwijnen beeld en klank. Hoe reageer je hierop?
- Je controleert de aansluiting met het stroomnet.
- Je slaat in paniek want het is het derde toestel dat deze week de geest geeft.
- Je sakkert en verwenst de omroep.
- Je begint aan het TV-toestel te sleutelen.
- Je belt de distributiemaatschappij om hulp.
- Je neemt rustig de tijd om een borrelhapje erbij te halen.
- Je zet de TV af want je hebt nog veel te doen.
- Je straalt van geluk: eindelijk een reden om een nieuw toestel te kopen.

Eén realiteit, verschillende reacties… op een probleem dat ernstig is of niet.

Wat betekent een storing van de stem en hoe reageer je daarop het best? Leg je jezelf het zwijgen op? Welke storing is ernstig? Kun je er zelf iets aan doen? Contacteer je de meest befaamde stemarts van het land? Ga je gewoon vroeg slapen? Leer je leven met die prikkel in de keel?

Wie zijn stem intens gebruikt kan een probleem ervaren als licht of ernstig, tijdelijk of permanent. Naargelang de eisen en de context kunnen deze problemen kleine of grote gevolgen hebben.

Een probleem ontstaat meestal doordat de stembalans uit evenwicht is. Het kan gaan om één aspect uit de balans of om een combinatie van meerdere aspecten. Soms volstaat een kleine verandering om die balans weer te herstellen. In andere gevallen is een grondiger aanpak nodig.

De inzichten uit vorige hoofdstukken kunnen je helpen om stemproblemen te voorkomen. Toch kun je met een stemprobleem te kampen krijgen. Dan is het goed te weten hoe dit probleem is ontstaan, of je het kunt oplossen, hoe je dit het beste doet en wie je daarbij kan helpen. Eerst moet je de signalen opmerken die je kunnen wijzen op problemen (10.1). Daarna vatten we kort samen wat de mogelijke oorzaken (10.2) en gevolgen (10.3) zijn. We bespreken in 10.4 mogelijke oplossingen. Ten slotte belichten we stemscreening als vorm van preventie van stemproblemen bij mensen die opgeleid worden tot professionele stemgebruiker (10.5).

10.1 Signalen

Het is belangrijk om signalen op te merken die een stemprobleem aan het licht kunnen brengen. Sommige signalen kun je horen, andere kun je zien of voelen. Ze kunnen een aanwijzing zijn voor het soort stemprobleem of aanknopingspunten bieden voor de juiste aanpak. We sommen enkele mogelijkheden op.

10.1.1 Horen

- Op het einde van zinnen valt de stemklank weg.
- Hoe langer je praat, hoe zwakker de stem klinkt.
- De stem klinkt onzuiver (hees, schor, krakerig).
- Je hebt regelmatig helemaal geen stem.
- De steminzet is krakerig of onvast.
- Af en toe slaat de stem over in de hoogte of de laagte.

- De stem klinkt opvallend zacht, luid, laag of hoog.
- De stem klinkt zachter of valt weg bij vermoeidheid of zenuwachtig-heid.
- De stem klinkt gespannen of trilt bij zenuwachtigheid.
- 's Morgens en 's avonds klinkt de stem opvallend verschillend.
- Het duurt na het ontwaken lang voor de stem goed klinkt.
- Vroeger klonk de stem duidelijk beter.
- Je kucht en schraapt de keel veel.
- De stem klinkt nasaal.
- De stemcontrole is moeilijker geworden als je zingt.
- De spreekstem is duidelijk slechter dan de zangstem.
- De stemklank varieert niet (altijd dezelfde toonhoogte, altijd dezelf-de luidheid)
- Je spreekt lang op één adem.
- De stemklank blijft in de mond hangen.
- Anderen horen veranderingen in je stem sneller dan jijzelf.
- Je verkoudheid is al lang over, maar je stem blijft anders klinken dan voorheen.
- …

10.1.2 Zien

- Als je luid wil praten, beweegt het hele lichaam krachtig mee.
- Je loopt rood aan bij het spreken.
- Als je praat, zwellen de aderen in de hals.
- Als je praat, zijn de spieren in de nek en de hals goed zichtbaar.
- Je hebt geen optimale stemhouding (van voeten tot hoofd).
- Door de verkeerde hoofdpositie blokkeer je het strottenhoofd in zijn bewegingen.
- Er zijn ongecontroleerde en niet functionele bewegingen in de han-den of het gezicht.
- De lippen bewegen nauwelijks.
- De mond gaat niet open of de mondopening varieert niet.
- Je spreekt terwijl je afgewend bent van je publiek.
- …

10.1.3 Voelen

- Je hebt het gevoel dat er iets in de keel zit dat je wil ophoesten of doorslikken (globusgevoel).

- De mond is snel droog als je spreekt.
- Spreken veroorzaakt pijn in de keel.
- Na een spreektaak ben je heel moe.
- Je bent kortademig als je spreekt.
- Je hebt last van te veel slijm in de keel.
- Bij het spreken heb je pijn in de nek of de hals.
- Je voelt stijfheid of zelfs verkramping in de spieren van de benen of in het bovenlichaam.
- Je voelt je onzeker terwijl je spreekt.
- De gedachte aan spreken verlamt je vaardigheden.
- …

Veel van deze signalen komen samen voor. Een trillende stem, onzekerheid en een droge mond kunnen bijvoorbeeld samen voorkomen. Pijn in de nek, verkeerde hoofdhouding en gespannen stemgeving is een andere mogelijke combinatie.

10.2 Oorzaken

In de vorige hoofdstukken van dit boek hebben we de vele factoren die een invloed hebben op de stem uitgebreid besproken. Hier vatten we kort samen wat de mogelijke oorzaken zijn van stemproblemen, van ontoereikende stemmogelijkheden of van veranderingen in stemprestaties.

10.2.1 Bouw van het strottenhoofd

Het strottenhoofd is een complex geheel van spieren en kraakbeentjes, waartussen de stemplooien opgehangen zijn, en van bezenuwing. In deze complexiteit bestaat er een grote variatie. Veel mensen hebben een strottenhoofd dat een goede stemklank kan voortbrengen. Voor anderen is dat moeilijker. Ter hoogte van het strottenhoofd met de stemplooien kunnen verschillende afwijkingen voorkomen die daarvan de oorzaak zijn: de stemplooien kunnen niet goed ontwikkeld zijn, het strottenhoofd is asymmetrisch gebouwd, de stemplooien liggen niet op het zelfde horizontale vlak, de stemplooien zijn vooraan met elkaar verkleefd, er is een overlangse groeve in een stemplooi, de stemspleet kan achteraan niet helemaal dicht, de stemplooien vertonen verdikkingen enzovoort.

In Hoofdstuk 1 *Hoezo optimaal voor iedereen?* geven we de raad om de bouw van het strottenhoofd te laten nakijken door een NKO-/KNO- arts of foniater. Hij ziet of de bouw toelaat om zware stemprestaties te leveren. Deze informatie is richtinggevend. Het is de bedoeling dat de stem die je produceert aangepast is aan de mogelijkheden. En als die beperkt zijn, dan beperk je best ook de stemeisen.

10.2.2 Stemvorming

Je stemklank is het resultaat van twee belangrijke aspecten. Het eerste is de werking van het lichaam die zorgt voor de klankproductie. Dat noemen we de stemgeving. Het tweede aspect is de manier waarop we met onze stem omgaan. Dat noemen we het stemgedrag

10.2.2.1 Stemgeving

Stemgeving in enge zin is de manier waarop de stemklank wordt gemaakt ter hoogte van het strottenhoofd. Dit vraagt een fijn afgestelde samenwerking van zenuwen, spieren en adem die we hebben toegelicht in Hoofdstuk 4 *Stemtechniek*. Niet elk stemorgaan werkt perfect. Als bijvoorbeeld de stemplooien niet goed kunnen sluiten, zoals bij veel vrouwen het geval is (zie Hoofdstuk 7 *Steeds beter, steeds langer, steeds luider?*), dan is dit een element waarmee je rekening moet houden. Een goed gebouwd strottenhoofd sluit niet alle problemen uit. Soms ziet de arts een goed gebouwd orgaan en hoort hij geen stemafwijkingen, terwijl de spreker beperkte problemen ervaart tijdens zijn stemopdracht. De arts zal dan, in overleg met andere stemdeskundigen, verder zoeken naar de mogelijke oorzaak.

Stemgeving in brede zin is de manier waarop het hele lichaam samenwerkt om de stemklank te maken. Als je rustig en ontspannen spreekt op conversatieluidheid en dit niet overdreven lang doet, dan vraagt stemgeving een normale goede lichaamswerking. Maar als je veel, intensief en luid de stem gebruikt, vraagt dit extra vaardigheden van het lichaam. De basis is een goede stemtechniek die je intens traint om ze in stembelastende activiteiten te kunnen toepassen. De verschillende aspecten van stemtechniek hebben we uitgebreid toegelicht in Hoofdstuk 4 *Stemtechniek*. Een stemprobleem kan hier zijn oorsprong vinden, zowel op het vlak van de houding, de adem, de stem als de resonantie. Het lichaam werkt in zijn geheel samen. Dus een probleem in één aspect kan een gevolg hebben voor het andere. Heb je bijvoorbeeld een ineengezakte houding, dan is het moeilijk voor de ademspieren om de nodige kracht te leveren voor een luide roepstem.

Stemgeving kan je samenvatten als de werking van de stem en het hele stemgevende lichaam.

10.2.2.2 Stemgedrag

Stemgedrag is het tweede element in de stemvorming. Het gaat om gewoontes en gedragingen waarvan we ons vaak niet bewust zijn. In de literatuur worden twee begrippen gebruikt: verkeerd stemgebruik en stemmisbruik. Verkeerd stemgebruik houdt in dat je te hoog of te laag, te luid of te lang spreekt volgens de eigen mogelijkheden. Daardoor overbelast je de spieren in en rond het strottenhoofd. Stemmisbruik gaat om gedragingen die schadelijk zijn voor de stem: gespannen schreeuwen, krijsen, luide keelgeluiden maken, stemmen imiteren als je daarin niet getraind bent. Ook andere gewoontes die de stem kunnen benadelen behoren tot stemmisbruik zoals overmatig roken en alcoholgebruik. Minder spectaculair, maar toch ingrijpend is het tekort aan stemzorg. Daarvoor verwijzen we naar Hoofdstuk 2 *Wellness voor de stem.*

De begrippen 'verkeerd stemgebruik' en 'stemmisbruik' zijn relatief. De impact van bepaalde stemgedragingen is namelijk heel verschillend van persoon tot persoon. Ook is er geen duidelijke scheidingslijn. Lang overmatig gespannen stemgeven kan niet alleen overbelasting teweegbrengen, maar ook beschadiging. Anderzijds kun je zo goed of zo specifiek getraind zijn dat je minder gevoelig bent voor stembeschadiging. Stemacrobaten zijn hiervan een voorbeeld. Laten we dus voorzichtig zijn met het labelen van stemgedrag. Belangrijk is dat het individueel stemgedrag overeenkomt met de individuele mogelijkheden.

Door de zware stembelasting is het stemgedrag van beroepssprekers vaak niet optimaal. Dat kan verschillende redenen hebben:

- Je hebt een zwak gebouwd stemorgaan maar wil aan de hoge eisen van het spreekberoep voldoen. Je zet daartoe veel spierkracht in, vooral in het strottenhoofd.
- Je stem raakt vermoeid, terwijl de stemopdracht doorloopt. Je gebruikt extra ademkracht om toch maar de gewenste luidheid te kunnen produceren.
- De spieren die instaan voor de stemgeving zijn overbelast en weigeren dienst. Je stem is dus aan rust toe. Je zet de spieren boven het strottenhoofd, in de hals en de nek in als compensatie.

Het gaat dus meestal om te sterke spanning, overbelasting van vermoeide spieren of compensatie door andere spieren. Als zo'n situatie lang duurt, kan stemschade optreden.

Stemgedrag kan je samenvatten als de omgang met de stem en het stemgevende lichaam.

10.2.3 Stemeisen

Stemproblemen kunnen ontstaan als de stemeisen te hoog zijn in vergelijking met de stemmogelijkheden. Als je dagtaak bestaat uit lang en luid spreken zonder regelmatig een rustpauze dan is dit zwaar voor de stem. Nog zwaarder wordt het als je dit vijf dagen per week doet jaren na elkaar. Toch ontstaan stemproblemen niet altijd bij een heel zware taak. Je kunt bijvoorbeeld de dagelijkse stemopdracht perfect aan. En dan krijg je de opdracht om een excursie te leiden. Je moet spreken in open lucht, je bent daarin niet geoefend, je forceert de stem en 's avonds voel je pijn in de keel. Binnen je werk is dit een ongewone opdracht waar je niet op voorbereid bent. Maar je kunt ook leren om stemtechnisch goed te spreken in open lucht, zodat ook deze opdracht minder belastend wordt.

Stemeisen worden je niet alleen opgelegd. Veel beroepssprekers eisen ook veel van zichzelf. Je wil bijvoorbeeld spreken met veel overtuigingskracht, je wil zoveel mogelijk lezingen houden, je hebt te veel te zeggen om tussenin regelmatig te pauzeren, je werkt 's morgens, 's middags en 's avonds, je bent bereid om op ieders vraag in te gaan. Soms heeft het te maken met ambities, met de liefde voor het vak, met financies, met temperament, persoonlijkheid of karakter. Probeer ook je eigen aandeel in de stemeisen goed in te schatten.

Niet alleen de stemtaak bepaalt of de stemeisen hoog liggen, maar ook de omgeving. Omgevingslawaai, slechte akoestische ruimtes, droge lucht e.d. verzwaren de opdracht. We zagen in de vorige hoofdstukken hoe we kunnen sleutelen aan de impact van de omgeving op onze stembalans (zie Hoofdstuk 2 *Wellness voor de stem* en Hoofdstuk 5 *Een duwtje in de rug*).

10.2.4 Gezondheid

Er zijn verschillende gezondheidsaspecten die beroepssprekers in hun opdracht kunnen hinderen. Soms ervaar je het probleem niet als ernstig genoeg om thuis te blijven of taakverlichting te vragen. Deze beslissing is heel individueel. Terwijl bijvoorbeeld de een regelmatig afhaakt om een aankomende verkoudheid in de kiem te smoren, blijft de ander snipverkouden lesgeven. Deze beslissing hangt ook samen met werkdruk, personeelsbezetting, gevoel voor verantwoordelijkheid. Toch willen we je aansporen bij gezondheidsproblemen niet het uiterste van de stem te vragen. De kans op overspannen stemgebruik of overbelasting wordt dan groot. Probeer het probleem snel op te lossen. Bouw in je opdracht nog meer elementen in om je stembelasting te verminderen: geef taken in kleinere groepen, gebruik geluidsversterking, geef iemand de opdracht om in je plaats een besluit te formuleren of informatie te geven, ...

Als het gezondheidsprobleem te lang duurt, is er een kans dat je je stem anders gaat gebruiken om de stemklank te verbeteren. Raakt het probleem niet op korte tijd opgelost, raadpleeg dan een arts.

Voor de invloed van meer permanente gezondheidsproblemen verwijzen we naar Hoofdstuk 7 *Steeds beter, steeds langer, steeds luider?*

10.2.5 Psychosociale vaardigheden

Een tekort aan psychosociale vaardigheden kan de oorzaak zijn van onvoldoende stemvaardigheden of van een minder adequaat stemgedrag. Denk bijvoorbeeld aan het effect van spreekangst, onvoldoende zelfvertrouwen of het vermijden om in de belangstelling te staan. De interactie met het publiek is hierdoor gestoord en de doelstelling van de communicatie (informeren, demonstreren, motiveren, overleggen, ...) kan mislukken. Voor een grondiger bespreking verwijzen we naar Hoofdstuk 9 *De balans in evenwicht*.

10.3 Gevolgen

Als we de gevolgen van stemproblemen bespreken, volstaat het niet om enkel een opsomming te maken. We proberen een inzicht te krijgen in het verloop en in de aard van het probleem, in de gevolgen op de stemgeving, de beperking van activiteiten, de rolvervulling en de beleving.

10.3.1 Oud of nieuw, lang of kort?

Heb je stemproblemen, dan kun je aanknopingspunten vinden voor een oplossing als je begrijpt hoe het probleem ontstaan is en hoe het verloopt. De stembalans (zie Hoofdstuk 1 *Hoezo optimaal voor iedereen?*) is ook hier een goed werkinstrument.

Een antwoord op de volgende vragen kan je aanzetten om de juiste oplossing te vinden of is heel informatief voor stemdeskundigen bij wie je hulp zoekt. Uiteraard zullen de antwoorden gekleurd zijn vanuit je standpunt, je beleving en je inzicht. Ook kunnen er bepaalde aspecten ontsnappen aan je aandacht. Toch krijg je een steeds duidelijker kijk op oorzaken, verbanden en gevolgen als je het verloop van je stemprobleem goed opvolgt.

- Hoe lang bestaat het probleem al?
- Duikt het regelmatig weer op?
- Wanneer kwam het voor het eerst voor?
- Is er een aanleiding voor het probleem?
- Wordt het probleem erger, blijft het stabiel of verbetert het?
- Bestond het probleem al vroeger en werd het erger sinds je een spreekberoep hebt?
- Is het probleem ontstaan sinds je een zware stembelasting hebt?
- Is het spreken zelf de aanleiding tot het stemprobleem, of gaat het eerder over de spanning rond de spreektaak?
- …

Geen enkel antwoord leidt rechtstreeks naar een oplossing. Het is het geheel van informatie dat de basis vormt voor de oplossing. Laten we de situatie van Sarah en Koen vergelijken.

Sarah maakt zich zorgen omdat haar stem sinds een paar weken hees is. Ze is daar altijd al gevoelig voor geweest. Enkele jaren geleden heeft ze er deskundige hulp voor gezocht. Er bleken niet zozeer problemen te zijn met de bouw en de werking van het stemapparaat, maar wel met de stemtechniek. Die heeft ze grondig bijgestuurd. En sindsdien doet de stem het goed. Een maand geleden echter startte ze haar nieuwe baan als vertegenwoordiger binnen de voedingssector. Van bij het begin was het duidelijk dat ze dagelijks op de toppen van haar tenen moest staan. De commerciële doelstellingen van haar firma liggen hoog en iedereen moet die helpen realiseren.

Koen maakt zich zorgen omdat zijn stem sinds een paar weken hees is. Hij weet al lang dat zijn stemapparaat niet zo goed gebouwd is. Hij heeft zijn hobby's aangepast en heeft een betrekking in de administratie. Hij moet wel regelmatig een vergadering voorzitten. Dat lukte hem prima tot een paar weken geleden. Maar toen is zijn publiek dubbel zo groot geworden door de fusie van twee diensten.

Op het eerste gezicht hebben Sarah en Koen hetzelfde probleem: ze zijn sinds een paar weken hees. Door informatie te krijgen over het verloop van het probleem begrijpen we dat hun situatie een verschillende aanpak vraagt. Het gebeurt regelmatig dat deze informatie enkel aan het licht komt als hulpverleners er uitdrukkelijk naar vragen. Toch kan een beroepspreker (gedeeltelijk) geholpen zijn als hij zelf dit inzicht opbouwt. Koen bijvoorbeeld weet dan dat hij zich geen grote zorgen moet maken. Een herschikking van het publiek, de keuze van de ruimte of het gebruik van versterkingsapparatuur kan zijn probleem oplossen. Sarah is dan weer beter geholpen door haar stemtechniek weer op te frissen en die gecontroleerd toe te passen in stressvolle situaties.

Het ontstaan en het verloop van het probleem is slechts één element. Ook de stemgeving, de beperking, de rolvervulling en de beleving spelen een belangrijke rol bij het zoeken naar de best mogelijk oplossing(en).

10.3.2   Stemvorming

Stemvorming zoals beschreven in punt 10.2.2 kan de oorzaak zijn van stemproblemen, maar kan er ook de gevolgen van dragen.

Op het niveau van de stemgeving kunnen overbelasting en overmatige spierspanning leiden tot veranderingen ter hoogte van de stemplooien (Figuur 10.1. *Gevolgen van verkeerd stemgebruik ter hoogte van de stemplooien*).

Een vaak voorkomend probleem zijn de stemplooiknobbeltjes. Ze komen uitsluitend voor bij kinderen en vrouwen. Het zijn verdikkingen op de rand van de stemplooien die een goede sluiting en een vlotte golfbeweging van het slijmvlies verhinderen, met heesheid als gevolg. Stemplooiknobbeltjes komen altijd tegenover elkaar voor op beide stemplooien en verschijnen daar waar de uitwijking van de slijmvlieslaag bij het trillen het grootst is (zie ook Hoofdstuk 4 *Stemtechniek)*. In Figuur 10.1a. zie je een voorbeeld. Stemplooiknobbels ontstaan in een poging om te compenseren voor een in aanleg minder goed werkend stemorgaan.

Stemoverbelasting kan ook leiden tot zwelling van de stemplooien (oedeem). Daarvan zie je een voorbeeld in Figuur 10.1.b. De verdikking situeert zich in de laag onder het slijmvlies en de deklaag van de stemplooien die de beweging van de slijmvlieslaag mogelijk maakt (zie ook Hoofdstuk 4 *Stemtechniek)*. De verdikking is meestal links en rechts niet

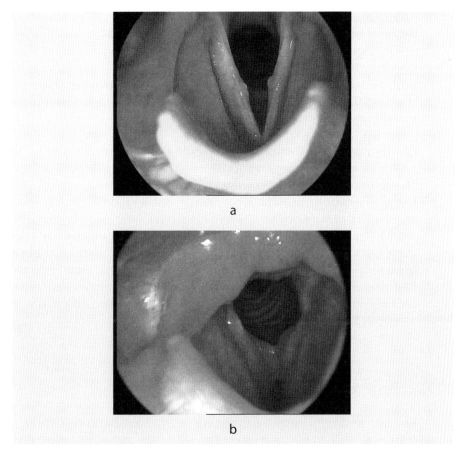

a

b

Figuur 10.1. Gevolgen van verkeerd stemgebruik ter hoogte van de stemplooien: (a) stemplooiknobbels, (b) zwelling (Reinke's oedeem)

perfect symmetrisch zodat een onregelmatige stemplooitrilling kan ontstaan. De stem klinkt dan schor. De toegenomen massa zorgt ervoor dat je de stemplooitrilling minder vlot in gang kan zetten. Je gebruikt dan meer ademkracht en spierspanning. De zwelling zorgt ook voor veranderingen in het golfpatroon van het slijmvlies van de stemplooien. Daardoor is zacht stemgeven moeilijk.

Er bestaan nog andere veranderingen in de stemplooien (poliep, cyste). De arts kan mits nauwkeurig onderzoek bepalen waarover het precies gaat. Hij zal je informeren of de verandering de oorzaak is van het stemprobleem of een gevolg van verkeerde stemgeving of een onaangepast stemgedrag.

Een stemprobleem kan ook wijzigingen veroorzaken in de techniek van houding, adem, stem en resonantie. Doordat je meer kracht moet geven kun je hoger beginnen ademen, stemgeven kan zo vermoeiend zijn dat je minder lang een goede stemtechnische houding kunt aannemen, je begint de stem te knijpen omdat ze niet luid genoeg klinkt enzovoort. De verschillende aspecten van de stemtechniek kunnen dus zowel oorzaak als gevolg zijn van stemproblemen.

Een stemprobleem kan ook een effect hebben op je stemgedrag. Je kunt heel alert reageren en het (beginnend) stemprobleem begrijpen als een signaal dat er iets verkeerd loopt. Je zet alles op een rijtje, je verhoogt je stemzorg, je verbetert je stemtechniek en optimaliseert zo je stembalans. Je kunt ook omgekeerd reageren en het stemgedrag laten zoals het was. Misschien zie je (nog) niet in hoe veranderingen in je stemgedrag de oplossing kunnen vormen voor het stemprobleem of de oplossing kunnen ondersteunen. Omdat stemgedrag vooral opgebouwd is uit gewoontes is het niet zo gemakkelijk om dit te veranderen, zelfs al ben je overtuigd van het nut ervan. Lukt het niet alleen, laat je dan zeker helpen of begeleiden. We verwijzen hiervoor naar punt 10.4.3. *Wie kan helpen?*

10.3.3   Beperking

Een stemprobleem kan je beperken in je activiteiten. Dat betekent dat je minder kunt doen met je stem dan voorheen. Deze beperking kan verschillende vormen aannemen. De meest extreme vorm is helemaal geen stem meer hebben. Maar het hoeft niet zo ingrijpend te zijn. Je kunt bijvoorbeeld wel nog luid praten, maar als je zacht wil spreken lukt dat niet. Of je kunt nog wel spreken, maar niet meer zingen. Het kan zelfs gaan om zeer subtiele veranderingen. Je kunt voelen dat spreken of zingen moeilijker gaat, terwijl anderen geen verschil horen in je stem. Je voelt de extra moeite die je moet doen als een beperking. Hoe ernstig de gevolgen daarvan zijn hangt af van je rolvervulling (zie punt 10.3.4) en van je beleving (zie punt 10.3.5).

10.3.4   Rolvervulling

Iedereen vervult verschillende rollen: je bent opvoeder, werknemer, woordvoerder, collega, vriend, lid van een vereniging, enzovoort. In deze rollen heb je in mindere of meerdere mate je stem nodig. De impact van een stemprobleem op de rolvervulling kan, onafhankelijk van de omvang van het stemprobleem, groot of klein zijn. Maar je kunt ook een stemprobleem hebben zonder gevolg voor je rolvervulling. We geven een paar voorbeelden:

- Marie is opgestaan zonder stem. Ze is gisteren laat op stap gegaan en heeft veel en lang geroepen in de discotheek. Ze heeft een drukke dag voor de boeg: bibliotheekbezoek, fitnesstraining, boodschappen doen, kamer opruimen, een paar uur les volgen, een lange treinreis naar huis als begin van het weekend. Tussen de middag wil ze nog even chatten met een vriendin in het buitenland. Ze heeft een ernstig stemprobleem maar kan de taken die vandaag op de agenda staan probleemloos uitvoeren terwijl ze haar rol vervult als student, reiziger, huisvrouw en vriendin.
- Roos is deeltijds gaan werken om te kunnen helpen bij de opvang van de kleinkinderen. Sinds kort gaat ze elke woensdag twee van hen ophalen aan de schoolpoort. Het zijn levendige kleuters die zich luid laten horen. Roos is hun vaste speelkameraad. Maar vandaag was het chaos: de kinderen waren niet in te tomen, elk spel mondde uit in ruzie en toen ze vertrokken bleef er een puinhoop van speelgoed achter. Voor Roos hadden de kinderen geen oor nu ze snipverkouden vermeed om haar stem te verheffen. Uit voorzorg spaart Roos haar stem en ze voelt meteen dat ze de verantwoordelijkheid als opvoeder minder goed op zich kan nemen.
- Je krijgt een bericht van het cultureel centrum. Eén van de voorstelling die je opnam in je theaterabonnement kan niet plaatsvinden, want de hoofdrolspeler heeft beginnende stemproblemen. Omdat het stuk nog lang op de affiche staat heeft men uit voorzorg besloten de twee midweek voorstellingen te schrappen om wat meer stemrust te kunnen inlassen. Het probleem is nog niet ernstig maar heeft een sterke impact op de rolvervulling van de acteur.

10.3.5 Beleving

Hoe je een stemprobleem ervaart staat sterk in verband met de mogelijke gevolgen, het inzicht in het probleem, met je persoonlijkheid en psychosociaal welbevinden.

Als beroepssprekers met stemproblemen voelen dat hun toekomst of plannen op de helling staan, dan kan hen een gevoel van paniek overkomen. Deze angst versterkt nog hun zorgen waardoor ze geen oplossing voor het probleem zien of zoeken. Hun beleving maakt het stemprobleem zwaar.

Maar omgekeerd zijn er ook mensen die zorgeloos door het leven gaan, hoe zwaar het stemprobleem ook is. Ook al hebben ze oor voor de boodschap over een optimale stem voor iedereen, het zet hen niet aan tot veranderingen.

Deze twee uiterste polen van de beleving moeten de volle aandacht krijgen, want bij geen van beide is er een oplossing voor het stemprobleem in zicht. In het volgende punt bespreken we enkele mogelijke oplossingen.

10.4 Oplossingen

Laten we beginnen met een geruststellende gedachte voor beroepssprekers met stemproblemen: als het stemprobleem ontstaan is door overbelasting, een verkeerde stemtechniek of nadelig stemgedrag, dan is het probleem vaak omkeerbaar. Dat betekent: er zijn oplossingen voor. Dat betekent niet dat in alle gevallen de stem perfect wordt, want aan de oorsprong kunnen andere problemen liggen waarop je minder vat hebt. De eerste stap is om het stemprobleem nauwkeurig te analyseren: is er verbetering nodig, welke aspecten kunnen verbeteren, welke niet, wat zijn de zwakke en de sterke punten in de stem? Daarna omschrijven we het doel van eventuele acties en dan kijken we wie welke taak heeft in de oplossing van het probleem.

10.4.1   Analyse van het stemprobleem

Alles wat je kunt ondernemen om de stembalans te optimaliseren behoort tot de mogelijke oplossingen van een stemprobleem. Voor een overzicht verwijzen we naar Hoofdstuk 1 *Hoezo optimaal voor iedereen?* Uit de analyse van een stemprobleem kan ook blijken dat er elementen een rol spelen waarop je minder vat hebt. Houd daarmee rekening. Je kunt namelijk niet beter worden dan je lichaam en je mogelijkheden toelaten. Enkele voorbeelden van stemproblemen die voorkomen zijn:

* een minder goed gebouwd stemorgaan
* afwijkingen in de vorm en de beweeglijkheid van het skelet
* spraakproblemen door afwijkingen in de mond- en neusholte
* een beperking in de coördinatie tussen bezenuwing en spieren
* ademhalingsproblemen
* chronische pijn
* een allergie
* een minder goede gezondheid

- beperkte fitheid
- rigiditeit in het denken
- (sluimerende) psychologische problemen
- een sterke sociale geremdheid
- …

Ook al kan de invloed van veel van deze problemen onder controle zijn door een goede behandeling, ze kunnen de stembelasting verzwaren en de stemmogelijkheden inperken.

De laatste drie voorbeelden (rigiditeit in het denken, psychologische problemen en sociale geremdheid) lijken gekoppeld te zijn aan vaardigheden die je kunt trainen. Toch moet je weten dat een kern van deze aspecten behoort tot iemands persoonlijkheidsstructuur. En die is moeilijker te veranderen. Uiteraard kun je wel werken aan de manier waarop die persoonlijkheid zich uitdrukt, zodat dit geen belemmering vormt voor je rol als spreker.

Dit onderscheid tussen stemaspecten die je kunt veranderen en andere die je niet of moeilijker kunt veranderen, helpt ook bij de beslissing op welk domein een stemprobleem moet worden aangepakt. Als je hoort dat je stem niet luid kan klinken omdat de bouw van het strottenhoofd dit niet toelaat, dan weet je dat oefenen op luidheid een beperkt resultaat zal hebben. De luidheidsbeperking is gewoon een kenmerk van je natuurlijke stem. Niet de luidheid is dan het probleem, maar wel de aanhoudende pogingen om de stem boven haar mogelijkheden te willen trainen. In dit geval zoeken we de oplossing niet bij stemtechniek maar bij een juister inzicht en een betere omgang met de eigen stem.

Beroepssprekers laten zich ook wel eens overweldigen door een stemprobleem. De impact ervan is bijvoorbeeld groot en er is geen uitzicht op een oplossing. Daarom is het goed het stemprobleem fijn te analyseren in termen van sterktes en zwaktes, kansen en bedreigingen. In de stembalans, in de techniek, het gedrag, de interactie met de omgeving kun je vast positieve elementen vinden die de basis kunnen zijn of aanknopingspunten bieden voor een oplossing. Ken je de eigen sterktes en zwaktes, welke kansen benut je en welke laat je liggen, in welke omstandigheden ben je op je best en waardoor wordt je opdracht bemoeilijkt?

De analyse van het stemprobleem helpt je dus om een antwoord te vinden op de vragen 'Is er een oplossing nodig?', 'Is er een oplossing mogelijk?' en 'Waar vind je aanknopingspunten voor een oplossing?'

10.4.2 Doel

Voor je oplossingen zoekt voor een stemprobleem, moet je weten wat je wil bereiken. Het uiteindelijke doel is de stem te optimaliseren: de best mogelijke stem aangepast aan de eigen, goed ontwikkelde mogelijkheden. Dit bevrijdt ons al onmiddellijk van de soms dwingende gedachte om te willen perfectioneren. Wie perfect wil zijn grijpt soms ver boven zijn mogelijkheden. Dit streven kan overbelasting inhouden die leidt tot stemproblemen. Maar ook de frustratie die gepaard gaat met het gevoel dat je de perfectie niet kunt bereiken, hindert soms de ontspannen omgang met de spreektaal en de inzet van de vaardigheden.

Bij een tijdelijk stemprobleem hopen we de goede stem van vroeger terug te krijgen. Dat lijkt evident als we bijvoorbeeld denken aan een verkoudheid of keelontsteking. Bij verkeerd stemgedrag is dit moeilijker te bepalen. Je leert dan vooral eerder de eigen, natuurlijke goede stem te ontdekken en ze stap voor stap te integreren in de dagelijkse activiteiten.

De weg naar optimalisatie kan dus geplaveid zijn met heel wat haalbare tussendoelen zodat de kans groeit dat een (gedeeltelijke) oplossing voor het probleem permanent wordt.

10.4.3 Wie kan helpen?

Voor een stemprobleem sta je niet alleen. Er zijn een aantal acties die je zelf kunt ondernemen, de omgeving kan helpen en je kunt terecht bij verschillende stemdeskundigen.

10.4.3.1 Jijzelf

Jij hebt de meeste ervaring met je stem. Je voelt wat de stem kan, in welke omstandigheden ze optimaal functioneert, je kent je eigen stemgeschiedenis. De informatie uit de vorige hoofdstukken kan je helpen om een positieve stembalans te maken en om je stem beter te leren kennen. Maar we weten ook dat stem veel gewoontegedrag inhoudt. Het vraagt extra aandacht om dit in te zien en te kunnen wijzigen. Een stemprobleem zet je aan tot reactie. Je kunt reageren door dingen te doen die een oplossing hinderen of uitstellen. Of je kunt een oplossing bespoedigen door de juiste beslissingen en acties.

10.4.3.1.1 Een oplossing hinderen

Niet elke reactie op een stemprobleem leidt tot een oplossing. Dit heeft allerlei oorzaken: je weet niet bij wie je terecht kunt, je grijpt naar de ge-

makkelijkste of meest voor de hand liggende oplossing, je past de methode toe die ook bij anderen heeft geholpen …
We geven enkele voorbeelden.

Panikeren

Wie panikeert laat zich overweldigen door het probleem en geraakt erin vast. Het is alsof je er volledig aan overgeleverd bent. De idee aan de toekomst beangstigt je en die angst blokkeert je oplossingsvermogen. Je problemen ervaar je als zwaar, de angst maakt je kwetsbaar voor meer problemen. Deze situatie verhindert niet alleen oplossingen, maar onderhoudt ook de problemen. Dit is een uitzichtloze situatie, zeker voor beroepssprekers.

Compenseren

Als de stem ontoereikend is, dan kun je de neiging hebben om te compenseren. Als je de gewenste luidheid, toonhoogte of nuances niet kunt produceren of als de stemopdracht te lang duurt, dan zet je soms andere middelen in om toch je doel te bereiken. Stemondersteunde technologie kan een goede oplossing zijn (zie Hoofdstuk 5 *Een duwtje in de rug*). Een minder goede, zelfs soms schadelijke vorm van compensatie is de inzet van overmatige kracht in spieren die minder efficiënt bijdragen tot een goede stemvorming.

Negeren

Zelfs voor je een stemprobleem hebt, moet je attent zijn voor wat er gebeurt met de stem: zowel met de klank als met het gevoel dat je hebt terwijl je spreekt. Je hoeft niet overgevoelig te reageren, maar wel de signalen van je lichaam op te merken. Daardoor kun je beter veranderingen in je stem inschatten en bijsturen indien dit nodig is.
Ook als je een stemprobleem hebt, kun je het negeren. Misschien merk je het probleem wel op, maar je onderneemt niets om het probleem op te lossen. Je hoopt dat het stemprobleem vanzelf verdwijnt of niet zal verergeren. Of je vindt het probleem niet zwaar genoeg om er oplossingen voor te zoeken. In sommige gevallen lijkt het alsof je het probleem negeert, terwijl jijzelf geen probleem ervaart. Hier zal de eerste stap naar een oplossing erin bestaan om je bewust te worden van de juiste toedracht van het probleem.
Stemproblemen die je negeert kunnen langdurig of permanent worden, maar kunnen ook schade berokkenen aan het stemorgaan. Voor beroepssprekers betekent dit een hypotheek op de toekomst.

Externaliseren
Externaliseren betekent dat je de oorzaak van een stemprobleem buiten jezelf legt, alsof je geen aandeel hebt in het probleem. Natuurlijk krijg je niet alleen de blaam voor de ellende. Maar in de vorige hoofdstukken zagen we dat stem een resultaat is van eigen mogelijkheden in interactie met de omgeving. Je speelt dus meestal wel een zekere rol. Als je dit niet inziet, dan verwacht je een oplossing uit de omgeving terwijl je ze niet volledig daar kunt vinden.

Medicaliseren
Medicaliseren is eigenlijk een vorm van externaliseren: je vertrouwt volledig op medicatie als oplossing voor het stemprobleem. Misschien vind je een medicijn of een middeltje dat je helpt om je stemopdracht tot een goed einde te brengen. Maar medicijnen pakken niet het stemgedrag aan en ook niet de interactie met de omgeving. Een tweede nadeel is dat je in elke situatie naar dezelfde 'oplossing' grijpt en zelf geen aangepaste oplossingsstrategieën ontwikkelt.

Generaliseren
Wie generaliseert, pakt verschillende situaties en problemen steeds op dezelfde manier aan. De ene keer werkt het dan wel beter dan de andere keer, maar je troost jezelf met de gedachte dat je niet bij de pakken bleef zitten. Toch kun je efficiënter je eigen stem in handen nemen door oog en oor te hebben voor de verschillen in de omstandigheden, het stemgevoel, de stemklank. Als die verschillen eenmaal duidelijk zijn, zie je meer aanknopingspunten voor een meer verfijnde benadering.

Cultiveren
Een stemprobleem cultiveren betekent dat je dit probleem accentueert. Misschien brengt het je op korte termijn voordeel bij. Je bent bijvoorbeeld hees en blijkt met die heesheid te scoren: mensen herkennen je snel, je krijgt een imago dat je bevalt, je wordt gevraagd om bepaalde opdrachten uit te voeren, je hebt succes ermee. De gevolgen op lange termijn neutraliseren echter de aanvankelijke winst. De problemen nemen toe, het wordt steeds moeilijker om een oplossing te vinden, want jij speelt de hoofdrol in het in stand houden van het probleem.

Inactiveren
Is de beste oplossing voor een stemprobleem niet gewoon zwijgen? Neen, althans niet als zwijgplicht niet door een arts is voorgeschreven. Hij zal je wel opleggen om een tijdje niet meer mondeling te communiceren na een ingreep, een bloeding ter hoogte van de stemplooien of

sterke zwelling zodat het strottenhoofd vlotter kan genezen. In andere gevallen is het beter snel de oorzaak van het stemprobleem aan te pakken en deze vaardigheden te integreren in de communicatie.

10.4.3.1.2 Een oplossing bespoedigen

De ervaring van deskundigen en de resultaten van wetenschappelijk onderzoek leren ons dat de spreker zelf een belangrijke rol speelt in de oplossing van zijn stemprobleem. In de volgende lijst beschrijven we enkele aanbevelingen om sneller tot een oplossing te komen:

- probeer een stemprobleem op te merken
- aanvaard dat het stemprobleem er is
- ervaar het stemprobleem niet als een persoonlijk falen
- laat je niet overmannen door angst
- tracht het ontstaan of de oorzaak van het probleem te begrijpen
- tracht ook te begrijpen hoe een stemprobleem blijft bestaan
- bepaal je eigen aandeel in het stemprobleem
- onderneem actie om je stembalans te optimaliseren
- wacht niet lang om hulp te zoeken

Een dergelijke houding helpt je om snel een oplossing te vinden en voorkomt tegelijk een te sterke en te negatieve emotionele geladenheid van het probleem.

10.4.3.2 De omgeving

Of je slaagt in je stemopdracht, hangt ook af van je omgeving. Je spreekt in bepaalde ruimtes, voor een publiek, in opdracht van mensen, binnen een organisatie en uurrooster enzovoort. Er is een bereidheid tot medewerking nodig om je taken in optimale omstandigheden te kunnen uitvoeren. Het gaat enerzijds over materiaal en infrastructuur, maar vooral ook om mensen: mensen die je steunen, advies geven, aanmoedigen, bevestigen of helpen. Dit gevoel van gezamenlijke verantwoordelijkheid is niet evident. Als je binnen een concurrentiële omgeving werkt, zou je zelfs kunnen merken dat er een verborgen agenda bestaat, want iedereen wil iedereen overtreffen. Een collega met een stemprobleem is in deze strijd een hindernis minder. Positief omgaan met collega's met een stemprobleem dient dus voldoende breed opgevat te worden. Hoofdstuk 11 *Domino of dominion* is een pleidooi om heel de stemopdracht te ondersteunen vanuit een gezamenlijke verantwoordelijkheid voor elkaar om te slagen in deze opdracht.

10.4.3.3 Een (team van) stemdeskundige(n)

Personen met stemproblemen richten zich vaak pas tot een stemdeskundige als ze geen uitweg meer zien. Toch kunnen ze al veel vroeger hulp inroepen. Een heel team van NKO-/KNO-artsen, foniaters, logopedisten, stempedagogen, stemcoaches, kinesitherapeuten/fysiotherapeuten, manueel therapeuten, osteopathen, stemergonomen, bewegingsdeskundigen, psychologen, ontspanningstherapeuten, arbeidsgeneeskundige artsen, ... kan je begeleiden.

Iedere discipline heeft zijn specifieke taak en benadering vanuit een specifieke vorming.

Wat kan een deskundige voor je doen?
- Je helpen om signalen te interpreteren als variatie op een normale stem of als stemprobleem.
- Vaststellen wat je natuurlijke mogelijkheden zijn op basis van bouw en werking van het stemorgaan.
- Aangepaste doelen helpen formuleren binnen je context als spreker.
- Goede stemvorming en training van stemtechniek bieden.
- Spanningen helpen weghalen die een goede stem kunnen hinderen.
- Informatie geven over het hoe en waarom van stemzorg (wellness).
- Vaardigheden aanleren voor een goede interactie met de omgeving.
- Communicatie- en expressievaardigheden helpen ontplooien.
- Je helpen bij de analyse van een stemprobleem.
- Je helpen om de weerstand tegen verandering te aanvaarden en te doorbreken.
- Een stemprobleem nauwkeurig beschrijven.
- De oorzaak van een stemprobleem helpen wegnemen.
- Je helpen bij de keuze voor de beste oplossing bij stemproblemen.
- Je stap voor stap begeleiden bij de aanpak van stemproblemen.
- Vaardigheden helpen integreren in de dagelijkse bezigheden.
- Helpen zoeken naar de meest geschikte technische ondersteuning.
- Helpen zoeken naar aanpassingen van de ruimte waarin je spreekt.
- …

In Hoofdstuk 4 *Stemtechniek* beschreven we enkele principes om de stemtechniek op te bouwen, namelijk 'eerst loskoppelen en dan combineren' en 'alle aandacht op de besturing'. Dit biedt een goede stem de mogelijkheid om veel vaardigheden te ontwikkelen. Wie de wereld van de stemvorming en -begeleiding beter leert kennen stelt vast dat er nog veel andere benaderingen bestaan. Het accent kan bijvoorbeeld liggen op ontspanning, op ademhaling, op beleving van emoties, op expressie, op techniek. Of men past stap voor stap een bepaalde stemmethode toe om de stemtechnische aspecten goed op elkaar af te stemmen. Heb je een gezonde stem, dan kunnen veel benaderingen verrijkend zijn. Het grote aanbod maakt het wel moeilijk de juiste keuze te maken. Als je een stemprobleem hebt is de keuze snel gemaakt: dan heb je stemdeskundigen nodig die vanuit een brede achtergrond de verschillende facetten van het stemprobleem kunnen inventariseren, met elkaar in verband brengen en behandelen. Niet de methode is dan de rode draad in de opbouw van de benadering, maar jij als persoon met je individuele mogelijkheden, vaardigheden, situatie en probleem. In functie daarvan zal de stemdeskundige de inzichten, de aanpak en de inhoud van zijn benadering selecteren en combineren tot een optimaal pakket.

Gezien de zware belasting van een beroepsspreker raden we aan om steeds eerst een afspraak te maken voor een stemconsult bij een medisch stemteam (NKO-/KNO-arts of foniater, logopedist, kinesist/fysiotherapeut, ...) vooraleer je andere vormen van hulp of begeleiding inroept voor een stemprobleem. De informatie die je daar krijgt over de bouw en werking van je stemorgaan helpt je om realistische doelen te stellen zodat de stem niet overbelast of beschadigd raakt door te intensieve training of te hoge eisen. Als de NKO-/KNO-arts of foniater verdikkingen op de stemplooien heeft vastgesteld, kan hij na heel nauwkeurig onderzoek, beslissen of hij al dan niet chirurgisch moet ingrijpen. Richt je bij voorkeur tot een medisch stemteam dat over nauwkeurige apparatuur beschikt en ervaring heeft in de begeleiding van beroepssprekers of sprekers en zangers met een zware stembelasting (Figuur 10.2. *Visueel onderzoek van de stemplooibewegingen*).

Een deskundige die opvallend weinig geraadpleegd wordt is de arbeidsgeneeskundige arts. Hij is geen stemdeskundige, maar is wel een specialist in de sector waarin je werkt. Hij kan je op verschillende manieren helpen. Hij kan beslissingen nemen of aanbevelingen formuleren over werkonderbreking, taakverlichting, optimaliseren van de werkplek, inzet van hulpmiddelen, behandeladviezen, stappen naar herscholing of re-integratie in het eigen of in ander werk. Als meldpunt voor stemproblemen kan hij ook stemproblemen inventariseren. Op basis van die gegevens kan hij de overheid informeren over de frequentie, de ernst en de gevolgen van stemproblemen. Dit kan een basis zijn voor beleidsmaatregelen om de situatie te verbeteren of stemproblemen te voorkomen.

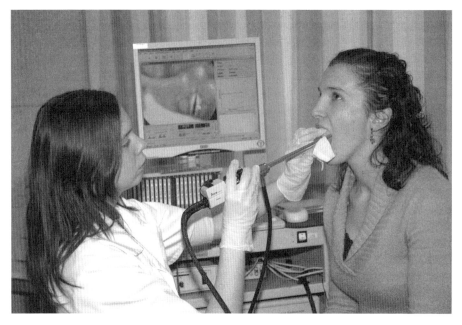

Figuur 10.2. Visueel onderzoek van de stemplooibewegingen

10.5   Voorkomen

Op het einde van dit boek sluiten we graag terug aan bij het begin: we wensen een optimale stem in ieders bereik. Door de stem op die manier te verzorgen, te oefenen, te gebruiken dat ze van normaal naar optimaal ontwikkelt kunnen we al heel wat ongemakken en problemen voorkomen. Mensen uit je omgeving kunnen daarbij helpen, je kunt opdrachten aanpassen, technische ondersteuning zoeken, sociale en communicatieve vaardigheden ontwikkelen, je welbevinden verhogen, rekening houden met je mogelijkheden en beperkingen, je afstemmen op steeds wisselende omstandigheden … Al deze onderwerpen kwamen uitgebreid aan bod in de verschillende hoofdstukken van dit boek.

Een essentieel initiatief om problemen te voorkomen is de screening van de stemmogelijkheden bij al wie de studies tot beroepsspreker aanvangt. De bedoeling van deze screening is de gezondheid, de efficiëntie en de mogelijkheden van de stem zo goed mogelijk in te schatten. Stemproblemen tijdens de loopbaan vragen immers veel aandacht, energie, deskundigheid, tijd en geld. De beroepsspreker met een stemprobleem volgt dan bijvoorbeeld therapie bij een stemdeskundige, gaat op consultatie bij een arts of moet al eens het werk verzuimen, met of zonder vervanging.

Aan deze screening gaat een stap vooraf: wie eraan denkt om als beroepsspreker door het leven te gaan moet goed geïnformeerd zijn over het belang van de stem in het beroep. De screening mag ook niet vrijblijvend zijn. Er moet minstens advies aan gekoppeld zijn en indien mogelijk begeleiding en opvolging. Een wenselijke situatie kan als volgt omschreven worden:

- Als je op het punt staat een opleiding tot beroepsspreker te starten, krijg je informatie over het belang van een goede stem bij de uitoefening van het beroep.
- Nog voor je je inschrijft voor een opleiding, kun je je stem laten screenen. De opleiding biedt deze mogelijkheid aan of verwijst naar een stemteam waarmee de opleiding nauw samenwerkt. Het stemteam onderzoekt een breed gamma stemaspecten (bouw en werking van het stemapparaat, bevraging van de stemgeschiedenis, onderzoek van de vorming en de kwaliteit van de stemklank, biologische en medische aspecten, beleving van de stem, gehoor, motivatie enzovoort).
- Op deze screening volgt een advies. Als het stempotentieel duidelijk onvoldoende is kan men afraden de studie tot het spreekberoep te starten. Het bestaan van stemproblemen voor of tijdens de opleiding tot het beroep is namelijk een risicofactor voor stemproblemen tijdens de loopbaan. Het stemteam kan ook adviezen geven in termen van stemzorg, stemtechniek, training, e.d.
- Als je de studie start kun je rekenen op stembegeleiding in de vorm van een cursus, workshops of een training. Je krijgt ook de mogelijkheid tot individuele begeleiding.
- De evolutie van je stemmogelijkheden wordt opgevolgd. De inschatting van de stemmogelijkheden tijdens de screening is namelijk eerder een momentopname. De opvolging maakt het mogelijk voor elke student afzonderlijk in te schatten hoe het stempotentieel ontwikkelt onder invloed van veel dynamische processen zoals groei, de omgang met fysieke en mentale druk, ervaring, opleiding, e.d.

Financiële tegemoetkoming.

Wie als beroepsspreker financieel moet investeren om het beroep te kunnen blijven uitoefenen kan hiervoor steun gebruiken. Het kan gaan om (para)medische behandeling, omscholing, vorming, investering in technische ondersteuning. Als deze oplossingen niet volstaan, kan ook beslist worden om de opdracht te beperken. Dit veroorzaakt inkomstenverlies.
We bespreken beknopt hoe men in België en in Nederland vanuit de overheid hierbij financieel tegemoetkomt.

België
In België bestaat het Fonds voor Beroepsziekten (FBZ) en het Vlaams Agentschap voor Personen met een Handicap (VAPH).

Bij het FBZ kun je terecht voor een aanvraag tot financiële tegemoetkoming voor uitgaven die verband houden met het stemprobleem dat ontstaan is binnen de uitvoering van het spreekberoep. Het FBZ baseert zich op een Europese lijst van beroepsziekten. Daarin staat beschreven welke ziektes als beroepsziektes zijn erkend en in aanmerking komen voor een tussenkomst. Voorwaarde is wel dat men binnen het beroep blootgesteld is aan het risico waarover men het eens is dat het de ziekte veroorzaakt. Is dat zo, dan hoef je het verband tussen ziekte en risico niet te bewijzen. In de Belgische lijst is sinds 1989 één groep stemberoepen opgenomen, de zogenaamde 'schouwspelartiesten' omwille van het gekende risico op 'aandoeningen door overmatige inspanning van peesscheden en van inplantingen van spieren en pezen' (code 1.606.21 van de Belgische lijst). Al wie sprekend of zingend actief is binnen de podiumkunsten komt dus in aanmerking. Men is druk aan het overleggen rond de mogelijkheid om een beroepsziekte toe te voegen die al opgenomen is in de Europese lijst en beschreven is als 'noduli van de stembanden door intensief beroepsmatig stemgebruik'. Meteen zouden heel wat meer stemberoepen in aanmerking komen. In afwachting bestaat er voor hen de mogelijkheid om een aanvraag tot tegemoetkoming in te dienen in de vorm van een dossier dat getuigt van een stemletsel en een bewijs bevat dat de persoon voldoende lang zijn stem binnen een beroep heeft belast. De criteria tot goedkeuring zowel binnen het lijstsysteem als binnen het systeem van de open aanvraag zijn nog in ontwikkeling. Daarom neem jij, je logopedist of behandelende NKO-/KNO-arts het best op het moment van de aanvraag contact op met het FBZ. Belangrijk is dat behandelende logopedisten en artsen op de hoogte zijn van actuele ontwikkelingen zodat men een gegronde aanvraag kan indienen. Voor de actuele stand van zaken verwijzen we naar de website van het FBZ (http://www.fbz.fgov.be/).

Een financiële tegemoetkoming kan een brede variatie aan uitgaven helpen dekken: de aankoop van ondersteunende versterkingsapparatuur, gedeeltelijk salarisverlies, de kosten van gezondheidszorg, de investering in bijscholing of beroepsheroriëntering enzovoort. De sociale dienst van het FBZ beoordeelt de best mogelijke investering voor elk ingediend dossier.

Het VAPH betaalt hulpmiddelen terug aan personen met een blijvende beperking. Voor elk hulpmiddel bepaalt het VAPH een standaardbedrag dat maximaal terugbetaald wordt nadat ze de goedkeuring gaven om dit hulpmiddel aan te schaffen. Voor een stemversterker bijvoorbeeld is dit standaardbedrag voor 2008: € 796. Je kunt terecht op www.VAPH.be voor meer informatie.

Nederland
In Nederland bestaat het Nederlands Centrum voor Beroepsziekten (NCvB). Net zoals in België zijn de gevolgen van overmatig stemgebruik bij beroepssprekers nog niet opgenomen in de lijst van beroepsrisico's. Wie financiële tegemoetkoming wenst voor de behandeling van stemproblemen, als compensatie voor arbeidsongeschiktheid of voor de aankoop van ondersteunende hulpmiddelen doet hiervoor een beroep op de persoonlijke verzekering.

Besluit

Stemproblemen kunnen zeer divers zijn, zowel wat verschijningsvorm, ontstaan als gevolgen betreft. Een goed inzicht in al deze aspecten is essentieel om een stemprobleem snel en efficiënt op te lossen. Veel partners kunnen hierin samenwerken: de persoon met het stemprobleem, de ruime omgeving en heel wat deskundigen. Als team zijn zij hier samen verantwoordelijk voor.

11. Domino of dominion

Elk jaar, op Domino Day, onderneemt men een nieuwe wereldrecordpoging voor het grootst aantal vallende dominostenen rechtgezet door één groep mensen. Hoe meer steentjes er geplaatst zijn en omvallen, hoe groter het succes. Absolute voorwaarde is een dagenlange nauwkeurige voorbereiding van grote groepen mensen die rotsvast geloven dat ze zullen slagen. Het visueel effect van de enkele miljoenen steentjes die in één lange kettingreactie omvallen is spectaculair.

Het begrip 'kettingreactie' is voor beroepssprekers even vertrouwd als voor dominospelers, vooral als de spreekopdracht niet vlekkeloos verloopt. Bij de gedachte eraan alleen al komt de eigen fysieke kettingreactie op gang: de stem begint al te trillen, de kritische blik van de toehoorders maakt een eind aan de goed voorbereide redenering, handen worden klam, de woorden stokken in de hoge ademhaling, en het gaat steeds slechter … Je had het gevreesd en het komt weeral eens uit. Waarom zou het de volgende keer beter gaan? Het voelt alsof je alleen op de wereld staat en je een gevecht moet leveren van één tegen allen. Eerder leerden we hoe stemzorg, techniek, oefening, ervaring, ondersteuning en psycho-sociale vaardigheden ook een positieve kettingreactie kunnen teweegbrengen. Maar er is meer. Net zoals bij de wereldrecordpoging op Domino Day, verhoogt de kans op slagen als verschillende mensen naar hetzelfde doel toe werken. Dit betekent dat de beroepsspreker er niet alleen voorstaat, niet voor zijn opdracht en ook niet voor het vinden van oplossingen bij problemen. De hele professionele omgeving ondersteunt de spreker om zijn dagelijkse spreekopdracht tot een goed einde te brengen. Je zou dit een omgekeerd domino-effect kunnen noemen waarbij het oprichten van één steentje de rest in een vloeiende beweging weer stevig helpt rechtzetten. Met een spectaculair klankeffect als gevolg.

Het begrip 'Dominion' (zie verder) helpt ons de verantwoordelijkheid voor dit gemeenschappelijk slagen binnen een ruimer maatschappelijk kader te plaatsen. Dat lichten we toe in punt 11.1. Hoe we dit dominion kunnen realiseren is een kwestie van veel mensen en van voldoende aandacht. Daarom belichten we twee belangrijke fasen voor de beroepsspreker: het stemdominion in de opleiding (punt 11.2) en het stemdominion in loopbaanperspectief (punt 11.3).

11.1 Dominion

Als alternatief voor een 'positief domino-effect' willen we hier het begrip 'dominion' toelichten. 'Dominion' verwijst naar een bepaald maatschappijbeeld. Braithwaite (1991) beschrijft dit begrip als 'Freedom citizens enjoy in a social world where other citizens grant them social assurances of liberty'. Deze sociale interpretatie van vrijheid gaat om gelijke en gewaarborgde rechten en vrijheden waarover elke burger beschikt. Haaks daarop staat de beleving van vrijheid waarbij elke burger eindeloos doorgaat met het verwerven van eigen vrijheden voor zover anderen hun vrijheden niet opeisen. Het dominion bestaat uit een pakket afspraken, wetten en regels, maar ook uit de verzekering dat deze vrijheden gegarandeerd worden. Dit luik houdt in dat iedereen weet dat hij rechten heeft, dat hij erop vertrouwt dat ook anderen dat weten en deze rechten respecteren, en, meer nog, dat hij erop kan rekenen dat de medeburgers deze rechten mee zullen verdedigen. Het dominion is dus een collectief goed waarvoor we van elkaar afhankelijk zijn om ons verzekerd territorium te verdedigen, uit te breiden en eventueel te corrigeren. Voor ieder van ons betekent het: 'Niet alleen ik heb rechten, maar ook jij. Ik weet dat en ik ben bereid om je te helpen deze rechten ten volle te beleven.'

De stap naar de stem van de beroepsspreker is klein: binnen een 'stemdominion' helpt de ruime maatschappelijke en professionele omgeving de beroepsspreker zijn stemopdracht te vervullen vanuit solidariteit en actieve medeverantwoordelijkheid.

11.2 Stemdominion in de opleiding

In Vlaanderen en Nederland moet elke opleiding doelstellingen formuleren in termen van competenties die de laatstejaarsstudenten moeten beheersen bij het afsluiten van de studies en de instap in het werkveld: de zogenaamde startcompetenties voor het beroep. Deze bagage die we de afgestudeerden willen meegeven vinden we belangrijk voor een goede start van de beroepsloopbaan. In het programma maken we dan ook tijd en ruimte om de nodige kennis, inzicht, attitudes en vaardigheden aan te leren. Dit gebeurt in specifieke opleidingsonderdelen, in vakoverschrijdende activiteiten of via het leerconcept van de onderwijsinstelling. Alle betrokkenen, van onderwijsbeleid tot leerkracht of docent richten hun activiteiten op deze competenties. Vermoedelijk klinkt dit alles je heel logisch in de oren. Toch moeten we op het domein van de stem het begrip 'bagage' uitbreiden. Veel leerlingen en studenten leren al vroeg de werkinstrumenten voor hun beroep kennen en gebruiken. Leerling-slagers bijvoorbeeld schaffen zich een prima set messen aan, leren er nauwgezet en gedifferentieerd mee werken. De stem van de beroepsspreker kun je ook beschouwen als een werkinstrument dat hij moet leren kennen en waarmee hij efficiënt moet leren omgaan binnen de opleiding.

Als het toekomstig beroep een doorsnee stemgebruik vereist, volstaat het meestal dat opleiders stemproblemen bij leerlingen kunnen opmerken, helpen corrigeren en eventueel gericht kunnen doorverwijzen. Daartoe is al een klein en goed draaiend netwerkje nodig: stemdeskundigen informeren de opleiders over stemgebruik, over mogelijke problemen en over signalen die meer of minder aandacht vragen. Op hun beurt kunnen de opleiders de student gericht raad geven of snel naar de juiste personen doorverwijzen.

De taak van een opleiding tot beroepsspreker is ruimer. Vooreerst moeten we beslissen of een goed stemgebruik deel zal uitmaken van de beoogde competenties binnen een vaardighedentraject doorheen de opleiding. De evaluatiecommissie of de inspectie die de kwaliteit van de opleiding beoordeelt, zal dan ook nagaan of die opleiding voldoende middelen, mankracht, uren en deskundigheid inzet om de leerlingen of studenten deze competentie bij te brengen via het aangeboden programma. Hoe de opleiding dit realiseert is een volgende beslissing. Enkele mogelijkheden op een rijtje. Stemvorming bieden we aan als deel van een vak of opleidingsonderdeel zoals 'eigen stem- en spraakvorming', 'taalvaardigheid', 'mondeling Nederlands' e.d. Binnen een bepaald jaar van de opleiding volgen de studenten de cursus en sluiten ze het jaar af met een beoordeling. Oef, dat is alweer gelukt, leerstof vergeten en op naar het volgend jaar. Maar tegelijk stopt ook elke motivatie om de stem verder te optimaliseren en om vaardigheden te integreren in de praktijk. Een totaal andere benadering is de stemvorming als een rode draad te integreren in het volledig verloop van de opleiding en de belasting voor de student te koppelen aan zijn vaardigheden.

Stel dat de 18-jarige Petra zich inschrijft in de lerarenopleiding voor het lager onderwijs. Een team van deskundigen brengt haar stemmogelijkheden in kaart. Daaruit blijkt dat Petra een doorsnee goed stemgebruik heeft, tot nu toe weinig belastende stemactiviteiten op zich nam en een gezonde vrouw is met een goed gebouwd strottenhoofd en goed sluitende stemplooien. Vermoedelijk zal Petra de stembelasting gekoppeld aan de opleiding aankunnen als ze tenminste een reeks stemsessies en adviezen volgt. Toch zal Petra ook perfect op de hoogte zijn van wie ze kan aanspreken mocht de stem bij overbelasting wat meer ondersteuning vragen.

Iris echter is al een ervaringsdeskundige op het gebied van stemgebruik op het moment dat ze haar opleiding start: ze volgde de opleiding woordkunst en toneel, leidt de jongste groep van de plaatselijke jeugdbeweging zonder stemproblemen, schitterde in een aantal toneelopvoeringen en je kunt altijd een beroep doen op haar als je iemand zoekt om een groep toe te spreken. Iris heeft duidelijk een voorsprong. Kunnen we Iris dan vrijstellen van de aandacht voor de stem? Helemaal niet! Iris kan vast haar stem nog verder optimaliseren. Zij kan wel instappen in een stemvormingsmodule voor gevorderde stemgebruikers. Meer nog: Iris kan haar medestudenten ondersteunen bij hun stemvorming. Daarmee bedoelen we helemaal niet dat Iris een stemdeskundige kan vervangen of verantwoordelijkheid krijgt voor de vorming van een medestudent. Iris kan wel klankbord zijn bij extra oefensessies. De minder stemvaardige studenten kan ze helpen om de mogelijkheden en moeilijkheden op een rijtje te zetten als voorbereiding van een volgend contact met de stemdeskundige.

De aanpak van Carl is weer anders: hij is een gemotiveerde beroepsspreker in wording, maar eindigt steevast met een hese stem bij elke spreek- of roepactiviteit. Een arts zal eerst vaststellen of de moeilijkheden structureel bepaald zijn en zal samen met een logopedist en zijn leerkrachten een individueel pad voor hem uitstippelen. Naast de geplande stemlessen en opvolging binnen de opleiding zou dit ook kunnen bestaan uit logopedische begeleiding.

Een gedifferentieerde aanpak zoals bij Petra, Iris en Carl vraagt een flexibele organisatie, een goed opvolgsysteem en een netwerk van partners die nauw samenwerken op lange termijn. De meerwaarde hiervan ten opzichte van een vakkensysteem is dat de opleiding haar verantwoordelijkheid opneemt voor het individuele stemdominion van elke student. Daardoor kan de student zijn studieaandacht optimaal wijden aan de gebieden waarin hij nog het meest moet groeien en verhoogt de kans om met goede competenties in het beroep te stappen.

Een heel aantal opleidingen bereidt hun studenten niet voor op de taak van beroepsspreker. Toch blijkt uit intensief contact met het werkveld en beroepsverenigingen, dat mondelinge communicatie, spreken voor groepen of voorzitten van vergaderingen een groter aandeel vormt in de beroepsuitoefening dan aanvankelijk verwacht. Dat is vooral het geval als werknemers door bevordering meer leidinggevende taken krijgen, werk moeten delegeren, projecten bespreken, resultaten meedelen, coachen e.d. Zij behoren tot de groep beroepssprekers die inhoudelijk prima voorbereid zijn op hun taak, maar die, wat betreft hun werkinstrument, de stem, nooit eerder advies of vorming kregen. Sommigen blijken hierin natuurtalenten te zijn, maar voor anderen breekt op dat moment soms een periode van extra spanning aan. Je kunt uiteraard de opleiding tot dergelijke beroepen hiervoor niet verantwoordelijk stellen. En toch is een overweging rond stemgebruik op zijn plaats. Elke opleiding schetst voor haar studenten namelijk een beeld van de toekomstmogelijkheden op het gebied van tewerkstellingssector, inhoud, toepassingsdomein of loopbaanverloop. Komt toenemend stemgebruik steeds vaker voor bij de oud-studenten in de praktijk, dan kan dit al tijdens de opleiding aan bod komen in een aantal casusbesprekingen. Een specifiek voorbeeld is de groep sprekers die rechtstreeks met klanten of gebruikers communiceren in callcenters, via telemarketing of als helpdesk. De enen kennen een product tot in de puntjes, de anderen passen hun vaardigheden in verkoopstechnieken toe. Hun opleiding is niet primair gericht op een taak als beroepsspreker. 'Waar zit het probleem?' merkt men wel eens op, 'Spreken op conversatieluidheid verloopt toch moeiteloos en kan toch iedereen?' Dat klopt meestal. Maar het aantal spreekuren per dag is een zwaar doorwegende factor en ze zitten vaak lang in dezelfde strakke houding aan de computer waarbij ze de telefoon tussen het oor en de schouder klemmen. Ze ervaren ook veel psychologische druk, want ze moeten zo veel mogelijk presteren, ontevreden klanten te woord staan enzovoort. Een 'gewone' spreektaak kan onder deze omstandigheden wel eens heel moeilijk zijn.

Het takenpakket kan echter zo evolueren dat de stem voor iedereen binnen de beroepsgroep belangrijker wordt. Dan moet de opleiding de trends en de evolutie op de voet volgen zodat de afstuderende volwaardig zijn taak op de arbeidsmarkt kan opnemen. Het beleid kan daar een duwtje in de rug geven. Een recent voorbeeld hiervan is de vaststelling dat evaluatiecommissies steeds meer aandacht besteden aan presentatievaardigheden van studenten, welke studierichting ze ook volgen. De gedachte hierachter is dat, in een maatschappij waarin men levenslang moet bijscholen, iedereen zijn bijdrage moet leveren vanuit praktijk of onderzoek. De communicatie van deze bijdragen kan schriftelijk zijn via publicaties allerhande, maar is in veel gevallen ook mondeling. Een goed opgebouwde en beklijvende presentatie geven moet je dan ook leren en als vaardigheid bezitten van bij de aanvang van de loopbaan. Goed stemgebruik is hiervan een belangrijk onderdeel.

Op welke manier en hoe uitgebreid we aandacht besteden aan de stem is dus sterk afhankelijk van het beroep waartoe we opleiden. Voor theater, verkoop, onderwijs, advocatuur e.d. zijn telkens andere accenten nodig. Hoewel elke opleiding barstensvol geprogrammeerd is met sterk geselecteerde, zeer relevante inhouden, moet de stem voldoende aandacht krijgen zowel kwalitatief als kwantitatief. Als het uurrooster weinig contacturen toestaat, zou de student toch moeten kunnen rekenen op individuele feedback. We kunnen studenten nog beter ondersteunen als het hele team van lesgevers goed stemgebruik beschouwt als een vakoverschrijdende vaardigheid en iedereen er in zekere mate oor voor heeft. Als het team dan ook nog goede contacten onderhoudt met stemdeskundigen buiten de opleiding (arts, logopedist, stemcoach, …) dan kunnen stemproblemen aangepakt worden, nog voor de eerste stage, de eerste podiumervaring, de eerste presentatie (zie ook punt 10.5 *Voorkomen* van Hoofdstuk 10 *Tijdelijke storing*). Ook de student zonder stemproblemen voelt zich door zo'n team gesteund en leert preventief een pakket samenstellen met gepersonaliseerde adviezen.

11.3 Stemdominion in loopbaanperspectief

Na het ondertekenen van ons eerste jobcontract voelen we ons verantwoordelijk voor de uitbouw van onze eigen loopbaan. Voor beroepssprekers met stemproblemen vervormt die rechte weg soms waarlangs men naar de top hoopt te snellen, tot een kronkelig, onvoorspelbaar, hobbelig pad waarop je strompelt en struikelt. Wie dit ervaart voelt zich niet geslaagd in zijn opdracht en worstelt met gedachten als 'was ik maar …' en 'had ik maar …'. Maar in een omgeving waar we samenwerken voor een gewaarborgd stemdominion voor iedereen, staan we er niet alleen voor. Iedereen met wie je als beroepsspreker in aanraking komt, is voor een deel medeverantwoordelijk.

De grootste groep zijn diegenen die deel uitmaken van **het publiek** tot wie je spreekt. Naast alle vaardigheden die je aanwendt om een publiek te boeien, moet er ook een bereidheid zijn om te luisteren. De luisteraars moeten je ook de tijd gunnen om je gedachtelijn duidelijk uit te leggen. Gelukkig is dit meestal geen probleem. Maar als je een publiek regelmatig toespreekt, zoals leerkrachten een groep leerlingen, een diensthoofd zijn medewerkers, kun je gerust enkele afspraken maken die altijd gelden, wie ook wie aanspreekt. Dit creëert een positieve sfeer van bereidheid en respect. Even verwijzen naar die afspraken volstaat soms om situaties te optimaliseren.

Maar het is ook mogelijk dat je als spreker niet in je gewone doen bent. Je bent bijvoorbeeld wat grieperig, de stem wil niet mee of het is gewoon je dag niet. Natuurlijk hoeft je publiek niet tot in detail te weten wat er schort. Maar als je verwacht dat spreken moeilijker gaat dan anders, dan kun je het publiek om wat extra ondersteuning vragen. Formuleer je wens positief en uitnodigend zodat je publiek zich aangesproken en medeverantwoordelijk voelt. In die zin heeft een mededeling als 'Ik ben ziek en verwacht vandaag volledige stilte' minder kans op het gewenste effect dan een verzoek als 'Sinds gisteren doet mijn stem het niet goed. Jullie aandacht is volgens mij de beste medicijn. Mag ik er vandaag extra op rekenen?' Het is verbazingwekkend hoe zelfs jonge kinderen graag een zorgende houding aannemen als hun kleuterleidster hiervoor op hen een appel doet.

Je toespraak kan ook vlot beginnen, maar naargelang de tijd vordert merk je dat je je steeds harder moet inspannen om het toenemende omgevingslawaai de baas te kunnen. Natuurlijk haal je eerst al je didactische of presentatievaardigheden uit de kast om de situatie om te keren, maar ook dat mislukt soms. Aarzel dan niet om desnoods een volledige time out in te lassen. Je kunt de afspraken opfrissen maar je kunt ook even metacommunicatie inlassen: communiceren over de communicatie. Wat is anders dan anders, hoe is de situatie veranderd sinds het begin van je praatje, hebben de toehoorders andere verwachtingen rond de communicatie enzovoort. Een aantal misverstanden kun je daardoor uit de wereld helpen.

Net zoals toehoorders binnen een soepel werkend dominion de taak hebben om de spreker in zijn vaardigheden te bevestigen, is dit ook een taak die de spreker heeft ten opzichte van de luisteraars. En dat vergeet men al te vaak. Het is 'well done' om op een afsluitende dia van een powerpointpresentatie het publiek te bedanken voor hun vriendelijke aandacht. Maar heb je ooit je leerlingen bedankt voor hun aandacht, ook al zie je hen elke dag, of je collega's die nog maar eens bereid waren hun pauze op te offeren aan een lunchvergadering? Zeg hen gewoon waarom je je praatje, hun luisterhouding of interactie als positief hebt ervaren. Vind je dit te soft, denk dan gewoon strategisch: als je hen bevestigt in hun positief gedrag, dan komen ze de volgende keer met een nog grotere bereidheid naar je luisteren.

Een tweede belangrijke groep mensen zijn de **collega's**, of ze nu een vergelijkbare opdracht of een totaal ander takenpakket hebben. Binnen een team tref je vast een heel gamma aan stemvariatie aan. Probeer eens gericht naar al die stemmen te luisteren. We hadden het eerder al over de balans belasting-belastbaarheid. Hoe zit het met de balans bij de collega's? Hoe omschrijf je de sterktes en zwaktes van de verschillende stemmen? Waar situeer je je eigen stem? Het is natuurlijk niet de bedoeling om stemmen na te bootsen, maar een stembeeld van de groep in kaart brengen kan helpen om de stemopdrachten en middelen redelijkerwijze te verdelen. De collega met een klok van een stem zal niet altijd de zware opdrachten krijgen, maar kan in bepaalde gevallen wel inspringen voor een collega met tijdelijke problemen, ook al gaat het maar om informele communicatie. Ben jij de collega die soms wat stemverlichting nodig heeft, dan kun jij vast één van je sterktes gebruiken om op een ander domein je helper een duwtje in de rug te geven.

Intervisie is een meer gestructureerde manier om te leren aan en van collega's, ook op stemgebied. Zet gerust de deuren van je meeting, je les, je presentatie open voor de collega's met wie je afspreekt dat ze heel specifiek op je stemgebruik letten. Hun informatie is goud waard. Misschien confronteren ze jou met moeilijke punten, verwoorden ze het probleem waarmee je al jaren kampt of komen ze aandraven met opmerkingen die je geneigd bent in twijfel te trekken. Een videoanalyse kan hun argumenten ondersteunen. Neem elke opmerking ernstig, en overweeg hoe je in de toekomst minstens één probleempje ten goede kunt keren. Nog boeiender wordt het als je dit samen met de collega-intervisor doet. Je kunt dan afspreken dat je collega op vaste momenten de taak op zich neemt van reminder: verloopt het werkpunt niet vlot, dan is een signaal van de collega voldoende om de stem snel weer op de sporen te krijgen. In tegenstelling tot materiële reminders zoals uitroeptekens in de agenda en stickers op je portable computer, kunnen jij en je stemintervisor heel veel van elkaar leren.

Toch moeten we heel voorzichtig zijn met de aanmoediging om onder collega's elkaar advies te geven. We weten dat stemgebruikers op vele gebieden van elkaar verschillen. Wat een oplossing is voor de één, kan helpen voor een ander, maar biedt geen soelaas bij een derde persoon. Ook gevoeligheden, vaardigheden, motivatie en leervermogen spelen in dit alles een rol. Laten we het zo stellen: de meest optimale wijze om als collega's elkaar te ondersteunen is om in de lijn van adviezen die stemdeskundigen formuleerden, creatieve en haalbare oplossingen te helpen zoeken.

Een open en vlot overleg over stemervaringen moedigt iedereen aan om een stemprobleem snel te bespreken zonder enig gevoel van mislukken als beroepsspreker.
En deze boodschap moet ook **het beleid**, de derde belangrijke partner bereiken. Het beleid kan in die mate ambitieus zijn dat je, in verhouding tot je stemmogelijkheden, te vaak, te lang, te luid of te laat op de avond moet spreken. Dan staat stembelasting het best op de agenda van de volgende bespreking. Je zal verbaasd zijn hoe nieuw deze informatie is voor je werkgever. Heel vaak horen we van leerkrachten bijvoorbeeld dat ze al jaren problemen hebben in bepaalde leslokalen met een slechte akoestiek, maar even vaak stroomt die informatie niet door naar de directie of de beheerraad. Vraag gerust om een extra punt op de agenda

toe te voegen. Help de directie om zich een reëel beeld te vormen van de omvang van het probleem en van de hoogdringendheid door ervaringen te bundelen. Mocht je over informatie beschikken dan staan diegenen die over de budgetbesteding beslissen vast open voor mogelijke oplossingen of ze nu van technische, organisatorische of didactische aard zijn. 'Ik moet al zo veel problemen oplossen binnen mijn eigen pakket,' horen we soms mensen opwerpen. Je kunt je gerust individueel of, beter nog, samen met collega's, beperken tot het rapporteren van problemen en het suggereren van oplossingen. De uitvoering ervan is een taak van anderen. Toch mag je niet opgeven als je vraag naar stemvriendelijke maatregelen onbeantwoord blijft, want ook hier geldt dat de aanhouder wint.

Als het beleid de stap heeft gezet om energie, tijd en/of geld te besteden aan stemvriendelijke randvoorwaarden, dan dringt differentiëring zich op. Een hele rij aanpassingen of verbeteringen komt iedereen ten goede. Maar sommige werknemers hebben extra ondersteuning nodig. Binnen een goed draaiend stemdominion is iedereen het hier het best mee eens. Laten we dit illustreren met de opmaak van de uurroosters. Aansluitende werkuren overdag zijn voor de één een droom, een ander slaakt een diepe zucht als de stemopdracht drie uur na elkaar duurt. In overleg kunnen we beslissen hoe breed dergelijke differentiëring kan zijn: kan er alleen hoogst uitzonderlijk van een regel worden afgeweken, of kan iedereen zijn wensen kenbaar maken. In elk geval kunnen we ons laten ondersteunen door gebruiksvriendelijke softwarepakketten waarmee we uurroosters opmaken rekening houdend met een complexe set van eisen.

Als het beleid eenmaal gevoelig is voor het aspect 'stem' bij de werknemers, kan het zelf initiatieven ontplooien. We noemen er maar enkele. Stem kan een onderdeel zijn van het functioneringsgesprek bij mensen die problemen ervaren. Het beleid legt contacten met goed bereikbare stemdeskundigen waarnaar het doorverwijst bij stemklachten. Binnen de reeks navormingen en bijscholingen die het beleid aanbiedt, krijgen werknemers de kans om stemvaardigheden uit te breiden of op te frissen. Wie door een taakverschuiving of bevordering meer stemopdrachten krijgt, kan op ondersteuning rekenen. Bij het vooruitdenken op lange termijn, kan stem een medebepalende factor zijn bij de loopbaanplanning. Starters binnen het bedrijf, de instelling, de school, de organisatie krijgen alle informatie in verband met stemondersteuning aangeboden door het beleid …

De stembetrokkenheid willen we ook uitbreiden naar het **macroniveau**. De huidige trend is om meer subsidies toe te kennen bij nieuwbouw of renovering naarmate men technieken toepast en materialen verwerkt gericht op energiebesparing. Thermische energie staat hierbij centraal, in het licht van onze collectieve verantwoordelijkheid om de Kyoto-norm te halen. Voor beroepssprekers is ook akoestische energie van cruciaal belang. Hoe slechter de akoestiek van de werkruimtes en omgeving, hoe meer energie beroepssprekers verbruiken. Een geluidsdeskundige speelt meestal een grote rol bij het ontwerp van bouw- of verbouwplannen van concertzalen en theatergebouwen. Maar dat is niet zo evident in de meeste andere gebouwen waar beroepssprekers aan de slag gaan. Vanuit het macrobeleid zouden architecten, geluids- en energiedeskundigen kunnen samenwerken voor structurele aanpassingen of nieuwbouw. Ook andere gezondheidsaspecten kunnen centraal staan zoals luchtverversing en temperatuurregeling. Zelfs waar investeringsbudgetten beperkt zijn, zouden ze hun diensten kunnen aanbieden, zowel voor permanente als voor flexibele of tijdelijke aanpassingen. In elk geval kan akoestiekverbetering heel wat positieve effecten hebben: beroepssprekers melden zich minder vaak ziek of stemonbekwaam, organisaties leiden minder verlies, de ziekteverzekeringsinstellingen moeten minder financieel tussenkomen, gemeenschapsgelden kan men inzetten voor andere doeleinden. Het stemdominion op zich past perfect in de uitbouw van een breed maatschappelijk dominion met voordelen voor iedereen.

Checklist: Stemdominion in de beroepssituatie.

Loopbaan
- Toen je als starter werd opgeleid voor een specifieke taak, kreeg de stem dan ook aandacht? Vond je dit nodig? Bleek het voldoende? Heb je een mogelijk tekort op dit gebied gemeld aan de werkgever of het opleidingscentrum?
- Ging verandering in opdracht gepaard met een verandering in stembelasting? Is dit goed verlopen? Wist je hoe je problemen kon aanpakken en wie je hierbij kon helpen?

Informatie en vorming
- Krijg je de kans om je stemvaardigheden onder begeleiding verder uit te bouwen of op te frissen?
- Heb je voldoende informatie rond het bestaan en het gebruik van stemondersteunende hulpmiddelen?

- IJvert je beroepsvereniging voor de stemgezondheid van zijn leden? Draag je hiertoe een steentje bij?

Huidige situatie
- Denk je dat je de huidige stembelasting op dat niveau kunt volhouden tot het einde van je loopbaan? Wat wens je te veranderen? Hoe kun je een eerste stap zetten? Wie kan je hierbij helpen? Voorzie je pieken en dalen van stembelasting tijdens je loopbaan?
- Zijn er werkopdrachten die meer steminspanning kosten?
- Vragen verschillende groepen mensen met wie je werkt verschillende steminspanning?
- Zijn er op de werkvloer lokalen waarin spreken lastiger is?
- Houdt men bij de samenstelling van je werkopdracht rekening met je stemmogelijkheden? In welke mate is dit haalbaar?
- Is stembelasting een factor die je uurrooster mee bepaalt? Is dit nodig? Zou je dit wensen? Is dit bespreekbaar?

Samenwerking met de collega's
- Kun je in je werksituatie rekenen op een positieve luisterbereidheid, wie je ook aanspreekt?
- Hoe kun je de verschillen in stemklank, draagkracht van de stem e.d. bij de collega's beschrijven? Waar situeer je je eigen stem binnen de stemvaardigheden van de groep?
- Vind je bij collega's inspiratie om je stembalans in evenwicht te houden?
- Kun je vlot over stemproblemen van gedachten wisselen op het werk? Kun je elkaar advies geven?
- Hoe kijkt het team aan tegen collega's met stemproblemen? Afkeurend? Met medelijden? Helpen collega's zoeken naar oplossingen?
- Kun je met je stemvaardigheden iemands stembelasting verminderen? Of omgekeerd?

Samenwerking met de werkgever
- Is de werkgever of directie op de hoogte van stemproblemen in het team?
- Durf en kun je eisen stellen rond de uitrusting van ruimtes waarin je moet werken? Ben je de enige die dit doet? Of is dit in je werkomgeving vanzelfsprekend?
- Heeft de werkgever contacten met stemdeskundigen bij wie je terecht kunt?
- Investeert men middelen in de werkomgeving ten gunste van je stem?
- Heb je inspraak rond stemontlastende veranderingen in je werksituatie?
- Maakt je stemervaring deel uit van een functioneringsgesprek?

Besluit

Het stemdominion is een actiedomein waarbinnen de verschillende deelnemers uit de brede omgeving van de stemgebruiker de verantwoordelijkheid opnemen om elkaar te helpen slagen in de stemopdracht. In een dergelijk dominion vervalt het onderscheid tussen de succesvolle stemgebruikers en de pechvogels met stemproblemen die terechtkomen in een meedogenloze afvallingskoers. Werken binnen een gewaarborgd stemdominion tilt iedereen op tot zijn beste mogelijkheden dankzij een open communicatie en een gemeenschappelijke betrokkenheid. Van starters tot deskundigen, van toehoorders tot sprekers, van stemgebruikers tot beleidsvoerders, is iedereen een gelijkwaardige partner met een eigen inbreng. Door deze gemeenschappelijke verantwoordelijkheid geven we elkaar de kans om een optimale levenskwaliteit uit te bouwen.

Overzicht figuren

Hoofdstuk 1: Hoezo optimaal voor iedereen?

Figuur 1.1. De rol van de aandacht in het verloop van training: (a) de aandacht stoort de beweging (2) de aandacht stuurt de beweging (c) de aandacht volgt de beweging

Hoofdstuk 2: Wellness voor de stem

/

Hoofdstuk 3: Wat hoor je?

/

Hoofdstuk 4: Stemtechniek

Figuur 4.1. Hoofdposities:
1 zijaanzicht: a: rechte hoofdhouding, b: protractie, c: retractie, d: flexie, e: extensie
2 vooraanzicht: f: rechte hoofdhouding, g: rotatie naar rechts, h: rotatie naar links, i: inclinatie naar links, j: inclinatie naar rechts

Figuur 4.2. Kantelpunt van het hoofd: (a) hoofd valt naar achter (b) hoofd staat recht door de goede balans rond het kantelpunt

Figuur 4.3. Hoofdhouding tijdens telefoneren: (a) verkeerd: telefoon klemmen tussen hoofd en schouder, (b) goed: handenvrij telefoneren

255

Figuur 4.4. Houdingcorrectie: (a) minder goede stemtechnische houding (b) goede stemtechnische houding

Figuur 4.5. Body alignment: (a) te sterk naar voor, (b) goed, (c) te sterk naar achter

Figuur 4.6. Oprichting van de wervelkolom: (a) staand, (b) zittend

Figuur 4.7. Het middenrif: (a) vooraanzicht, (b) zijaanzicht

Figuur 4.8. De costo-abdominale ademhaling: (volle lijn) bij uitademing, (stippellijn) bij inademing

Figuur 4.9. Positie van het strottenhoofd in de hals: ter hoogte van de vierde tot zesde halswervel

Figuur 4.10. Structuur van het strottenhoofd: (a) vooraanzicht, (b) achteraanzicht, (c) zijaanzicht op de rechterkant van het strottenhoofd, (d) zijaanzicht op de rechterkant van het strottenhoofd waarbij de rechtervleugel van het schildkraakbeen is weggehaald. Daardoor zijn de stemplooien in zijzicht duidelijk.

Figuur 4.11. Opbouw van de stemplooi: (a) bedekkende laag, (b) ruimte van Reinke (c) ligament, (d) stemspier

Figuur 4.12. De ware en de valse stemplooien: schematisch vooraanzicht

Figuur 4.13. Bovenaanzicht van de ware en de valse stemplooien: (a) valse stemplooien, (b) ware stemplooien. Onder de stemplooien is de luchtpijp (L) met de ringen goed zichtbaar.

Figuur 4.14. Positie van de stemplooien: (a) tijdens ademhaling, (b) tijdens stemgeving

Figuur 4.15. Omzetting van ademlucht in geluid

Figuur 4.16. Fasen in de stemplooitrilling: vooraanzicht van de verschillende fasen

Figuur 4.17. Beelden van bewegende stemplooien: verschillende fasen in één cyclus van sluiten en openen

Figuur 4.18. Intensiteit van de stem: (a) normale stem, (b) projecterende stem, (c) roepstem

Figuur 4.19. Losmaken van de kaak- en gezichtspieren

Figuur 4.20. Opgetrokken huig sluit de neusweg.

Figuur 4.21. Gebruik de drie dimensies van de mondholte.

Figuur 4.22. Controle van ontspanning en resonantie

Hoofdstuk 5: Een duwtje in de rug

Figuur 5.1. Geluid van buitenaf

Figuur 5.2. Trek de aandacht van de luisteraar: (a) lukt het of (b) lukt het niet?

Figuur 5.3. Houding van de spreker: (a) verlegen, (b) open, (c) lusteloos, (d) dominant

Figuur 5.4. Opstelling van het publiek: binnen 140° rond de spreekrichting

Figuur 5.5. Geen hindernissen voor het klankbeeld

Figuur 5.6. Oplossingen voor een beter klankbeeld: (a) spreker staat hoger (b) publiek zit per rij hoger

Figuur 5.7. Teruggekaatst geluid kan verstaanbaarheid verhogen. Het tijdsverschil met het direct geluid moet kleiner zijn dan 50 milliseconden.

Figuur 5.8. Teruggekaatst geluid kan verstaanbaarheid verminderen. Dit gebeurt als het verschil in afstand tussen het teruggekaatst geluid (b+c) en het direct geluid (a) groter is dan 17 meter.

Figuur 5.9. Gebruik van absorberend en reflecterend materiaal: (a) absorberend of verspreidend, (b) reflecterend, (c) absorberend, (d) reflecterend, (e) absorberend

Figuur 5.10. Focusseren van geluidsgolven.

Figuur 5.11. Schema van PA-systemen: (a) standaardopstelling, (b) gebruik van mengtafel, (c) draagbare zender, (d) compacte zendermicrofoon, (e) individuele hoofdtelefoonontvangers, (f) stemversterker

Figuur 5.12. Opstelling van de luidspreker(s) in een grote ruimte

Hoofdstuk 6 Roepen als beroep

Figuur 6.1. Kijkwijzer binnen de lichamelijke opvoeding. De verschillende stappen in de oefening zijn van links naar rechts visueel voorgesteld. Beweging en plaats van spanning in het lichaam zijn aangeduid met symbolen.

Figuur 6.2. Een kijkwijzer ontlast de stem. Deze kijkwijzer betekent: verzamel en luister.

Figuur 6.3. Verkeerde hoofdhouding bij het roepen

Hoofdstuk 7 Steeds beter, steeds langer, steeds luider?

/

Hoofdstuk 8 Iedereen stemergonoom

Figuur 8.1 Situering van stemergonomie. Als rode draad doorheen de vier deeldomeinen van ergonomie, staat stemergonomie in relatie tot de interactie tussen spreker en omgeving.

Hoofdstuk 9 De balans in evenwicht

Figuur 9.1 Axenroos. Basistypes van sociale relatiewijzen: 'aanvechten' en 'weerstaan' leiden tot conflict, 'geven' en 'nemen' leiden tot harmonie, 'houden' en 'lossen' leiden tot afzondering.

Figuur 9.2. ASE-model: de invloed van attitude (A), sociale invloed (S) en eigen effectiviteit (E) op gedragsverandering

Hoofdstuk 10 Tijdelijke storing

Figuur 10.1. Gevolgen van verkeerd stemgebruik ter hoogte van de stemplooien: (a) stemplooiknobbels, (b) zwelling (Reinke's oedeem)

Figuur 10.2. Visueel onderzoek van de stemplooibewegingen.

Hoofdstuk 11 Domino of dominion

/

Overzicht geluidsfragmenten

Inleiding

/

Hoofddstuk 1

/

Hoofdstuk 2

/

Hoofdstuk 3

1. 🔊 3.1 Gesprek tussen vrienden – vragen achteraf (in de opname)
2. 🔊 3.2 Kort verhaal – vragen vooraf (in de tekst)
3. 🔊 3.3 Lage, een middelhoge en een hoge stem
4. 🔊 3.4 Drie mannen, drie vouwen, telkens met een lage, een middelhoge en een hoge stem
5. 🔊 3.5 Dezelfde persoon spreekt op verschillende toonhoogte naargelang de inhoud, de sfeer, de emotie.
6. 🔊 3.6 Stemmen kunnen van nature een verschillende luidheid hebben.
7. 🔊 3.7 Normaal luid, goed verstaanbaar – normaal luid, slecht verstaanbaar – zacht, goed verstaanbaar – zacht, slecht verstaanbaar – luid, goed verstaanbaar – luid, slecht verstaanbaar
8. 🔊 3.8 Hese stem

9.   3.9 Goede stem die opzettelijk stemruis laat horen
10.   3.10 Lichte en een matig schorre stem
11.   3.11 Krakerige stem
12.   3.12 Krakerige stem als kenmerk van de spreekstijl
13.   3.13 Stem die in de hoogte overslaat
14.   3.14 Geknepen stem
15.   3.15 Geknepen – nasaal – geknepen en nasaal
16.   3.16 Kelig timbre
17.   3.17 Verschillend timbre naargelang de inhoud van de boodschap
18.   3.18 Zelfde inhoud, verschillend timbre
19.   3.19 Draagkrachtige stem – ijle stem
20.   3.20 Combinatie van alle stemkenmerken: toonhoogte, luidheid, kwaliteit, timbre en draagkracht
21.   3.21 Betekenisvolle stemvariaties op de klank /m/

Hoofdstuk 4

22.   4.1 Eenzelfde tekst twee maal gelezen: op één uitademing – met ademritmische stemgeving
23.   4.2 Harde steminzet
24.   4.3 Een steeds kortere beginklank /h/ als overgang tussen een zachte en een vaste steminzet
25.   4.4 Toename van de luidheid om vaste steminzet te oefenen. Steeds vlugger volledige luidheid realiseren.
26.   4.5 Natuurlijke toonhoogte ontdekken via ontspannen /hm/-geluid
27.   4.6 Natuurlijke toonhoogte ontdekken door de stem te 'laten vallen'
28.   4.7 Versterkend tellen: met goede versterkingscapaciteit – met minder goede versterkingscapaciteit
29.   4.8 Het woord /taak/: goed gevormd – te veel achteraan mondholte – mondholte te gesloten
30.   4.9 Stemkenmerken variëren om verschillende emoties uit te drukken

Hoofdstuk 5

31.   5.1 Mannenstem: te hoog, goed, te laag – vrouwenstem: te laag, te hoog, goed

32. 🔊 5.2 Spreken met een geknepen stem
33. 🔊 5.3 Stereotype klemtoon door toonhoogtestijging
34. 🔊 5.4 Klemtoon door toonhoogtestijging en toonhoogtedaling
35. 🔊 5.5 Klemtonen met gevarieerd stemgebruik
36. 🔊 5.6 Stereotype stijgende intonatie
37. 🔊 5.7 Verkeerd begrip van boodschap door verkeerd gebruik van prosodie
38. 🔊 5.8 Gevarieerde prosodie, maar binnen de variatie stereotiep

Hoofdstuk 6

39. 🔊 6.1 Roepstem wordt geblokkeerd

Hoofdstuk 7

/

Hoofdstuk 8

/

Hoofdstuk 9

/

Hoofdstuk 10

/

Hoofdstuk 11

/

Geluidsfragmenten voorgelezen of aangepast uit

Fletcher, J. (1989). *Help ik ben mijn stem kwijt.* Hasselt: Clavis.

Karreman, M. (2005). *Warming-ups & energizers voor groepen, teams en grote bijeenkomsten.* Zaltbommel: Thema.

Leeds, D. (1991). *Powerspeak. Overtuigend en doeltreffend overkomen.* Amsterdam: Omega Boek.

Lernout, B. & Provost, I. (2003). *Leuker leren. Een nieuw praktijkboek voor breinvriendelijke studie.* Antwerpen: De Boeck.

Mellaerts, B. (2008). *Vriendinnen.* Leuven: Van Halewyck.

Pinkola Estes, C. (2007). *De dansende grootmoeders.* Haarlem: Altamira-Becht.

Van Acker, T., Antheunis, I., Beeusaert, K., Beullens, A., Buys, H., Chorus, M. et al. (2005). *Voorlezen kan iedereen! Handboek met tips, interviews, voorbeelden, klassiekers.* Leuven: Davidsfonds/Infodok.

van Leeuwen, J. (2004). *Waarom een buitenboordmotor eenzaam is.* Rekkem: Stichting Ons Erfdeel.

Bronnen

Abaza, M. M., Levy, S., Hawkshaw, M. J. & Sataloff, R. T. (2007). Effects of medications on the voice. *Otolaryngol.Clin.North Am., 40,* 1081-90.

Amir, O. & Kishon-Rabin, L. (2004). Association between birth control pills and voice quality. *Laryngoscope, 114,* 1021-1026.

Andrews, M. L. & Schmidt, C. P. (1997). Gender presentation: perceptual and acoustical analyses of voice. *J Voice, 11,* 307-313.

Balfoort, B. & van Dixhoorn, J. (1999). *Ademen wij vanzelf? Ademhaling als sleutel tot ontspanning in het dagelijks leven.* De Bilt: Bosch en Keuning.

Besson, M., Magne, C. & Schon, D. (2002). Emotional prosody: sex differences in sensitivity to speech melody. *Trends Cogn Sci., 6,* 405-407.

Blux, T., Mertens, F., De Bodt, M. & Heylen, L. (2004). *Ik oefen mijn stem.* Antwerpen-Apeldoorn: Garant.

Bovo, R., Galceran, M., Petruccelli, J. & Hatzopoulos, S. (2007). Vocal problems among teachers: evaluation of a preventive voice program. *J.Voice, 21,* 705-722.

Braithwaite, J. & Pettit, Ph. (1990). *Not Just Deserts: a Republican Theory of Criminal Justice.* Oxford: Oxfor University Press.

Buekers, R. (1998). Are voice endurance tests able to assess vocal fatigue? *Clin.Otolaryngol., 23,* 533-538.

Bunch, M. (1999). *Creating confidence. How to develop your personal power and presence.* London: Kogan Page.

Collot d'Escury-Koenings, A., Snaterse, T. & Mackaay-Cramer, E. (1998). *Sociale vaardigheidstrainingen voor kinderen. Indicaties, effecten & knelpunten.* (tweede druk) Swets & Zeitlinger Publishers.

Cuvelier, F. (2004). *De stad van axen. Gids bij menselijke relaties.* Kapellen: Pelckmans.

Cuvelier, F., Van Steen-Debue, A., Naert, W. & Orroi, G. (2004). *Sociaal vaardig? Lieve deugd. Gids voor de basisschool.* (herdruk) Brugge: Die Keure.

D'haeseleer, E., Depypere, H., Claeys, S. & Van Lierde, K. (2007). De meno-pauzale stem en de gevolgen van hormonale substitutie. *Stem-, Spraak- en Taalpathologie* 15[3], 192-207.

Daemen, E., Debue, A., De Vleeschhouwer, M., Van De Casteele, M. & Jo-sephy, H. (2005). *Axen in actie. Bronnen- en praktijkboek voor sociale vaaridgheden in de basisschool.* Leuven: CEGO.

Davidson, J. W. (2005). Bodily communication in musical performance. In D. Miel, R. MacDonald & D. Hargreaves (Eds.), *Musical communication* (pp. 215-237). Oxford: Oxford University Press.

Davis, M., Robbins-Eshelman, E. & McKay, M. (2003). *Ontspanje. Oefenin-gen voor ontspanning en stressvermindering.* Amsterdam: Uitgeverij Nieuwezijds.

De Bodt, M. (1997). *Een onderzoeksmodel voor stemevaluatie.* Doctoraat in de Medische Wetenschappen UIA, Antwerpen.

De Bodt, M., Heylen, L., Mertens, F., Van de Heyning, P, & Vanderwegen, J. (2008). *Stemstoornissen. Handboek voor de klinische praktijk.* Antwer-pen/Apeldoorn: Garant.

De Cauter, F. & Walgrave, L. (1999). *Methodiek van de preventieve project-werking.* (tweede, herziene uitgave) Leuven, Amersfoort: Acco.

De Coninck, C., Maes, B., Sleurs, W. & Van Woensel, C. (2002). *Over de gren-zen. Vakoverschrijdende eindtermen in de tweede en derde graad van het secundair onderwijs.* Ministerie van de Vlaamse Gemeenschap, Departement Onderwijs, Dienst voor Onderwijsontwikkeling.

De Jong, F. I., Cornelis, B. E., Wuyts, F. L., Kooijman, P. G., Schutte, H. K., Ou-des, M. J. et al. (2003). A psychological cascade model for persisting voice problems in teachers. *Folia Phoniatr.Logop., 55,* 91-101.

De Jong, F. I., Kooijman, P. G., Thomas, G., Huinck, W. J., Graamans, K. & Schutte, H. K. (2006). Epidemiology of voice problems in Dutch tea-chers. *Folia Phoniatr.Logop., 58,* 186-198.

De Ridder, W. (2006). *Handboek Spiegelogie.* Groningen: Uitgeverij de Zaak.

De Vries, H. (1998). Determinanten van gedrag. In V. Damoiseaux, H. T. van der Molen & G. J. Kok (Eds.), *Gezondheidsvoorlichting en gedrags-verandering* (pp. 109-132). Assen: Van Gorcum.

Debruyne, F., Decoster, W., Van Gijsel, A. & Vercammen, J. (2002). Speak-ing fundamental frequency in monozygotic and dizygotic twins. *J.Voice, 16,* 466-471.

Decoster, W. & Debruyne, F. (1997). The ageing voice: changes in funda-mental frequency, waveform stability and spectrum. *Acta Otorhinola-ryngol.Belg., 51,* 105-112.

Decoster, W. & Debruyne, F. (2000). Longitudinal voice changes: facts and interpretation. *J.Voice, 14,* 184-193.

Decoster, W., Schaerlaekens, A., Timmermans, B. & Debruyne, F. (2000). *Verzorg je stem. Vademecum voor een goed stemgebruik.* (vol. 9) Mechelen: Wolters Plantyn.

Devriendt, G. (2007). *Ademrust. Wanneer leven rustig ademen wordt.* Roeselare: Roularta Books.

Dinger, T., Smit, M. & Winkelman, C. (1997). *Expressiever en gemakkelijker spreken.* Bussum: Coutinho.

Doherty, C. P., Fitzsimons, M., Asenbauer, B. & Staunton, H. (1999). Discrimination of prosody and music by normal children. *Eur.J Neurol., 6,* 221-226.

Edworthy, J., Hellier, E. & Rivers, J. (2003). The use of male or female voices in warnings systems: a question of acoustics. *Noise.Health, 6,* 39-50.

Exelmans, K., Schaekers, K., Thomas, G., Decoster, W. & de Jong, F. (2006). De relatie tussen coping en psychosociale impact van de stem bij vrouwelijke Vlaamse leerkrachten. *Stem-, Spraak- en Taalpathologie* 14[3-4], 186-201.

Gantois, J. (2003). Kijkwijzers maken en gebruiken. In D. Behets & J. Gantois (Eds.), *Leermiddelen en werkvormen in de Lichamelijke Opvoeding* (pp. 127-160). Leuven: Acco.

Gantois, J. (2004). Kijkwijzers in de gymclub. *Gymtec* 2[1], 22-26.

Gerber, S. (1998). *Etiology and prevention of communicative disorders.* (2nd ed.) San Diego, London: Singular Publishing Group, Inc.

Goldstein, H., Kaczmarek, L. & English, K. (2002). *Promoting social communication. Children with developmental disabilities from birth to adolescence.* Baltimore: Brookes.

Grit, R., Guit, R. & van der Sijde, N. (2006). *Sociaal competent.* Groningen/Houten: Wolters-Noordhoff.

Kent, R. D. (1997). *The speech Sciences.* San Diego - London: Singular Publishing Group, Inc.

Kooijman, P. G., de Jong, F. I., Thomas, G., Huinck, W., Donders, R., Graamans, K. et al. (2006). Risk factors for voice problems in teachers. *Folia Phoniatr.Logop., 58,* 159-174.

Kooijman, P. G., Thomas, G., Graamans, K. & de Jong, F. I. (2007). Psychosocial impact of the teacher's voice throughout the career. *J.Voice, 21,* 316-324.

Kooijman, P. G. C. (2006). *The voice of the teacher.* Doctoraat Radboud Universiteit Nijmegen.

Langford, E. (1999). *Denken en Bewegen. Een handboek voor coördinatie en evenwicht.* Leuven/Apeldoorn: Garant.

Martin, S. & Darnley, L. (1997). *The teaching voice.* London: Whurr Publishers Ltd.

Mc Callion, M. (1998). *The Voice Book. For everyone who wants to make the most of their voice.* London: Faber and Faber Limited.

Mertens, V. (1992). *Spreken voor publiek.* Leuven-Apeldoorn: Garant.

Michiel, S. & Orey, K. (2007). *Vulnerabiliteit voor stemproblemen.* Master in Logopedische en Audiologische Wetenschappen K.U.Leuven.

Nauta, T. (2005). *Goed gestemd voor de klas. Praktijkboek voor natuurlijk stemgebruik.* Groningen/Houten: Wolters Noordhoff.

Orr, R. (2005). *Methods of Voice Analysis for Estimating the Robustness of the Student Teacher's Voice.* Doctoraat Radboud Universiteit Nijmegen.

Piron, A. (2007). *Techniques ostéopathiques appliquées à la phoniatrie. Tome 1: biomécanique fontionnelle et normalisation du larynx.* Lyon: Symétrie.

Rosen, D. C. & Sataloff, R. Th. (1997). *Psychology and voice disorders.* San Diego London: Singular Publishing Group.

Rubin, J. S., Wendler, J., Woisard, V., Dejonckere, P. H., Wellens, W. & Kotby, N. (2007). Phoniatric provision and training: current European perspectives. *J.Laryngol.Otol., 121,* 427-430.

Sas, P. & De Clercq, C. (1996). *Als je veel moet praten. Deel 1 Stempedagogiek.* Leuven-Apeldoorn: Garant.

Sassen, B. (2001). *Gezondheidsvoorlichting voor paramedici.* Maarssen: Elsevier Gezondheidszorg.

Sataloff, R. T. (2007). Room acoustics: are we paying attention? *Ear Nose Throat J., 86,* 644-646.

Sataloff, R. T., Hawkshaw, M. J., Divi, V. & Heman-Ackah, Y. D. (2007). Physical examination of voice professionals. *Otolaryngol.Clin.North Am., 40,* 953-69.

Sataloff, R. T., Heman-Ackah, Y. D. & Hawkshaw, M. J. (2007). Clinical anatomy and physiology of the voice. *Otolaryngol.Clin.North Am., 40,* 909-29, v.

Schneider, B. & Bigenzahn, W. (2005). How we do it: voice therapy to improve vocal constitution and endurance in female student teachers. *Clin.Otolaryngol., 30,* 66-71.

Schneider, S. L. & Sataloff, R. T. (2007). Voice therapy for the professional voice. *Otolaryngol.Clin.North Am., 40,* 1133-49, ix.

Schrijvers, A. (2001). *Een kathedraal van zorg. Een inleiding over het functioneren van de gezondheidszorg.* (derde, geheel herziene druk) Maarssen: Elsevier Gezondheidszorg.

Schutte, H. K. (2003). Stemakoestiek van het stemlokaal. In Symposiumboek De stem in het onderwijs (pp. 67-79). Nijmegen.

Seagal, S. & Horne, D. (1998). *Human Dynamics. Samen leven, samen werken.* Tielt: Lannoo Scriptum.

Sidtis, J. J. & Van Lancker, S. D. (2003). A neurobehavioral approach to dysprosody. *Semin.Speech Lang, 24,* 93-105.

Speyer, R., Wieneke, G. H., Wijck-Warnaar, I. & Dejonckere, P. H. (2003). Effects of voice therapy on the voice range profiles of dysphonic patients. *J.Voice, 17,* 544-556.

Svec, J. G., Sram, F. & Schutte, H. K. (2007). Videokymography in voice disorders: what to look for? *Ann.Otol.Rhinol.Laryngol., 116,* 172-180.

Ten Dam, G., Volman, M., Westerbeek, K., Wolfgram, P., Ledoux, G. & Peschar, J. (2003). *Sociale competentie langs de meetlat. Het bestrijden en voorkomen van onderwijsachterstand. Het evalueren en meten van sociale competentie.* Den Haag: Transferpunt Onderwijsachterstanden.

Thomas, G. (2005). *The voice of student teachers and teachers. A challenge for teacher training, occupational safety and health care.* Doctoraat in de Medische Wetenschappen Radboud Universiteit Nijmegen.

Thomas, G., de Jong, F. I., Cremers, C. W. & Kooijman, P. G. (2006). Prevalence of voice complaints, risk factors and impact of voice problems in female student teachers. *Folia Phoniatr.Logop., 58,* 65-84.

Thomas, G., de Jong, F. I., Kooijman, P. G. & Cremers, C. W. (2006). Utility of the Type D Scale 16 and Voice Handicap Index to assist voice care in student teachers and teachers. *Folia Phoniatr.Logop., 58,* 250-263.

Thomas, G., de Jong, F. I., Kooijman, P. G., Donders, A. R. & Cremers, C. W. (2006). Voice complaints, risk factors for voice problems and history of voice problems in relation to puberty in female student teachers. *Folia Phoniatr.Logop., 58,* 305-322.

Thomas, G., Kooijman, P. G., Cremers, C. W. & de Jong, F. I. (2006). A comparative study of voice complaints and risk factors for voice complaints in female student teachers and practicing teachers early in their career. *Eur.Arch.Otorhinolaryngol., 263,* 370-380.

Thomas, G., Kooijman, P. G., Donders, A. R., Cremers, W. R. & de Jong, F. I. (2007). The voice handicap of student-teachers and risk factors perceived to have a negative influence on the voice. *J.Voice, 21,* 325-336.

Timmermans, B. (2003). *The effectiveness of voice training in future professional voice users.* Doctoraat in de Medische Wetenschappen Universiteit Antwerpen.

Timmermans, B. (2004). *Klink klaar. Uitspraak- en intonatiegids voor het Nederlands.* Leuven: Davidsfonds.

Titze, I. R. (1989). Physiologic and acoustic differences between male and female voices. *J Acoust.Soc.Am, 85,* 1699-1707.

Tuyls, L. (2001). *Preventieve gezondheidszorg in de logopedie. Deel 1: opstellen van een theoretisch kader.* Licentie in de logopedie en audiologie K.U.Leuven.

van Bruggen, E. (1999). *De Kombinatietraining. Een sociale vaardigheidstraining voor moeilijk lerende kinderen en jongeren.* Leuven/Amersfoort: Acco.

van der Burgt, M. & van Mechelen-Gevers, E. (2002). *Preventie: samen werkt het. Gezondheidsvoorlichting door paramedici.* Houten: Bohn Stafleu Van Loghum.

Van Galen, G. (2006). Stress, emotie en motoriek. In Symposiumboek Stress emotie en stem (pp. 61-82). Nijmegen.

Vandermosten, M., Van Hool, L. & Albers, A. (2007). *Een exploratieve studie naar stemveranderingen in de premenstruele fase.* Master in de Logopedische en Audiologische Wetenschappen K.U.Leuven.

Vanhoudt, I., Exelmans, K., Schaekers, K. & de Jong, F. (2008). Stemproblemen bij Nederlandse en Vlaamse vrouwelijke leerkrachten in het basisonderwijs: een exploratieve en vergelijkende studie. *Stem-, Spraak- en Taalpathologie* 14[3-4], 171-185.

Vettenburg, N., Burssens, D., Goris, P., Melis, B., Van Gils, J., Verdonck, D. et al. (2003). *Preventie gespiegeld. Visie en instrumenten voor wenselijke preventie.* Leuven: Lannoo campus.

Voskamp, P., Peereboom, K. & van Scheijndel, P. A. M. (2007). *Handboek Ergonomie.* Mechelen: Uitgeverij Kluwer.

Wellens, W. & Van Opstal, M. (2006). De stressketen, stem- en stemstoornissen. In Symposiumboek Stress, emotie en stem (pp.11-31). Nijmegen.

White, P. (2005). *Biopsychosocial medicine. An integrated approach to understanding illness.* Oxford: Oxford University Press.

Akoestiek in sportruimtes
http://www.stille-sportzaal.nl/

Building bulletin 93: Acoustic designs of schools
http://www.cie-ltd.co.uk/iceilings/Soundfield/bb93_downloads.htm

Fonds voor Beroepsziekten, België: financiële tegemoetkoming voor uitgaven die verband houden met het stemprobleem dat ontstaan is binnen de uitvoering van het spreekberoep
http://www.fmp.fgov.be/index.htm

KVLO (Koninklijke Vereniging van Leraren Lichamelijke Opvoeding: document 'Normen gymnastieklokalen en sportzalen/delen van sporthallen met schoolgebruik'
http://www.lichamelijkeopvoeding.org/sf.mcgi?625&_sfhl=kvlo

Modem: informatie over stemversterkers
http://www.modemadvies.be/

Vlaams Agentschap voor Personen met een Handicap (VAPH): financiële
tegemoetkoming bij de aankoop van een stemversterker
http://www.vaph.be/vlafo/view/nl/

Contacteer de auteurs W. Decoster, F. de Jong

Stem Expertisecentrum
Herestraat 49
3000 Leuven
+32 (16) 33 04 84
Wivine.Decoster@med.kuleuven.be
Felix.DeJong@med.kuleuven.be
http://med.kuleuven.be/stemexpertisecentrum

Trefwoorden